U0603037

高校田径运动训练方法与实践探索

母应秀 ◎著

九州出版社
JIUZHOUPRESS

图书在版编目（CIP）数据

高校田径运动训练方法与实践探索 / 母应秀著 . --
北京：九州出版社，2023.9
ISBN 978-7-5225-2195-4

I . ①高 . . . II . ①母 . . . III . ①田径运动 – 运动训练法
– 教学研究 – 高等学校 IV . ① G820.2

中国国家版本馆 CIP 数据核字（2023）第 181701 号

高校田径运动训练方法与实践探索

作　者	母应秀 著
责任编辑	曹　环
出版发行	九州出版社
地　址	北京市西城区阜外大街甲 35 号（100037）
发行电话	(010)68992190/3/5/6
网　址	www.jiuzhoupress.com
印　刷	北京四海锦诚印刷技术有限公司
开　本	787 毫米 ×1092 毫米　16 开
印　张	12
字　数	272 千字
版　次	2023 年 9 月第 1 版
印　次	2023 年 9 月第 1 次印刷
书　号	ISBN 978-7-5225-2195-4
定　价	68.00 元

前　言

　　高校田径运动是体育教学中不可或缺的重要组成部分，它不仅能培养学生和意志品质，也为他们提供了锻炼身体、提高竞技水平的机会。作为一项综合性的运动项目，田径运动涵盖了各种跑、跳、投等项目，需要运动员具备充沛的体能和卓越的技术能力。然而，随着社会的不断进步和学生的需求变化，高校田径运动也面临新的挑战和机遇。如何科学、有效地进行田径运动训练，如何结合现代教学方法和技术手段，提高训练效果，培养优秀的田径人才，成为高校田径运动教学的重要议题。

　　基于此，本书以"高校田径运动训练方法与实践探索"为题，讲述一下内容：第一，围绕高校田径运动展开论述，内容包括田径运动的特点与价值、高校田径运动训练的理论基础、高校田径运动效果及相关研究；第二，从高校田径运动教学与训练设计的角度切入，分析了高校田径运动的教学体系、高校田径运动教学的课程改革、高校田径运动训练设计；第三，讨论了高校田径运动走跑类项目的训练、高校田径运动跳跃类项目的训练和高校田径运动投掷类项目的训练；第四，探究了高校田径运动的力量素质训练、速度素质训练、耐力素质训练、柔韧素质训练和灵敏素质训练；第五，探究了高校田径运动训练的创新发展，包括高校田径运动的可持续发展探索、高校田径运动教学与训练的创新思路、高校田径运动教学与科学化训练发展。

　　本书不仅注重理论研究，更强调实践探索，结合案例分析和实际经验，为读者提供丰富的实践指导和操作技巧。同时，还介绍了最新的教学方法和科技应用，以帮助教练和教师更好地开展田径运动的教学和训练工作。在这个充满挑战和机遇的时代，高校田径运动教学的科学发展是一个持续探索的过程。

　　笔者在撰写本书的过程中，得到了许多专家学者的帮助和指导，在此表示诚挚的谢意。由于笔者水平有限，加之时间仓促，书中所涉及的内容难免有疏漏之处，希望各位读者多提宝贵意见，以便笔者进一步修改，使之更加完善。

母应秀

2023 年 8 月

目 录

第一章　高校田径运动概述

第一节　田径运动的特点与价值

一、田径运动的特点

（一）群众基础广泛

第一，田径运动可选择项目多。田径项目内容丰富，为运动员提供多种运动机会，运动员可根据年龄、性别、爱好、体质等特点，选择和练习田径项目。

第二，田径运动形式参与性强。田径运动的项目有很多，具有较强的参与性。一方面，不同年龄和性别的人都可以参加体育运动，不同身体状况和健康水平的人，可以选择他们想参加的特定运动项目；另一方面，可以在田径场上练习不同的项目，也可以在同一项目的训练中进行不同的训练强度，增加了田径运动的参与度。

第三，田径运动受限制条件少。在田径比赛中，参赛者可以在道路、田野、广场、公园、草原、海滩等场所进行练习。受器械条件限制少，一些田径运动的器材设备要求简单、易操作；受天气条件限制少，田径运动受天气影响较小，只要不是过于恶劣的天气，均可以开展不同形式的田径运动；受技术条件限制少，田径运动走跑健身和训练不需要运动者具备较高的技术基础；受时间条件限制少，田径运动受时间影响小，参与者可以在一年四季进行锻炼。

（二）技能基础性强

运动和野外技能的基础是人类基本技能的一种竞争形式。特别是田径运动源于人们的生产和日常生活，并从人类生活和工作的基本技能（如步行、跑步、跳跃、射击等）发展而来。

田径是其他运动的基础。田径运动有着悠久的历史，对从事其他运动的人们来说至关重要。现代体育运动的形式和内容，都离不开简单的跑、跳等体育运动。因此，可以说田径是各种运动的基础，这也是许多竞技体育将田径视为一种训练方法的主要原因之一。

（三）技术要求严格

田径运动并不复杂，但对技术要求非常高。对竞技技术的高需求迫使运动员掌握科学、的运动训练方法。从田径运动的运动结构来看，田径运动具有间歇性和混合性运动的结构。不同结构类型的运动有不同的规格和技术要求。动作结构相同的运动也有不同于其他运动的属性。

（四）比赛竞争激烈

田径比赛提供各种赛事。运动员通常必须充分发挥他们的身体潜力，才能取得良好的成绩。田径比赛项目众多，是奥运会的一项重要赛事，也是不同国家竞相夺金的重要赛事。田径项目可以分解为多个项目，它们是最具竞争力的项目，也是任何重大体育赛事中参赛运动员最多的项目。

（五）追求自我超越

田径运动中的跑步、跳跃和射击，都以"更快、更高、更强"的奥林匹克格言为目标，充分体现了田径运动对个性的追求。根据内容分析，在田径运动中自我超越主要体现在比赛中不同运动员之间的激烈竞争中。追求在田径运动中的主导地位包含三个层次的竞争精神，具体表现包括：（1）超越自我；（2）超越对手；（3）超越比赛纪录，促进体育运动的发展。

从文化的角度来看，现代田径运动的根本目标是在个人发展的基础上实现目标。田径运动的特殊文化特性，通过人的生物改造，达到在社会生活的目的，并实现其影响社会生活的目标。因此，田径运动具有极大的文化创造力，对促进社会文明发展具有重大影响。

二、田径运动的价值

"随着国民经济的不断发展，全民生活水平不断提升，人们对于国家经济的需求已经从以物质生活需求为主转变为物质需求与精神需求并举的状态。健康生活成为国家和人们的共同追求。田径运动作为一项普及性强的体育运动项目，具有众多爱好者。"[①] 田径运动对于促进我国田径运动发展，提升全民身体素质有着非常重要的作用。

---

① 魏佐涛.高校田径运动的训练方法与改革方向研究 [J].当代体育科技，2020，10（25）：40.

（一）健身价值

1. 回归自然

田径源于人类的生产生活，也是回归人性最重要的运动项目之一。现代社会环境压力很大，而人们回归自然的愿望也越来越强烈。田径运动的起点是步行、跑步、跳跃和射击。人类在与自然做斗争的过程中发展起来的技能得到了进一步提高。运动员不仅可以取得积极的健身效果，还可以减少环境污染对自己造成的身体伤害。以利用自然、亲近自然、回归自然的方式在自然环境中进行田径运动，对提高人们的生存能力和基本体质有积极的作用。通过在自然环境中进行田径运动和锻炼，可以有效缓解人们在生活、工作和教育中的压力。

2. 完善肌体能力

田径运动主要是促进运动员的协调性。在田径运动的过程中，通过反复的步行、跑步、跳跃、投掷等，可以帮助运动员发展运动协调能力。好的协调能力可以促进大脑发育。同时，田径运动可以提高运动员的决策能力。田径项目中的跳跃和投掷比赛，要求运动员能很好地判断球的方向。为了准确评估自己和器械的运动轨迹，这样的重复训练可以让运动员逐渐培养良好的判断力和快速的反应能力。

3. 完善运动技能

田径运动是最具竞争力的运动之一，也是竞技运动中获得奖牌最多的运动项目之一。在广泛的竞技活动中，田径运动必不可少，因此人们更加重视田径运动。

随着休闲运动和健身的普及将田径带入健身领域后，田径运动的高知名度自然吸引了众多运动员，越来越多的人开始涉足运动健身。田径运动正以独特的魅力成为大众健身不可或缺的一部分。而田径健身的价值也逐渐显现。田径项目多样，内容丰富，步行、跑步、跳跃和全能运动都涉及更高层次的运动和技巧，每种类型都有自己的特点。

对于田径运动，运动员通过不断的自我调整来提高他们的技术技能。例如，短跑项目可以有效提高人们的短距离和高强度运动技能；跳高、撑竿跳高，为运动员征服高度，勇敢攀登竞技表演的高峰发挥积极的鼓励作用；投掷对于训练和提高运动员的爆发力和沉着冷静具有重要意义。

4. 提升身体素质

大多数人的身体素质表现在力量、速度、耐力和柔韧性上。田径运动包含的技能可以促进身体健康。通过在田径活动中不断的练习，可以提高运动员的素质。田径活动对促进兴奋性和中枢神经系统的灵活性也有积极作用。长跑和竞走是当今有氧运动的主要项目，这些对运动员来说也非常重要，能改善血管和呼吸系统的功能。跳跃活动的练习可以加强和提高人体的感官功能和爆发力。投掷会影响人类肌肉的发育，加强和提高人的适应能力。通过田径运动不仅可以改善运动员的肌肉、骨骼、神经和循环系统，也可以提高运动员的心理稳定性。这将有助于全面加强身体素质。

5. 延长运动寿命

对于运动员而言，长时间锻炼的能力也被归类为运动寿命。田径训练可以延长运动员的运动寿命。

（1）系统的运动训练可以改善运动员的身体健康。提高肌体免疫力。

（2）运动健身可以有效改善运动员的体形。使身体机能始终处于较高水平，这将有助于减少身体能力的恶化。在田径和田径运动中的健身时间越长，运动员能力就会越强。体育锻炼可以有效地提高运动员的终身身体素质，延长运动寿命。

（二）身心价值

1. 增进情感体验

情绪是个体心理活动的核心，影响到人们的教育、工作和生活。田径运动可以增强人的情感体验，使一个人能够体验成功与失败、进步与挫折、快乐与痛苦、悲伤与渴望，增进情感体验。自尊的快速变化将有助于促进人们的情绪成熟，并提高他们长期控制情绪的能力。

2. 提高认知能力

人体可以加强其本体感觉。在训练过程中，在长时间运动后，运动员必须能够快速准确地识别和判断外部事物。因此，锻炼者需要使用不同的感官，形象化动作，创造出准确和完整的运动。

田径运动对一个人认知能力发展的影响可以分为两个方面：一方面，田径运动中的步行、跑步、跳跃等体育活动有助于人们认知能力和运动思维的发展，可以提高运动员的意识；另一方面，长期坚持田径运动，可以调节大脑皮层的神经，这个过程的平衡性和灵活性得到了改善，以增强大脑皮层评估和分析其环境的能力。

3. 培养意志品质

运动是传达人们意志和品质的最有效方式之一。在运动过程中，个人经常与个人问题和目标做斗争，例如运动过程中的身体压力强度很高，并且经常需要达到物理极限，有时它会导致精神疲劳。因此，运动可以提高一个人的意志和素质。

田径运动对运动员的身心要求很高。运动员需要保持信心才能获胜。还要克服一切困难，面对每一个挑战来实现目标。通过体育锻炼，运动员可以勇敢而坚忍。田径运动是在严格的组织基础上进行的。通过田径运动，有利于运动员加强纪律性和培养责任感。田径运动通常是一对一的训练。运动员要想取得好成绩，就必须用一些方法来不断发展和提高自己的运动水平。田径运动可以培养良好的人格，提高心理素质。田径运动有助于培养运动员的毅力和耐力。

（三）竞技价值

在选拔竞技人才方面，田径项目是竞技体育中选择的重点；与此同时，很多基础训练项目将田径运动作为重要的训练方法，并参考一些内容作为测试指标来评估其训练水平。

（四）社会价值

在现实生活中，田径运动的竞技价值可以唤醒个人的竞技精神。竞争是这项运动最重要的属性之一。这就要求人们自觉遵循共同规范，最大限度地发挥个人潜力，追求卓越和成功。

（五）益智价值

体育对个人智力的发展尤为重要，体育运动也是如此。田径运动可以向挑战自我的运动员灌输信念和价值观。人类依靠自己的四肢来创造完整的人类体育文化，需要极大的运动创造力。

在田径运动中，运动员身体素质的持续发展不仅需要将其身体状况作为基本要求，也必须对锻炼计划达成合理的协议。运动时间、运动压力等因素可以使运动员发挥身体潜能、塑造完美身形，享受运动。

（六）经济价值

在体育运动中，田径是重要的赛事。许多公司瞄准了田径运动并走向商业化。田径和田径比赛是广泛的。许多制造商和广告商利用比赛来参与商业活动，既带来了收益，也促进了田径运动的发展。

第二节　高校田径运动训练的理论基础

一、超量恢复理论

人们之所以能够适应大强度和长时间的体力活动，提高肌体功能，其生理机制是疲劳的消除和超量恢复的出现。超量恢复运动训练学是运动生物化学的专门术语，是人体能量的一种机能状态反应。人体对运动时所消耗的能量不仅能恢复到运动前的水平，而且还能超过原来的水平，这种代谢过程叫作超量恢复。在一定范围内，人体的负荷量越大，则超量恢复越明显。

超量恢复的原理是大运动量训练的重要理论依据，是现代训练学中大运动量训练原则的生理学基础。训练时疲劳不断出现和加深，迫使人们降低工作强度或暂停练习，经过休息（包括积极性休息）、降低强度的训练或完成其他性质的工作，都能使疲劳得到消除而出现超量恢复。

通常，在完成已经习惯的活动时，肌体所消耗的能量在工作进程中或工作以后很快得到恢复，完成这样的工作只能使身体恢复到工作前的水平，而不出现超量恢复。如果所完成的工作量和强度都很大，这时对肌体的要求就高，消耗能量就大，恢复时间要长，同时恢复以后能出现超量恢复。这种超量恢复在很大程度上表现在完成某一工作的特点上，如运动员所完成的是长跑，则超量恢复主要表现为心血管和呼吸系统的改进和耐久力的提高。

有训练水平的运动员正是利用两三天乃至一星期不间断的训练（这种训练是在没有完全得到恢复的情况下进行的）来达到很好的训练效果。用这种方法进行训练，虽然每次课的量和强度相同，但由于训练是在没有充分恢复的情况下进行的，这对肌体的要求越来越高，疲劳也就越来越深。这种训练方法对运动员生理和心理方面的要求都很高，但在训练后的休息时，能够达到较好的效果（获得较大的超量恢复）。

超量恢复不能保持很久，最多为数天。所完成的工作对肌体的要求越高，恢复的时间越长，则超量恢复的时间也保持越久。如完成柔韧练习后，超量恢复能保持 12～24 小时；大肌肉群的力量训练和大强度的耐力训练后，这一时间相应为一两天和三四天。在一次训练课后，就停止练习，那么超量恢复就很快下降到原来的训练水平。如果在超量恢复期内，再进行训练，便能出现比这次训练前更高的训练水平。但是这种训练方式所得到提高的速度是缓慢的，需要用较长的时间才能获得一定的效果。另外，有一种台阶式的上升形式，即连续不断地进行 2 ～ 4 次运动量相等的训练，使肌体内的变化得到巩固，以便出现较长幅度的超量恢复。

肌体适应训练能力是无限的，重要的条件是建立合理的生活制度，经常地补充高能量和营养物质，并采用各种恢复体力的保健措施。

二、培养意志力理论

良好的意志是保证运动员提高运动成绩、取得比赛胜利的重要条件。随着田径运动水平的不断提高，优秀运动员数量增多，比赛的竞争越来越激烈，参加比赛的运动员多数水平相当，比赛的胜利往往属于意志训练水平较高的运动员。在运动竞赛中，运动员会遇到外部、内部两种困难。

外部的困难表现在：克服对手的压力，克服不良的气候条件和各种变化的环境，不习惯的外界刺激和场地、器材。克服外部困难的方法是重视在不习惯的条件和环境下进行练习、参加测验和比赛，从而使一些不良的刺激物成为习惯。从生理学观点来说，由于消失抑制的发展，不习惯的刺激作用能够在一定程度上得到消失。

克服内部困难和肌体的心理、生理活动特点有关。要克服内部困难，要求运动员有坚强的意志，以便使肌肉达到最大限度的用力，而同时能够做到精确地分配收缩时间，以及更好地与疲劳做斗争。

通过全面训练所形成的运动条件反射体系，并以它作为基础的运动技能自动化，是实现意志用力的生理前提。当保证完成练习的暂时联系十分巩固时，运动员可以把自己的注意力从动作细节中解放出来，并把它集中到提高运动成绩的目的上，这也就是说，运动员可以把自己的注意力集中到更好、更快和更有力地完成动作的想法上。

只有在各种条件反射体系所组成的具体动作自动化的基础上，由大脑皮层综合活动所产生的意志用力才能达到好的效果。田径运动员在训练中必须注意使自己的动作自动化具有一定的广度，如投掷运动员应该具有顺风逆风的投掷技能，并且根据不同条件，相应地改变投掷技术。田径赛和跳跃运动员的技术也应如此。具有一定广度的动作自动化对有效完成跳跃练习的助跑是很重要的。运动员应该学会根据风向、风速和跑道的质量改变助跑技术。有的运动员不愿意在迎风的条件下进行练习，也有的运动员不愿意在质量较差的助跑道上练习，这样的不利于运动员掌握精确的助跑和完整跳跃技术。

人体具有很高的适应能力，经过一定的训练后，当条件（风向、风速、助跑道和运动员的体力）改变时，运动员能够相应地改变用力情况，以便保持一定的步长，或者根据需要改变步长和技术。为了更好地改变用力情况和适应比赛条件，在训练中有必要建立一定广度的动作自动化。这一点对各种跑的运动员，特别是短跑、跨栏运动员较为重要，因为不同的风向和跑道质量要求有不同的技术。

具有一定广度的运动技能能够使运动员在完成决定性的用力时，不会引起心理上的紧张。这是因为在第二信号系统的作用下，很大程度上取消了外界刺激所引起的内部抑制过程，因而具有信心。有的运动员遇到事先准备不足和不习惯的比赛条件时，往往会失去信心。可是，具有足够广度的运动技能，不论在比赛前或比赛时，都能加强运动员的心理活动，使他们对任何比赛条件都有足够的心理准备。

充足的力量、速度和耐力是运动员生理上的后备力量，这些后备力量在意志用力过程中是能够得到发挥和利用的。在正确进行训练过程中，随着力量、速度和耐力的不断发展和提高，适合某一专项特点的耐力不断发展和提高，适合某一专项特点的相互联系也在逐步形成和巩固。实践证明，当训练水平不高的运动员以最大意志力完成练习时，首先是肌肉的收缩力量降低，其次是速度，这就是素质和技能之间的联系遭到了破坏。但训练水平高的运动员，必要的相互联系是不会遭到破坏的。只有当运动员能够在整个竞赛过程中保持上述的相互联系时，才能有效地进行运动竞争。具有良好的力量、速度和耐力以及减少单位时间内的消耗，是田径赛运动员有效地进行竞争的重要条件。

在训练中，田径赛运动员应该学会在较短的距离上、在不破坏技术的条件下，发挥最大的、高于专项练习时的肌肉用力和速度；跳跃和投掷运动员应该学会提高参与完成技术主要肌肉群的收缩力量和速度，以便在进行练习时发挥自己的最大潜力。只有这样，运动员才能在比赛条件下更好地控制自己的动作，并加强意志控制的力量，有效地完成比赛任务。

三、人体适应能力理论

一切生物都有适应外界环境的能力，人体也有适应能力。人们在长期从事体育活动的过程中，身体为了适应某种活动需要，参加工作的肌肉体积加大，力量增强，心肌变厚，脉搏次数减少，肺活量加大、血压降低等。这些是人体本身具备的一种适应能力。

但是人体的这种适应能力是具有条件的，如果外界刺激物的强度超出了肌体所能承受的限度，人体就会得病或者死亡。在一般情况下，由于外界刺激物的作用，人体内部会引起一系列的变化，使肌体更好地适应外界环境而生存下去。

人们在进行运动时，肌体的变化和完成练习的种类与特点关系密切。如长时间的跑能改进心血管和呼吸系统的功能，提高耐久力和培养顽强的意志；多次完成跳跃练习，能够提高肌肉的爆发力量和弹跳能力。

运动员对训练的适应能力很强,体质弱的人通过训练也有成为世界水平运动员的可能,但要逐步地提高对肌体和心理方面的要求。

四、竞技状态相关理论

竞技状态是运动生理学、训练学和运动比赛中的常用术语,是人体机能能力在比赛之前及比赛过程中的一种状态反应。这种状态是指训练水平达到了能顺利参加比赛的程度,并已具备了很高的工作能力,或是指运动员达到了创造优异运动成绩时所具备的体力及心理方面适宜的状态。

判断良好竞技状态的指标有两条:一是客观指标,指肌体能迅速地进入工作状态,具有高度的工作能力,负荷后能迅速地恢复到原来状态;二是主观指标,指自我感觉良好,愿意进行训练和比赛,迫切要求在比赛中发挥自己的能力。

竞技状态应包括生理机能和神经心理两方面的因素,而生理机能较稳定,神经心理因素不稳定,变化较大,但它起着决定性作用。竞技状态是运动员在训练和比赛过程中具有高水平的生理机能状态、良好的运动技术和超强的意志品质的客观标志。在制订全年训练计划时,首先必须根据重要比赛的任务安排好在什么时候获得良好的竞技状态。一个具有良好的竞技状态的运动员往往感觉到精力充沛、身体健康、渴望训练和比赛、对提高运动成绩充满信心。虽然,运动员的主观感觉不一定完全可靠,但是,在医务监督条件和设备不完备的情况下,主观感觉有很大的参考价值。

一些教练员认为运动员的竞技状态最多只能保持 30 ~ 40 天,这种说法是不准确的。竞技状态的出现是在训练的影响下,肌体的各器官和系统之间的活动取得协调一致的结果,这时中枢神经系统起着主导作用。由于各器官和系统之间的活动协调一致,使得运动员的肌体能够很快地适应变化着的外界环境。训练是可控制的过程,因此,保持竞技状态的时间可以大大地加长。

五、运动技能相关理论

运动技能又称动作技能,是指人体掌握、运用及有效地完成专门动作的能力,或指掌握和运用专门技术的能力,或指按一定技术要求完成动作的能力,或指掌握得足够好的运动本领。

运动技能从生理学的观点来说，是运动反射的新形式，它是根据条件反射的机制建成的。在形成运动技能时，产生和巩固着条件反射的体系。生理学家巴甫洛夫把这些条件反射体系称为动力定型。动力定型的不断改进和完善是形成运动技能的基础，教学一开始就使动作正确、协调、实效，运动技能往往能够顺利地形成。

运动员所建立的运动技能之间也存在着相互联系、相互促进、相互影响的关系。如竞走技能是在普通走路技能基础上建立的，跨栏技能是在短跑技能基础上建立的。

在建立运动技能的过程中，由于动作的多次重复，使得形成这些动作的条件反射可以在大脑皮层的优势兴奋区以外，即大脑皮层的降低兴奋区域内进行。与这些条件反射有联系的动作，可以不在意识的控制下自动地进行，这就是达到了自动化的地步。

当训练安排得不够合理时，动作自动化能在狭窄的基础上形成。要想充分利用整个肌体的机能，必须把改进具体技能和全面训练很好地结合起来，这样，才能获得进一步提高。在运动实践中必须建立广泛的暂时联系，并使它们达到自动化的地步。这通常是在训练中专项练习和全面训练逐渐地结合而取得的。在这种情况下，完成各种练习的暂时联系体系逐渐地与专项运动技能结合起来，所有这些为取得广泛的运动技能及充分发挥整个肌体的潜力创造了条件。当各种技能达到动作自动化的地步时，就可以在专项运动成绩上得到反映。为了顺利进行训练，必须经常地重视获得和全面训练相结合的动作自动化。但并不是所有的全面训练都是有益的，只有当所采用的手段对基本运动技能起积极作用时，这样的全面训练才能提高运动成绩。

六、运动素质转移相关理论

运动素质转移理论是指当发展某种运动素质（如发展力量）的同时，对其他运动素质（如速度）的发展也有一定的影响作用。

运动素质的转移分良好转移和不良转移：良好转移是指一种素质的发展能导致另一种素质的提高，例如力量的发展能促进速度的提高；不良转移是指一种素质的发展对另一种素质的发展产生不良影响或干扰作用。

素质转移又分直接转移和间接转移：直接转移是指一种素质的变化能直接引起另一种素质的变化；间接转移是指一种素质的变化不能直接引起另一种素质的变化，而只能起到间接的作用。直接转移和间接转移都有可能发生同类转移或不同类转移，所谓同类转移是指同一运动素质转移到不同的动作上，不同类转移可以是相互的，也可以是单方面的。

了解和掌握运动素质转移的规律有利于在身体训练中科学地选择训练手段，充分地利用运动素质的良好转移，防止不良转移，提高训练的质量。

转移对田径运动员特别重要，田径运动员的很多项目不只是简单的动作之间的转移，也有各种不同动作的动力定型体系之间的转移。了解和掌握运动素质转移的规律有利于在身体训练中科学地选择训练手段，充分地利用运动素质的良好转移，防止不良转移，提高训练的质量。高水平田径赛运动员可以同时掌握几种跑的运动技能，并利用这些技能的转移，达到提高跑的效果和节省体力的目的，但要做到这一点，必须采用多种多样的训练形式。转移对跳跃和投掷运动员来说也很重要，它可以使运动员把跳跃和投掷练习完成得很连贯，使练习从开始到结束成为一个完整的统一体。观察一些优秀跳跃运动员的技术时，几乎不能分出助跑和起跳，因为它们联系得很紧密，在他们有力的起跳中感觉不到生硬的地方。

在田径运动员的训练中，可以采用多种多样的练习和训练手段，以及采用各种运动量和强度的配合逐渐提高总的负荷量，而不使运动员过度疲劳。实际上这也是一种转移的形式。在田径运动员的训练中，还可以采用很多方法使训练变得多样化，如采用重复法、变速法、间歇法和比赛法等，这也可以说是转移的形式。

在多年训练过程中，长期采用某一种方法显然是不正确的，在长时间、多次、同样的外界刺激的作用下，大脑皮层难免会引起暂时联系的守旧性，因而刺激的作用暂时被抑制，并把这些条件反射和大脑皮层上的其他过程隔离开来，从而缩小了进一步发展的可能性。

在安排训练时，不仅在各阶段上应该采用不同的方法，而且在一次训练课中也应该注意采用不同的方法，这样可以使训练课进行得不单调；并利用转移防止疲劳，为加大课的密度、强度和负荷量创造有利条件。

采用各种不同的方法，还能使运动员获得更多的、各种不同的运动感觉。这些感觉有助于发展有意识控制动作的能力。此外，采用各种不同训练方法也能使植物性神经活动得到更好的改善，使血液循环、呼吸和排泄系统更好地适应比赛环境，即更快地改变它们的活动水平，从而使肌体在不同情况下，既能很快地运用力量，又能节省能量的消耗。

第三节　高校田径运动效果及相关研究

一、影响高校田径运动效果的因素

决定运动效果的因素是一个极其复杂的系统工程，多年来人们通过多种方式试图探索其中的奥秘。表现运动效果的是人而不是物，人不仅具有生物属性且具有社会属性。随着人们在运动训练中对运动训练实践的不断总结和多种学科知识的学习，人们对决定运动效果的因素有了较为深刻的认识。最初人们发现训练能产生积极的效果，多跑就会跑得更快。继而，鉴于不同的人从事同样的训练而取得不同的成绩，人们又进一步认识到先天才能的重要性。

20世纪60年代以前，人们对取得优异成绩的运动员只是从身体素质、技术、战术和体力方面加以解释。近年来，随着运动效果的迅速提高，国际竞技领域里的竞争也日趋激烈，使不少专家认识到单纯仿效别人的训练方法固然可以提高成绩，但是仍然不能取得满意的效果，只有独辟蹊径才有出路。科学训练是提高运动训练效果和运动效果的最佳方法。各国相继成立了运动训练的科研机构，将各种学科的尖端科技成果综合运用于选材、运动训练、心理训练、管理、比赛等领域，从而大大促进了运动效果的飞跃。

科学技术在运动训练等方面的综合应用，使人们更加清楚地认识到，运动效果的取得不仅取决于身体素质、技术、战术和体力因素，而且是体力、智力、心理、管理等各个方面的综合体现。

（一）影响教师训练水平的因素

国际田径在竞技领域里的竞争日趋激烈，必然引起运动训练的革命，科学技术和运动训练的结合是这场革命的具体表现。科学化的运动训练势必促进运动效果的进一步提高，提高水平的竞赛反过来又会使竞争更加激烈。这就是当今国际田径发展的新形势。

无论从世界或我国发展的趋势看，科学都日益成为推动体育向新的深度、广度、高度进军的重要杠杆。因此，要高度重视发展体育科技，更快更广地把科技运用于体育的各个领域，不断有所创新，有所突破。的确，要使运动效果有大幅度的突破，必须在训练方法、手段上有所创新，而创新的先决条件则是田径运动教学与运动训练的科学化。这就给广大体育教师提出了更高的要求。

1. 教师的知识结构

运动训练的科学化，促使运动效果飞速提高，不少项目的成绩已冲破人们预料的生理极限。科学技术和运动训练一旦结合起来，就会取得惊人的成就。运动训练科学化的核心是科学。一个教师必须掌握和了解多种学科的知识，而这些知识掌握得越多、越深、越广越好。懂得生理学、遗传学知识的教师才有可能选拔出优秀的、有天才能力的学生。掌握运动训练学、体育理论等知识，才能按照训练原则从事运动训练工作。

2. 教师的能力结构

教师的能力包括感知信息、创新、观察、想象、预见等很多方面。各种能力既有相对独立性又具有相互渗透性，因此，多种能力的结合才能成为"艺术大师与教学艺人"。由于教师职业的特殊性、实践性和科学性，不创新就没有出路，要创新但没有预见性、想象力和高超的能力，也无法创新。知识和能力只有有机地联系在一起，才能更好地发挥作用。没有知识的能力是低层次的，没有科学的知识是没有任何价值的。通常人们提到的智力结构，则是知识结构和能力结构的统一结合体。

3. 教师的经历与科研能力

运动训练过程本身就是掌握知识、提高能力的过程。作为教师，从事有关方面的科学研究工作，不仅有利于促进专项训练的科学性，更能探索其中的奥秘与规律，从而丰富运动训练科学领域的理论宝库。

（二）影响学生训练水平的因素

1. 学生的世界观与智力

运动效果是学生在长期训练过程中身体对运动量、强度的感受、意志受控与耐受力，对运动技术应用合理性认识与实践，训练后的恢复与营养补充，比赛过程心理承受力、技战术运用等理智性支配下活动的结果。学生的智力水平主要取决于：学生的世界观，认识各种事物和现象的广度；掌握现代训练的客观规律及有效训练必须具备的生物学、医学、心理学和社会学等基本知识；制定和实施合理比赛战术的能力。随着运动效果的提高，对学生智力的要求也不断提高，需要考虑每个项目对专项智力水平的要求，即必须以学生的行为能够直接或间接影响训练和比赛效果为前提。

智力的具体内容包括：在训练和比赛中把注意力集中于有效完成任务的能力，有效接受知识的能力，对专业知识的记忆力，思维的能力。学生的智力水平很大程度上影响优异运动效果的取得。

2. 学生的战术训练水平

战术训练水平同技术训练、身体训练、心理训练有着紧密联系。例如，短跑项目素质很好的优秀学生，可以一开始就跑得很快，给对手施加心理上的压力，或跟着跑直到最后几步依靠自己的身体能力迅猛冲刺赶上对手。可见，运动效果在很大程度上取决于个人能力的合理安排和发挥。

学生能否在比赛进行中把技术同机能能力结合起来是重要的战术内容，这种能力表现为控制动作节奏，改变一个动作周期所通过的距离，根据赛场上的情况及对手场上的发挥，及时调整相应战术，最终战胜对方。

不同项目的比赛战术具有不同的特点，而且在很大程度上根据比赛对手的能力而定，在耐力性项目中，从能量保证的观点来考虑战术，最好匀速跑全程。比赛开始速度过快会导致后半程速度下降而影响成绩，这主要是由于前半程速度过快使肌体处于紧张工作状态，使无氧代谢物质积累明显增加，导致后半程的技术质量下降，限制了速度素质的发挥，增大了心理压力。许多教师在为中长跑学生制订战术计划时，要求他们必须在各个段落保持匀速跑进，避免学生在比赛中对对手的突然行动做出不合理的反应。

比赛战术的采用很大程度上取决于学生的训练水平和个人特点。例如，机能好的长跑学生可以在离终点很远就开始领先，并竭力把优势保持到最后。这种战术可以把对手甩掉，迫使对手紧张而改变原有计划。又如，比赛一开始就领先并逐渐拉大距离让对手失去任何获胜的机会。但对于训练水平不高、机能水平不高，不能有效地从一种性质的工作转入另一种性质工作的学生不宜采用这种战术。对于训练水平不高的学生应该长时间处于"隐蔽"状态，利用自己在众多参赛学生中取得有利条件，然后利用有效的冲刺超过对手获取优异成绩。

学生的个人特点及一系列与比赛有关的心理因素都会给战术留下很深的痕迹。优秀学生的个人特点对跑的战术有很大的影响。战术的改进应注意：以匀速跑完全程；考虑学生的个人特点，根据专项特征和学生个人特点改变战术。学生能否在比赛中把技术同机能能力结合起来是重要的战术内容。这种能力表现为调整动作节奏，改变步长，修正技术上的动力性和运动性参数等。主张均匀分配体力的同时还要考虑到具体情况，学生在分道的比赛项目中主要用相对均匀的速度跑完全程为好，但在不分道的比赛项目中，就应力争抢占最有利的位置，这就要求采用机动的战术，当然也要改变速度。学生在比赛中有时突然加速，这种加速会带来一定的损失，却可能由于自己突然加速使对手感到意外从而得到某种心理的好处。然而，只有当学生在准备加速时不致降低前进的速度，加速后又能保持合理的速度和节奏，加速才是有效的。

3. 学生的身体训练水平

身体训练水平包括身体各种机能的能力和身体素质的发展水平。身体训练水平分为一般身体训练水平、专门辅助身体训练水平和专项身体训练水平。一般身体训练水平要求各种身体素质和肌体各系统、器官的功能全面发展，并能在肌肉活动中发挥重要作用。在训练实践中一般身体训练主要提高对运动效果和训练效果有一定影响的素质和能力。专门辅助身体训练水平是指学生在与专项接近的运动活动中所表现出来的机能能力，承受专门大负荷和积极恢复的能力。它的提高是发展专项身体素质和能力的基础。专项身体训练水平是指直接决定专项运动效果的机能系统、器官的能力和身体素质的发展水平。

在评价身体训练水平时，尤其是专项辅助身体训练水平时，既要考虑肌体各主要系统的功能和身体素质的绝对发展水平，也要考虑学生在比赛中发挥自身潜力的能力。学生身体训练水平与其专项运动紧密相连，在一些项目中运动效果取决于速度力量和无氧耐力的发展水平，而一些项目则取决于有氧耐力和肌体长久的工作能力。在周期性项目中随着比赛距离的增大，速度、力量和无氧能力对运动效果的影响越来越小，而与有氧能力和省力工作的各种因素的作用逐渐增加。

身体训练水平及结构同样与学生的年龄有身高相关。这主要取决于肌体年龄发育的规律和多年训练的规律。因此，不同年龄的学生，其身体训练水平在各项素质和能力的发展比例是不一样的。如学生的柔韧性、有氧能力和有氧转化系统功能一般都发展到了相当高的水平，而力量、速度耐力和无氧能力的发展水平则较低。成年学生的身体训练水平的特点则表现为最大力量、力量耐力和无氧能力明显增强，同时，有氧能力、柔韧性和速度保持相对稳定。

4. 学生的整体训练水平

整体训练的特征，就是把运动训练水平的各个方面，包括技术、战术、身体、智力、心理训练水平等综合在一起，在比赛中充分加以发挥。整体训练水平既是学生准备参赛的关键部分，也是最重要的训练内容。但在训练中各个方面的水平都是通过专门的手段来提高的，这就造成了训练中单一局部的练习发展的某项素质和能力往往在比赛中难于充分发挥其作用。因此，在训练中如何根据运动项目的特点综合发展各方面素质和能力，使之成为一个统一的整体，这也成为运动训练不可分割的重要内容了。在比赛中，技术、战术、身体素质、智力和心理水平都不会孤立出现，而是表现出一个复杂的、尽量创造优异成绩的综合体。训练水平的每一个方面既影响其他方面的水平发挥，又受其他方面水平的影响。如，学生的技术能力就受身体素质水平的影响。而各种身体素质特别是耐力素质的发挥又与省力的技术、战胜疲劳的信心及所采用的合理战术有密切的关联。又如，战术决策的效果一方面受身体素质和机能条件的制约，另一方面取决于学生接受和处理信息的能力。

5. 学生的心理训练水平

现代的体育比赛中，往往是运动效果和水平相当的学生一起参加比赛。在同高水平的学生进行激烈竞争的条件下，优异成绩的取得由学生稳定的心理素质所决定。在重大比赛中常常出现某些实力很强的选手，仅仅因为某种失算，或是心理训练存在缺陷而与胜利失之交臂；相反，某些本无希望夺取好成绩的学生依靠最大限度地动员自己的意志品质，却能在比赛中取得优异的成绩。

学生的心理素质一方面表现在决定运动效果的诸多因素中，另一方面要通过具体专项的训练培养。例如，中跑学生总喜欢抢占领先位置，保持独立性，力争达到预期比赛目的，但他们往往疑心重重，竭力避免当从属的角色。长跑学生有承担大运动负荷的能力，但往往对自己缺乏信心，需要有人领先，喜欢独立行动和做出独特判断。短跑学生的注意力集中，视觉感较强，反应速度快。高水平的学生通常很有信心，非常了解自己的能力，能在与自己水平相当甚至更强对手的比赛中充分发挥自己的潜能，稳定情绪，能够较好地进行自我控制。

心理训练水平可以说是意志品质的集中表现，每一种品质在不同运动项目中有不同的特点和表现。但是，高水平的专项心理训练水平要求以各种品质的综合发挥为前提。在某一方面发展不够往往成为比赛失败的主要原因。如果学生思想波动大，心理素质较差，应变能力不强，那么在比赛中将感到体力跟不上，只能勉强与对手抗衡，自己平时练得好好的技术就是不能正常发挥出来，主要原因就是思想波动大，情绪不稳定，抗干扰能力差，体能跟不上，外部环境的适应过程较慢，影响技术水平发挥。

因此，在训练中应有针对性安排训练，有意识地安排抗干扰训练，在训练场播放迪斯科音乐，人为地将声音放大。故意制造噪声干扰正常教学比赛，组织一边倒的啦啦队，总给对手加油，使队员在思想和心理逐渐承受外界的干扰和压力。同时也加强了身体素质训练，通过专门的强化训练使学生的心理水平不断提高。心理素质同专项特点密切相连，它具有很大的专项性，而且通常只有在激烈的对抗条件下才能充分体现发挥出来。

二、田径运动的科学研究

"随着经济社会的不断发展，我国高校教育也在逐渐深入发展，其发展不仅可以推动专业化的发展，也可以推动大众休闲发展。以高等体育院校而言，其发展能够带动竞技体育和大众体育的共同发展，但是受普通高校的传统理念的影响，一些体育运动在普通高校的发展受到了阻碍和限制，不仅不能够推动大众体育的发展，还限制了普通高校学生身体素质的提升。"[①]田径运动科研工作是田径运动教学与训练的重要组成部分。田径运动科学研究工作的目的，是探索田径运动技术、教学和训练等有关问题的规律，改进教学训练工作，从而增强学生体质，发展他们的身体素质，提高田径运动技术和成绩。

广泛地开展田径运动科学研究，对全面、深入了解和揭示田径运动实践工作中的各种矛盾和规律，不断地提高田径教学与训练水平，有效地增强全民体质有着重要的意义。

田径运动科学研究工作者应具备以下基本条件：

第一，积极参与田径运动实践，具有丰富的实践经验和知识。

第二，勤奋学习，具有多学科知识和创造性运用综合知识的能力。

① 华林. 浅谈普通高校田径运动的教学现状 [J]. 纳税，2017，174（30）：107-108.

第三，谦虚谨慎，能广泛听取各方面的意见，尊重和维护真理。

第四，坚持实事求是，从实际出发的原则，具有严谨的治学态度，占有准确的数据和资料，从而得出确切的结论；反复检验自己的学术观点和论证情况，使研究工作的成果能经得起检验。

（一）田径运动科学研究的内容

随着科技的进步和人们客观认识的深化，田径运动科学研究的范围越来越广阔，具体的研究内容也越来越翔实，一般来说，可以把田径运动科学研究的主要内容归纳为如下方面：

1. 田径运动理论的研究

（1）田径运动的历史、现状、发展趋势的研究。例如对田径运动发展史的研究，某地区田径运动发展的现状和趋势的调查研究，中国与世界发达的体育强国田径运动的比较研究，中国运动员与世界优秀运动员各项目运动技术及运动成绩的比较研究等。

（2）田径运动技术及技术原理的研究。运用多学科的理论知识，分析探讨走、跑、跳跃、投掷项目的技术原理，对各项目运动员的技术进行全面分析研究，对世界优秀运动员的新技术进行分析研究等。

（3）田径运动教学、训练和科研管理方面的研究。为提高田径运动的效益，人们依据管理学原理加强对田径运动教学、训练、科研的目标、计划、效果评价等环节方面的管理研究；对田径运动人、财、物等资源合理配置的研究；对运动员培养和管理体制等方面的研究。

（4）田径运动情报、信息的研究。为确保正确地制定本国田径运动的发展战略、科学合理地进行项目布局，必须充分掌握国内外田径运动发展的动态，如各国运动员的成绩技术特点和训练方法等情况。通过对这些信息的收集、对比和分析，做出正确的选择，做到有的放矢。

（5）田径运动功能及其开发的研究。在田径运动固有的竞技运动功能的基础上，随着社会的进步，对人们精神需求增加的进一步探讨、研究；依据和开发田径运动功能，提高其社会效益和经济效益；更加广泛地开展田径运动竞技功能，开拓其全民健身方面的功能，对推动田径运动的发展有着尤为重要的作用。

2. 田径运动教学的研究

（1）教学指导思想、教学任务的研究。快速发展的社会对田径运动的需求，使得不同性质学校的培养目标有所不同。根据各自学校的培养目标，通过科学的研究，确立本校田径运动教学的指导思想和任务，为教学改革提供依据。

（2）教学内容的研究。根据体育院校不同的专业、不同的授课对象和不同的运动水平，结合本专业教学计划和教学大纲，科学地选择和安排田径运动的教学内容，确定重点项目与重点项目的比例，使田径教学更具针对性，更符合培养目标的要求。

（3）教学组织形式的研究。根据培养目标、教学计划、教学大纲和教学对象的特征，对不同的教学组织形式进行全面研究，选择和确定最佳的教学组织形式，更充分地利用教学时间和教学资源，达到最佳的教学效果。

（4）教学效果评价的研究。在田径运动教学中，教学评价越来越引起人们的高度重视。人们都在积极探索和研究如何运用现代教学管理学的理念，结合田径运动的教学规律来评价田径运动教学效果的指标、方法等问题。

（5）教学方法和教学手段的研究。随着体育院校办学规模不断扩大、教学人数不断增加，如何广泛利用现代科技成果和多学科的知识改革田径教学，如何改革不适合当前发展的教学方法和手段，已成为当务之急。研究找出适合社会发展的、符合田径运动规律的科学的教学手段和方法，对合理利用教学资源、提高单位时间内的教学效果起着重要的作用。

3. 田径运动训练的研究

（1）田径运动员的选材研究。应用多学科理论和现代化的科研仪器，根据青少年儿童身心发展的特点和田径运动各项目的特点和规律，探索田径运动各项目选材的指标、方法、手段和评价标准，深化对田径运动的选材规律的认识，为培养更多的田径运动人才提供依据。

（2）训练指导思想的研究。研究和探索田径运动训练的指导思想，为不同性质和不同对象的田径运动训练制定训练任务和训练内容提供依据。

（3）竞赛方面的研究。探索和研究如何适应社会需求，科学合理地安排田径运动的竞赛时间、项目设置、成绩计算及组织竞赛和规则修改等问题。

（4）训练方法与手段的研究。广泛应用现代科技成果和多学科的新知识，探讨和研究提高田径运动员身体素质及技术、战术、心理等方面能力的、符合田径运动规律的新方法和新手段。

（5）训练内容的研究。根据不同的训练对象和训练特点，探索和研究最符合运动员特点的训练内容，达到事半功倍的训练效果。

（6）儿童、少年、妇女训练特征的研究。探索和研究儿童、少年、妇女的身心发展在田径训练中的特征，科学、合理地安排符合儿童、少年、妇女身心发展规律的田径运动训练。

4.田径运动教学、训练与科研设备条件方面的研究

（1）田径运动教学、训练、科研、竞赛等辅助仪器设备或专用仪器设备的研制。探索如何将科技新成果及时引入田径运动领域，开发研制有利于促进田径运动水平提高的各种教学、训练、科研、竞赛的器材、仪器、设备，为提高教学、训练、科研、竞赛水平提供依据。

（2）先进仪器、器材、设备在田径运动各方面的应用推广研究。在田径教学、训练、科研、竞赛中，如何科学合理地应用国内外各种先进的仪器、器材、设备的研究。

（3）田径运动场馆的设计和建设方面的研究。如对田径场馆的外形设计、内场建造和各种新型建筑材料的运用等问题的研究。

（二）田径运动科学研究的特点

田径运动科学研究工作是一种极其复杂和难度较高的脑力劳动过程，它除了具有一般科学研究工作特点之外，还具有一些自身的特征，归纳起来有以下方面：

1.田径运动项目的多样性

田径运动项目繁多是众所周知的，在众多的田径项目中，其运动形式各不相同。例如走、跑、跨栏跑、跳高、跳远、三级跳远、撑竿跳高、滑步投掷、旋转投掷、助跑投掷等项目都有其显著的特点，这就决定了田径运动科学研究多样性的特点。

2.研究对象的复杂性和个体性差异

田径运动科学研究的对象主要是人，而人体是一个结构巧妙而又非常复杂的生物体，同时人又具有各自的社会属性和独立的思维特征，因此，以人为科研对象的科学研究工作，其难度是非常大的。

作为田径运动科学研究对象的人来说，个体之间的差异，是相当大的。例如：性别、年龄、训练年限、训练水平、技战术水平、个性特征、心理素质、智力水平，等等，共同构成了研究对象的个体性差异。

3.田径运动科学研究内容的综合性

由于田径运动科学研究对象的复杂性，使得单独一门学科的研究很难取得很好的效果。因此，多学科知识的相互渗透、综合研究，就成为田径运动科学研究的一个特点。

4.竞赛形式的非对抗性和运动成绩的客观性与极限性

田径运动竞赛都是以运动员克服自身阻力或克服一定负荷，表现人体最大机能为竞赛目标的，其竞赛结果都是以数值计量。而且竞赛过程中，运动员之间身体接触较少，因此，

对手之间的相互干扰也较小，使得田径运动竞赛具有鲜明的客观性、准确性和公正性。

三、田径运动科学研究的工作程序

田径运动科学研究工作，大致包括以下程序。

（一）田径运动研究选题

选题是科学研究工作的开始，选题是否正确，对研究工作的开展十分重要。选题的依据有以下四点：

第一，有一定的资料。资料是选题的基础，研究题目的提出，是勤奋读书、认真工作、积累资料和经验的结晶。资料多，知识丰富，储存信息也多，有助于逐渐形成一种观点，再进一步经过研究就可能获得成果。

第二，基本了解国内外对所选题目的研究状况。国内外的研究状况，是做出科学选题的重要依据，对研究具有重要的指导意义。

第三，题目要具有现实意义或理论意义，也就是说选题要准确，要对当前的工作具有很强的指导意义。

第四，充分考虑完成所选题目的可能性。选题时，要从实际出发，考虑人力、科研水平、必要的资料和设备等条件。开始从事科学研究工作，一般应选择较小的题目，在实践中积累经验，逐步提高科研水平。由于现今田径运动科研水平的提高，问题的研究也越来越细和深入，即使有经验的研究人员也应选择有一定范围和具体的题目，要注意选择前人尚未研究的问题；或在前人研究的基础上，从新的角度去研究，运用新的材料，发现新的问题，提出新的见解，进一步充实前人研究的成果。在集体研究一个较大问题时，要分工合作，先集中力量解决一些具体问题，然后再逐步扩大研究领域。如果超越个人或集体的研究能力和客观条件，即使选择了具有关键性的题目，研究工作也不会出现好的结果。

（二）制订项目研究计划

选定项目之后，要制订项目研究计划，计划中的内容、方法、措施及所需的设备和经费等，既要符合项目的要求，又要从实际出发，切实可行。计划一般应包括以下内容：

第一，项目名称。

第二，选题的意义、依据，国内外对此题目的研究概况。

第三，项目研究工作需要解决的主要问题和预期成果。

第四，采用的主要研究方法或实验方案。

第五，设备与经费预算。

第六，研究工作的起、止时间。

为了顺利执行计划，需要制定出具体的工作日程表，按工作顺序安排学习、工作方法和提出要求，每项工作都要按时、按质量要求完成。

（三）阅读与收集相关研究资料

制定了研究工作计划和工作日程表之后，要集中力量阅读与收集有关资料，目的是不断扩大有关研究本课题的知识面，随时掌握与研究课题有关的情况，进一步明确研究课题的任务与范围，为研究工作创造条件。

资料来源于两个方面：一是间接资料；二是直接资料。间接资料是从阅读有关书籍、报纸杂志的论文和学术研究动态等方面获得的；直接资料是从自己教学与训练的科学实验中获得的。

1.间接资料获取方法

从有关书刊索引、文摘、目录和专辑中查阅资料。查阅资料不应局限于正在研究的题目，也不应局限于本专业的理论领域。例如：田径运动员选材的研究，就涉及少年儿童生理、解剖、心理、卫生、人类遗传学等多种学科。广泛阅读资料，能使研究者思想开阔，观点新颖，为课题研究提供多方面的理论依据。为了节省阅读时间，一般资料略读即可，对与研究课题密切相关的内容，要深入钻研。对新近出版的有关研究本课题的论文，要认真学习，并根据其参考文献，找到有关本课题研究的较全面的文献资料，从中了解本课题研究的新动态和新成果。

阅读资料要做索引卡片，在卡片上把与同类研究课题有关的文章做出简明摘要。对特别有关的章节段落要精读，并做笔记。阅读资料，要采取分析批判的学习态度。资料卡片一般应包括编号、书名、页数或文献资料的题目、作者、出版社、出版日期、主要内容、心得体会等。

2.直接资料获取方法

（1）教学实验资料。教学实验资料是按研究内容、方法等进行专门记录和积累的。

（2）参考学生教学与训练日记的总结。教学、训练日记是总结、改进和提高教学与训练工作不可缺少的资料，也是科学研究工作的宝库。教学、训练的日记中，记载着学生运动员实际完成的作业内容、数量、质量、心得体会和存在的问题等，对科研工作有参考价值。

（3）参考学生的学习笔记和训练记录。学生学习笔记和运动员训练日记的摘要记录，是研究教学与训练问题的重要参考内容之一，其中有实际训练内容、身体反应、体会和建议等，对研究有参考意义。

积累直接资料也应填写卡片。

总之，阅读和收集资料是进行科研工作所不可缺少的内容，有利于提高研究者思维的灵活性，增加思维的深度。但是，由于各人的具体情况和条件不同，也应有各自不同的方法。

（四）实验与整理数据资料

实验是科研工作中的重要环节。为了取得必要的数据、材料和验证所选题目的预想结果，进行有关技术、教学或训练等方面的实际练习；有时还需要在实验室做试验，在实验之前，要周密设计切合实际的实验方案，实验内容和对象要由实验目的来确定，实验方法则根据实验的内容需要而选定。

实验工作的初期，要做好器材、仪器、图书资料的准备，器材和仪器在整个课题研究工作过程中不要变换，以确保各项数据的准确性。在集体研究工作中，仪器使用方法要统一。

在实践中观察、试验获得的材料、数据等资料要详细记录，进行分类整理、筛选和分析。这些工作都要做得认真、准确，要有代表性和说服力，要将可靠性强的材料作为基本依据，为撰写论文做好充分的前期准备。

（五）撰写论文

选题、制订研究计划，阅读和收集有关资料，以及分析研究实验所获得的直接资料之后，科学研究工作就进入了总结阶段，即出成果阶段。撰写论文就是集中论述科学研究的成果。在做好以上工作的基础上，还要花费很大的精力去撰写论文，才能将自己的研究成果整理出来或者用论文形式反映出来。撰写论文没有固定的结构和格式，其结构和格式是由内容需要确定的。一般分五个部分：（1）前言；（2）研究题目的状况；（3）研究工作的过程，采用的研究方法；（4）试验观察结果，所获资料、数据的分析研究或讨论；（6）结论，对全部研究工作，从实践和理论方面做出具有实际意义的、有逻辑性的结论。

在完成以上五个部分后，还要注意论文后面要附参考文献，以便读者了解本题目前人研究的成果，以及本文作者参考文献资料的来源。

撰写论文主要包括以下步骤：

第一，拟出论文提纲。撰写论文前先要把内容、主要问题和研究的见解等分为几个部分。每个部分包括哪些问题，列出标题，写出简明的内容。概括地反映出论文的全貌。

第二，写出论文初稿。根据论文提纲，集中时间和精力写出论文初稿。写时要注意事实观点方面的内容，不必过多修饰文字和段落，在写作中发现有尚需补充而缺少的材料可以留待以后再补充，不要中断写作的思路，至少每次要写完一个部分之后再补充缺少的材料。

第三，修改。论文初稿完成后，对内容的科学性、结构的逻辑性和文字等还要反复推敲，补充必要的内容和修改全文。修改论文时要注意三点：（1）认真阅读论文初稿，发现问题及时修改；（2）核对论文中所引用的材料和数据，对论文中的主要问题，再阅读有关书刊，提高认识，以便在新的认识上修改论文；（3）初稿完成后，应向有关专家征求意见，这有助于发现问题、提高认识和进一步修改论文。

论文定稿后为形成论文报告，还要写出论文摘要（或论文缩写），摘要是论文的基本内容（包括实验）、观点和绪论。

四、田径运动科学研究的方法

田径运动科学研究的方法，是根据研究题目的性质、任务、内容和要求决定的。即使对同一领域或相同题目进行研究，也有其各自的观点、思路和方法。又由于各自的学术水平、专长和科学研究条件的不同，可以创造或选择各自适宜的研究方法。田径运动科学研究经常采用的方法如下。

（一）试验法

为了探讨教学与训练工作中的问题，根据实际情况，在某些特定的条件下实践、观察研究某一问题的变化，对所获得的数据和结果进行归纳分析，得出一定的结论，就是试验。

试验一般有自我比较试验法和分组对比试验法两种。

自我比较试验法是对受试者有目的地采用新的方法和固有方法效果的比较，通过试验，获得有关的材料。

分组对比试验法是试验组与对照组比较，或几个组之间互相比较。这是田径教学与训练问题的研究中，经常采用的一种方法。这种方法要求组织严密，选择对象和分组时要全面考虑，尽可能使各种条件（如性别、年龄、身高、体重、身体素质、时间、场地器材等）均等。

试验可能达到预想的结果，也可能出现与预想相反的结果或发现新的问题。无论是什么样的结果，都要得出符合实际的结论。

（二）总结法

在田径运动实践中，积累实际资料，进行总结，也是一种常用的研究方法。总结法是有计划地集中专门问题及其事实材料，进行深入的分析研究，总结出规律，提出新的见解，将感性认识提高到理论的高度，对改进工作能起到指导或参考的作用。如对田径某一专项的教学、训练或其中的某一具体问题，也可用总结法进行科研。总结法不同于一般工作总结，它具有明显的学术性研究的特点，有新的见解。

（三）测量统计法

在研究技术中的某些具体问题时，经常采用测量统计的方法，并记录其具体的情况。例如：要了解某一肌肉的力量情况时，可通过仪器进行具体的测试。在对多人进行观测或测试之后，可获得大量的数据，然后再运用统计学的方法对数据进行处理，对所研究的问题进行分析，提出改进的意见。

在进行观测和测试之前，必须先确定对象、具体的内容和方法，要做到条件一致。只有这样，所获得的数据才是准确可靠的。测量统计的内容和方法，要根据研究和任务、项目的特点来确定。

第一，100 米跑动作轮廓与成绩的观测统计。对观测对象的统计可在赛前、赛后进行，对其跑的动作轮廓、特点与分段速度要在比赛时观测，并及时记录。

第二，中长跑战术的分段计时统计。800 米赛跑时，可计取其 100 米、200 米、400 米、600 米的分段时间和 800 米成绩。800 米赛跑战术计时统计工作比较简单，段落也少，无需再绘制速度分配坐标图表，其中除比赛时分段计时外，其他内容可在赛前赛后填写。5000 米、10000 米赛跑时可计其中每 400 米或每 1000 米跑段的时间，然后绘制出速度分配坐标图表，分析研究跑的战术问题。

第三，跨栏跑技术的观测与统计。跨栏跑技术的观测与统计，通常都要记录跨栏运动员的跨栏跑专项最好成绩和其相同距离的平跑最好成绩，将二者成绩加以比较。同时也可分段计时，如计 110 米栏的成绩，可同其平跑 60 米、100 米相比较。跨栏跑与平跑成绩差别大小，是跨栏跑技术优劣的标志。其中过栏技术是跨栏跑的重要部分，确切计取过栏时间，可通过高速摄影，从图片上计算；为了研究栏间跑的速度和节奏，通常是测量栏间三步的步长；观测过栏动作，一般要注意观测运动员身体重心的起伏程度；还可在跨栏运动员对面观测运动员跨栏跑的直线性等。这些内容都可记录在事先设计好的表格之内，然后进行分析研究。为了分析研究 400 米跨栏跑的技术，除跨栏步技术外，还要观测栏间跑的步数、节奏、速度分配及运动员 400 米、800 米跑的能力。

第四，跳跃项目技术的观测统计。跳跃项目共同测量的内容很多，需要根据各个项目的特点和所要研究的问题确定。如跳远一般测量助跑最后 10 米的速度（也有的测最后几步的速度）及起跳踏板的误差等。三级跳远还可丈量每一跳的长度，测试腾空高度；撑竿跳高还需要丈量握竿点的高度；跳高还可记录助跑路线的特点等。

第五，投掷项目的技术观测统计。可以测量推铅球滑步的距离、掷铁饼旋转第一步的距离、掷标枪投掷步各步长度；测量滑步、旋转或各投掷步的足迹；也可以计取滑步、旋转或投掷步的时间、器械飞行的时间，以及最后用力的时间等。

上述有关跑、跳和投掷技术研究的观测统计内容仅供参考。每项科研工作都应根据研究任务的需要，确定具体的内容和设计各种观测统计表格。

（四）调查研究法

调查研究方法较多，一般采用实际观察、开座谈会、个别访问及函询等方式。

第一，实际观察。实际观察是根据研究题目的需要，有目的、有计划地观察技术教学训练或比赛等有关内容，从中发现问题，以求解决。事前要确定观察的任务和方法，选择观察的对象、时间、方式及设计必要的表格。观察既要全面，又要有重点，并要认真记录观察的情况和问题，而后加以分析研究。

第二，开座谈会。会前要拟好座谈提纲，分别发给与会人员，以便做好发言准备，使座谈会的内容集中、深入，取得预想的效果。

第三，个别访问。对与研究题目有关的教师、科研人员、学生、运动员及其他人员进行个别访问，了解他们对有关问题的见解，学习他们的经验，从中获得材料。

第四，函询。根据科学研究工作的需要，提出问题，通过信件来往，获得材料。为了对方复函方便，事先要印制简易的表格，使对方便于填写。

（五）追溯与追踪法

第一，追溯法。追溯法是一种回顾过去的研究方法。例如：对中华人民共和国成立以来田径某项技术演变的研究，可根据过去的发展、演变和目前的情况，预测未来的发展；或对某一优秀运动员的成长过程进行研究，可从他创造新纪录的时期，追溯到他在儿童和少年时期的性格、爱好、身体条件、身体素质和训练水平等，从中找出经验和规律，为今后选材与训练提供一定的依据。

第二，追踪法（也称跟踪法）。追踪法是从提出某一问题的开始到得出成果全过程的研究方法。例如：在田径教学中培养学生学习能力的研究，或对儿童、少年、大学生训练过程的研究等。追踪研究需要较长的时间，要做到全面、系统，需要有详细的记录，中间不得中断，按阶段进行分析研究，最后再综合所有的数据和材料，进一步分析研究，得出结论。

（六）拍照、录像和拍摄电影

在目前情况下，研究和分析运动员技术时，较普遍的是采用拍照、录像和拍摄电影的方法。

通过用拍摄的相片可以研究某些动作的姿势、完整技术中某一时间的动作、各关节的角度、身体各部分及重心所处的位置等内容。

通过录像可以反复观察技术动作的全过程及各环节的衔接等，从中发现技术上存在的问题和规律。

拍摄电影，对分析技术动作可以获得更可靠的材料。根据影片画面可以研究技术动作过程中的重心运动轨迹、运动的时间与空间的关系、运动速率、各关节的角度和夹角等。

拍摄电影时，先要校正摄影机的转速，根据需要确定拍摄速度、距离、角度、方向和高度，以及参考体的位置。如在不同场地拍摄时，必须做到条件相等，否则，会影响数据的准确性。在条件可能时，可以用两架摄影机，从正、侧两个方向同步拍摄，甚至拍摄与动作同步的影片。

以上是田径运动科学研究中常用的几种方法，它们常常是互相联系、互相补充的，在以一种方法为主进行科研工作的过程中，往往也需要结合使用其他有关的方法，不应把这几种方法截然分开，因为只使用一种方法是难以完成田径科研任务的。在21世纪里，随着科学技术的发展，田径科研方法也将会不断增多，一定会为广大体育教学工作者提供更加可喜的科研空间，从而为我国体育事业的发展做出新的贡献。

（七）运用专业理论与相关学科知识的研究方法

为了提高田径教学与训练的水平，必须注意以专业基础理论指导运动实践，并在运动实践中运用专业基础理论对田径运动中的问题进行研究和探索，认识其规律性，不断丰富专业基础理论。

第一，运用运动生理学的方法。如测量脉搏、血压、肺活量、呼吸频率、脑电图、心电图、肌电图等，了解人体心脏血管系统和呼吸系统的机能状况，判断人体某些素质的发展情况，从而对教学与训练的方法和负荷提出改进意见。

第二，运用运动解剖学的方法。测量田径运动某专项或某一环节的肌肉用力特点、肌肉工作的性质（退让工作或克制工作）、肌肉负荷大小、作用的时间和效果等，并进行评价，提出对实践有指导意义的理论。

第三，运用运动医学的方法。按体格检查规格对运动员进行检查，评价田径运动训练的疲劳程度，防止专项练习创伤及研究专项运动员的营养等，从而改进训练负荷及训练方法等。

第四，运用生物化学的方法。研究运动时体内的化学变化，化验血糖评定耐力素质的发展，化验血乳酸评定速度耐力素质的发展，以及体内有氧代谢和无氧代谢过程的比重，还可以用尿糖、尿蛋白等作为反映身体一般机能的指标。

第五，运用运动心理学的方法。分析研究不同专项运动员所必需的心理机能和运动员在训练或比赛中心理外现特征，对运动员进行适宜的心理调节和采取适宜的训练方法，使运动员专项比赛必要的心理机能得到发展、巩固，为提高运动员训练和比赛的成绩创造良好的心理条件。

第六，运用统计学的方法。运用统计学的方法对田径运动的有关问题进行分析研究，如运用计算所得的相关系数、回归系数等，对有关问题进行分析，提出有关统计数据作为技术教学或训练时参考。

第七，其他方面。运用人类遗传学、音乐、美学、体育社会学等方法进行研究等。

第二章　高校田径运动教学与训练设计

第一节　高校田径运动的教学体系分析

一、高校田径运动教学与其他体育项目的区别

"田径教学是现代教育体系中的重要组成部分，其注重培养学生的专业素质能力和综合素养，培养学生的实践创新能力，促进学生的全面发展。"[①]在田径教学过程中，学生在教师的引导启发下，以田径运动技术练习为主，在反复的练习过程中，通过思维活动与体力活动的密切结合掌握田径的基础，并使学生身体承受一定的运动负荷，从而达到发展身体、增强体质和提高成绩的目的。

由于田径运动本身的特点，在教学上和其他体育项目有所区别，主要包括以下方面。

（一）组织教学方面

田径教学课（除理论课外）都在室外场地进行。学生活动范围大，而且常处于运动状态，使用器材较多，教学组织就比较复杂。尤其是投掷项目的教学，教学组织还要考虑安全因素。教学的组织形式、练习的队列队形及队伍的调动等都要事先认真考虑，精心设计，才能保证教学的顺利进行和任务的圆满完成。

田径运动技术难度大、强度高，学生学习见效慢，易产生疲劳而且单调枯燥，加之在室外进行，酷暑严寒使学生受到各种自然条件的锻炼，这些都将影响学生的学习兴趣。因此，田径教学中调动学生的自觉积极性特别重要，教师要善于端正学生的学习态度，明确学习目的。通过严密教学组织、启发式教学培养学生学习的兴趣，还要加强安全措施，消除学生的惧怕心理。此外，教师自身的表率作用对学生的影响很大，使学生能在刻苦练习中获得快乐，在练习中有所收获是教学的另一任务。

（二）教学内容方面

田径运动包括走、跑、跳、投掷和全能运动，这些都是人类最基本的技能，可以说在

---

① 苏泽海. 高校田径教学面临的困境与改善策略探析 [J]. 当代体育科技，2019，9（6）：64-65.

学生开始学习田径技术之前，就已具备走、跑、跳、投掷动作的原型和能力，这也是区别其他体育项目最显著的方面。因此，充分利用学生的已有知识开展田径教学较其他项目更有利。同时也要看到其不利的一面，学习和掌握正确合理的田径技术，是建立在改进学生已经运用自如的基本技能基础上，这就增加了田径教学的难度。提高田径教学效果就必须重视发挥有利因素、克服不利因素，合理地选择教法，正确地运用教法。

田径运动技术是由动作的方向、幅度、角度、速度、力量、四肢和躯干的屈伸、重心所在的位置等因素协调配合而形成的，既有时间、距离上的要求，又有空间上的要求。教学仅用语言很难使学生有完整的动作概念和掌握正确的技术。因此，在教学中正确运用多种直观方式，尽量利用学生的各感官和已有的知识，丰富学生的感性认识和直观认识，使学生获得生动的动作形象，建立完整的动作表象，从而掌握所学的知识、技术和技能。

田径教学内容突出的体现是实践性。理论知识对技术学习的指导要经过技术练习实践来验证，而技术的提高是奠定在一定的身体训练水平基础之上并通过确定的运动效果来体现的。只有在反复练习的实践中加深对田径知识、技术和技能的理解，方能牢固地掌握并运用于实践。

二、高校田径运动的教学理念

（一）健康第一的教学理念

1.客观依据

（1）体育健康教育指导思想与现阶段社会发展需求是相辅相成的，从目前社会科学技术的发展来看，我国的综合实力在不断加强，原因是专业人才与劳动者素质的相结合。从我国教育事业发展的角度来看，体育健康教育思想既是体育事业发展遇到的机遇也是一项挑战。现阶段社会市场经济的竞争是非常激烈的，如果想要培养出高质量的专业型人才就需要使这类人才具有明确的政治思想，也需要具备扎实的科学知识及过硬的技术能力。与此同时，专业性人才还必须具备强健的体魄与坚定的精神。所以，高校田径运动教学，要以学生的身心发展为核心，在教育工作中秉持教育健康第一的思想，摒弃传统教育中与现代社会发展不相符的教学模式。

（2）从教育事业的发展来看，健康教育思想与体育教学发展是相符合的，体育健康教育思想是从心理、生理及社会三个角度来定义健康的。现阶段，健康教育思想已经普及到各地，这一思想与世界卫生组织提出的指导思想是相一致的，秉承健康第一的理念进行体育教学指导和田径运动教学工作。所以，高校体育课程应得到高度的重视。实际上无论是哪一个阶段的体育工作，都应该以健康第一的教育思想来进行调整。目前各大高校田径运动教学工作的改革应以健康教育为主，将大学生体育健康教育放在教育工作的首位，在学生的学习与训练过程中，逐渐渗透健康教育的理念，让学生养成终身体育的意识与习惯，无论是在校园中还是在今后的就业环境之中，都能够保持体育锻炼的习惯。我国相关部门也对高校提出了田径运动教学的要求，要秉承健康第一的指导思想，在教育工作中给予学生身心健康方面足够多的关注。综上所述，高校体育事业的发展与健康第一的指导观念是协调统一的。

在田径运动教学过程中，要总结以往的经验和教训，将不符合现阶段社会发展、未来社会经济建设的相关教学手段摒弃掉。在田径运动教学中全面落实党的教育方针，拓展田径运动教学工作的力度，向学生普及全民健身的意识及卫生保健的思想，让学生了解到健康体育和卫生。如果学生积极参加体育项目运动不仅能够使自身的体魄得到强化，也能够增强大学生的身体免疫力，还能够开发大学生的智力。无论是从社会发展还是个人发展的角度来看，参加体育项目都是有利的。

2. 具体目标

（1）高校的体育健康教育体系需要进一步完善。相对比其他学科来说，体育学科自身的知识面与文化底蕴是非常雄厚的。所以，高校田径运动教学应增加体育人文学方面的内容、运动人体学方面的内容、健康教育学方面的内容。以此，才能够使高校田径体育课程不仅具有科学性、人文性，另外还能够提高高校田径课程的教学意义，同时学生对田径课程的兴趣也会有所提升。与此同时，在高校体育健康教育体系中，还应该增加关于学生身心健康发展的基础性知识、常识性内容。通过健康教育体系中的内容培养学生科学的生活与学习习惯，塑造健康的心理状态。

（2）在高校田径运动教学中渗透、健康第一的教育指导思想。从目前教育事业的发展来看，知识的更新及边缘学科的发展是非常迅速的，同时大学生需要面对社会市场经济中非常激烈的竞争。那么大学生仅凭强健的身体、综合的素质，以及复杂的知识结构，并不能满足当前社会发展的需求。以此为背景，我国提出了健康第一的指导教育思想，这就意味着在田径运动教学中培养学生身心健康、思想意志的同时，也要注重新型高素质人才的塑造与培养。高校田径运动教学要将健康第一的指导思想，作为教育工作中光荣的使命。对比以往，以增强体质为主的体育教学工作来看，现阶段将健康第一指导思想作为工作首要目标的新型教学模式，符合社会新型发展观。

（3）在高校体育田径教学中，要将健康标准渗透在教育工作的各个环节，也要将其融合到教学内容当中。教师需要为学生普及关于田径运动项目的锻炼知识，让学生真正了解到健康体育的目的，由此便可以培养学生终身体育的意识及终身健康的行为。在高校田径运动教学中，学校应该以最新的学生体质健康测试标准为核心，结合院校所处地区的自然条件、教育资源及体育院校本身的办学特点，对学生体质健康测试标准进行调整。与传统的学生体质、健康监测标准不同，新型的学生体质健康监测标准，不再强求各项运动，学生是否能够达标，而是给予学生是否能够树立终身的锻炼意识更多的关注。

（二）以人为本的教学理念

1. 以人为本教学理念的认识

在高校田径运动教学工作中，教师一定要坚持以人为本的基本原则，为学生提供全面的教学内容，实现高校体育教学事业的可持续发展，从现阶段社会发展新形势来看，我国高校在田径体育教学工作的改革与创新中，要不断落实以人为本的理念。"以人为本"这一词当中的人，不仅指的是个体，也可以代表群体，其自身不仅拥有自然属性，还具备社会属性。那么现阶段正值教育事业改革创新的新时期，所以要将以人为本作为改革创新工作的基础，要将科教兴国战略坚定不移地落实在高校田径体育教育改革创新当中，以实现人才强国这一战略。因此才能使不断提升的人民群众日益增长的发展需求、教学需求及生活需求得到满足。在教育领域中的"以人为本"，不仅涉及教师，更多的是指学生。

教育是人类社会独有的一种现象。早在商周时期，有人就已经对民本思想做出了强调，并一度将人民作为国家发展的基础。在之后的社会发展进程中，民本思想理论基本上都得到了认可，在春秋时期儒家思想中，倡导仁者爱人的思想。在战国时期，齐国曾经提出以人为本的治国理论。后来孟子提出以民为国家之本这一思想。实际上，古时候人们所提倡的民本思想，并不是我们今天所提到的以人为本的思想，二者之间存在一定的差异。从我国的教育史上能够看出，民本思想对教育产生了非常大的影响，诸多教育学家在研讨教育工作的根本目的、有效方法及便捷途径时，一般都是以人性为前提，将美好人格塑造作为教育的根本手段，能够看出，民本思想对教育产生的影响是非常深远的。

2. 以人为本教学理念的培养

以新课程改革为背景，在高校田径运动教学过程中，需要不断落实科学发展观，同时还要以社会主义和谐社会为构建基础，将以人为本的教育思想渗透在教学内容当中。在高校教育体系中，作为重要组成结构之一的田径体育教学内容，要从教育目标、教育内容等教育工作上，认真落实以人为本的教育思想，这对于高校田径体育教学工作的改革与创新具有非常重要的意义。

（1）在高校田径运动教学工作中，必须强调教师的主体位置。虽然学生是受教育的主体，可是无论是从教育培养的角度，还是实现学生全面发展的角度来看，不能否定的是教师是促使学生培养及实现学生发展的落实者。所以在田径运动教学过程中也要强调以教师为本，这就需要高校在办学之初，能够从教师的角度来考虑，为每一名教师提供良好的工作环境和工作氛围，对教师的工作量做出合理的规划，同时科学合理地制定教师评价体系。另外，还需要为每一名教师提供一定的科研支持及体育教学基本设施资源等。在教师教育工作管理制度中不能一味强调强制性及防范性，还应该注重人性化的管理措施，要引导教师在本职工作岗位上，能够自觉且积极地履行自身的教育义务和责任。同时，给予教师充分的理解、信任和尊重，在工作管理条例中不要用过多的规则和制度将教师固定在条框之中，使其教育行为受到约束。

（2）在高校大学体育教学工作中，一定要落实以人为本的教学思想。每一名学生都是独立存在的生命个体，无论是在校园生活中还是在社会环境中，都需要得到认可与尊重。那么在大学教育过程中一定要树立以人为本的教学思想。基于这样的教学要求，就需要高校在办学之初，能够整合有效的田径运动教学资源，为人才培养工作奠定基础，以此才能为学生在田径体育课程的学习过程中提供优质的学习条件和学习环境，同时也能够大力发展田径体育教师队伍。高校田径运动教学，应遵从的原则是对学生高度负责，为其提供尽量充足的田径运动教学资源，使学生能够在学习期间，得到与自身发展、自身需求相匹配的田径知识内容及理论知识内容和技术动作能力等。

在田径运动教学中，教师需要了解每一名学生的身心发展情况，要将个体差异与个性发展作为教学工作的重点，同时以学生个体差异为核心，制订并完善现有的田径运动教学培养方案，从科学的角度构建田径课程体系。同时教师还需要注重田径运动教学过程中，基于现代技术的教学方法的变革，使学生能够通过新型的教学方式发现田径课程内容中的号召力以及感染力，让学生对田径体育学习充满主动性和积极性。以人为本教学理念倡导的是时刻关注每一名学生身心发展情况，要在教育教学工作中树立起为学生提供服务的相关概念，使学生在田径体育学习过程中既能够得到全面的发展也能够得到个性化的培养。

（三）终身体育的教学理念

1.终身体育教学理念的认识

终身体育可以从两个方面进行阐述：（1）在生命过程中，进行所有的有效的身体锻炼，被称为终身体育；（2）在生命过程中所接受的所有关于体育教学的内容的总和，被称为终身体育。

终身体育可以理解为随着生命的开始而开始，随着生命的结束而结束，也就是说终身体育是渗透在人们一生当中的整体体育活动形式，也是整个生命过程中外延性的、持续性的、体育教学的整个过程。从生命的每一个阶段来划分终身教育的全过程，那么终身教育可以分为三个不同的教育层次：一是学前体育；二是学校体育；三是社会体育。在这三个不同的层次当中，高校体育是学校体育中非常重要的一部分。

21世纪后，大多数高校在教育工作上发生了一些观念、思想、方式上的变化。在学生评价体系中，不再强调以往一味追求竞技水平的测评方式，转而更加注重大学生在田径运动项目中的参与度及体育课程内容是否具有教育性。在体育课堂上，教师更加注重与学生之间的沟通和互动，通过二者的合作能够精心策划出具有教育性的田径体育课程内容，能够帮助学生在未来的职业规划中，突出个人的人际交往能力，同时还可以帮助学生缓解心理上的压力，更好地与社会需求相匹配。

基于此，高校田径运动教学工作中，教育者一定要帮助学生树立体育终身的锻炼理念，帮助学生塑造健康的身心和体魄，帮助学生塑造正确的精神面貌。以此才能有效提升大学生现阶段在校园中的生活质量，也能够为大学生未来从业的环境奠定一定的基础。如果学生在田径体育运动中，逐渐能够意识到体育运动项目对于个人身心发展来说具有重要作用，学生就会更加积极主动地参与到田径体育项目当中，因此将体育锻炼作为终身的习惯。

2.终身体育教学理念的培养

（1）及时调整高校田径运动教学目标调整。终身体育思想是现阶段高校体育教学工作发展的核心内容之一。从现阶段社会发展的形势来看，若是在教育工作中，只追求学生肌体的纯生物学改造，并不能满足学生在体育学习过程中自我价值与自我要求的实现。从终身体育这一观念来看，现阶段的高校体育工作，已经注入了新的活力，学生们能够在自我认知、自我完善、自我反思等方面，有大幅度的提升，这就说明学生的生命本身，在终身教学的理念下，已经得到了改造和完善，那么高校是为学生实施终身体育教育的主要基地，也就是说终身体育，能够帮助学生实现全面发展，其中包括学生的身体素质、精神素养等，也可以塑造学生的思想道德品质及实现各个方面的再教育，等等。

学生会在终身体育这一观念下，通过体育课程内容的学习，达到终身受益的学习目的。从现阶段教育事业的发展来看，高校田径运动教学，已经不再是以往传统中校园生活为主的田径运动教学形式，而是逐渐转变成为学生提供终身体育锻炼的主要阵地和主要场所。所以，高校田径运动教学工作要以强身育人为最基本的目标，将终身教育贯穿到日常的田径运动教学工作当中，为学生提供终身受益的教学内容，并且结合高校自身办学的特色以及体育教学工作实施的情况来改善现阶段的高校田径运动教学教育任务。

（2）教师要在田径体育教学过程中逐渐帮助学生养成终身体育的相关意识。以学生为主体，对其逐渐渗透终身体育的含义及重要性，教师要做的工作就是帮助学生增强对体育运动的认知。通过心理学方面的内容能够看出，认知事物是行为的前提条件，而行为是基于个人的动机和兴趣才能够产生的一种心理表现形式。所以教师需要注意的是帮助学生在田径体育学习过程中保有积极正确的态度，让他们能够及时了解体育的目的，能够对田径体育学习有一个正确的动机。教师需要激发学生参与体育锻炼的兴趣，在日常的练习过程中，为学生讲授卫生保健方面的相关知识和相关技能。

与此同时，教师还需要注意，在田径运动教学过程中，不要一味追求理论，也不要一味追求实践，要将理论与实践相结合，才能使学生具有终身体育的正确认知，学生自身的体育价值才能得到体现。同时教师还需要引导学生将终身体育这一认识逐渐延伸到校园生活之外的范围里面。将田径体育社会化及体育化的特征，作为最根本的目标，使学生能够正确认识到全民健身的重要性，才能够实现终身体育的社会价值。以田径体育项目教学来说，教师应该在具体的教学过程中让学生树立终身受益这一体育目标，然后在每单元的课程中，对课内及课外的活动做出相应的要求和标准。还需要从多个方面去渗透关于终身受益的意识，其中包括综合素质、动作技能、理论知识与个人能力。

三、高校田径运动课程教学的目标

"近年来，促进学生'德、智、体、美、劳'的综合素质发展在体育教学方面有着不可忽视的意义。现代社会对人才的要求越来越高，体育教学在高校教学过程中呈现出不同以往的形式，展现了别样的风采，高校体育积极开发田径运动健身属性教学应用，成为每一位体育教师应该去面对的问题，是改进高校体育教学的重要任务。"[1] 为了更好地适应基础教育中体育与健康课程改革和发展现状，高校体育专业的教学工作要围绕教育教学、竞赛、训练等方面，培养全面的体育人才，使其能够在就业时更倾向于选择参与研究学校体育教学、高校体育管理和公共体育指导。

高校田径运动课程的教学目标包括以下内容：

首先，充分发展基本的运动技能，如行走、跑步、跳跃、投掷和生存技能，以提高身体素质，这样才能奠定田径和其他技术课程的基础。

其次，了解并熟知田径课程的基本理论知识和基本技术，同时，运动技能也要达到一定的水平。

最后，掌握田径课程教学的基本技能，针对组织比赛、重大赛事评判也需要具备比较专业的技能，同时，还需要具有领导、管理田径健身的技能。

---

① 贺智裕，彭习涛，汪一鸣．高校体育教学中田径运动健身属性的开发 [J]．田径，2020（3）：5-6.

就其实质而言，田径类课程的指导思想主要表现在三个方面：（1）适应中小学体育与健康课程改革和发展需要；（2）运动项目淡化竞技；（3）增加户外运动、定向越野、野外生活生存等内容。

从普通高等学校体育专业的培养目标来看，体育专业学生应具备学校体育教学、训练和竞赛工作能力等专业核心能力，这也是体育专业与其他专业之间区别的基准点，田径运动教学能力又是这几种能力中的核心、要素，也是体育专业学生未来从事教学工作赖以生存和发展的必备能力。

简而言之，田径运动教学的核心目标就是通过田径运动发展学生体能，使其掌握田径运动基本理论知识和运动技能，这是从事田径运动教学训练、科学研究、学校体育管理及社会体育指导等工作的重要基础。在田径课程教学与设计中，要以田径教学目标为导向，要把全面发展学生走、跑、跳、投等基本运动能力，提高学生体能及掌握田径运动基本理论和运动技能作为重点，通过科学设计和选择合理的练习手段与方法，有效地实现田径课程教学目标。

四、高校田径运动教学的基本模式

（一）复杂技能的教学模式

针对比较复杂的技能要用简单的技能进行教学，学习者不能轻易学会的动作属于复杂技能的范畴。有不同的方法来教授复杂技能，但它们都以某种方式简化了技能，以促进学习。在教授复杂技能时，一般采用两种学习模式：塑造法和链接法。

1. 塑造法

塑造法就是一种简化技能的学习方法，例如，在教授复杂技能时降低技术复杂程度。这种方法能够以降低技术整体要求的形式来实现，也能够以更换体育器材、外部保护的形式来实现，从而使学习者能够真正通过教师的教授学会运动技能。

塑造法的基本过程如下：

首先，示范并简要解释学习所教技能的过程。

其次，通过简化技能的形式或纳入全技能中主要技术动作的形式，使学生能够很好地完成。

再次，使学生多加练习简化后的主要技能。

最后，逐步修改教学工作中的任务要求、整体技能的联系，达到大致成熟的阶段。

2. 链接法

链接法就是将分解的技能链接在一起。一个复杂技术是由几个简单的部分组成的，每个部分可以被认为是一条链中的一个环节。为了使技能的链接更有效，要尽量早地将分解部分联系起来组成完整技能。在学习的中级阶段，学生可以进行运动技能的分解练习，但结束时一定要进行完整技能练习，将各个环节连成一条链。

（二）简单技能的教学模式

简单技能指的是通过些许的练习就能够学会的技能，这些简单技能在进行学习的时候是十分容易的，通过直接的观察就能够学会。有些初学者在学习简单技能时通过现场或电视上的观看就能够直接学会。但是确定一个技能是简单还是复杂却并不是一件容易的事情，只有在初学者学习这项技能，能够在短时间内就能很轻松地学会的时候，才能称这项技能为简单技能。而如果有些技能相对于某些人来说很容易，但是学习者在学习和练习的过程中却感到很困难，那么就不能称它为简单技能，而应该将它分类为复杂技能。而有一些简单技能因为学习者当时的心理状态如因为接触到新东西时的紧张和害怕的情绪等，使得在学习起来也会很复杂。在这个时候，如果并不能很好地确定这个技能究竟是否为简单技能，那么就应该按照复杂技能的教学方式来进行教学。

简单技能教学通常采用模仿模式。简单的模仿常常是学生学习的最好方法。它要求学生将注意力集中在要模仿的动作上，如果模仿是准确的，应当给予肯定，当需要做小的纠正时，要用清楚的方式指出。

五、高校田径运动教学的具体步骤

学习新运动技能过程，一般分为讲解和示范、练习、反馈等步骤，下面分别进行阐述。

（一）运动技能的讲解和示范

先要确定运动技能对学生来说是简单的还是复杂的，并据此选择恰当的方法进行技能教学，然后寻找最简明扼要的说明。在讲解的过程中还可以使用辅助物。辅助物可以是表、图、电影或录像带，在用辅助物之前，必须有把握辅助物可对示范起重要的补充作用，否则不要使用。如果将准备好的辅助物展示在墙上或告示板上，学生在学习技能后能够参考，就会发挥最大的作用，这样的辅助物还将有助于学生回忆示范的细节。

在传授运动技术时，示范是一种常用的手段。讲解与示范结合在一起有助于学生对要学的运动技能有所了解。当示范一项运动技能时，首要考虑的问题就是谁来做示范。示范的最佳人选是受过专项训练的高水平专业学生和技术熟练的体育教师。正确规范的技术动作不仅有利于学生建立正确的动作表象，而且有利于教师得到学生的尊敬并增加学习的信心；如果动作示范不好，会产生不能传递正确信息和减少学生对教师的信心的双重效果。在教师不能熟练完成技术动作时，要找一个可以熟练完成动作的替代者或学生来代替任课教师完成示范。在没有合适的人进行示范的情况下，可以用电影或录像来进行示范，可用慢动作来集中示范那些在正常速度下难以仿效的动作，但在使用慢动作前和后，总要用正常速度放同一动作。

示范的时机也是影响技能学习效果的因素。在运动技能学习中，教师讲解动作要领，然后让学生自己体会动作，继而教师进行示范教学，其后再让学生练习来体会动作。在教学中，在学生练习开始前进行示范帮助学生建立正确的运动表象；在学生练习一段时间后，有利于学生理解技术动作要点和帮助纠正错误动作技术。随着运动技能熟练程度的增加，动作示范的频次减少，并逐渐转为语言提示。如果学生较多，要选择一个有效的队形。队形的形式要根据实际训练的学生人数决定，其目的是让所有的人都能清楚地看到和听到教师的讲解和示范。教师在示范时要考虑学生观看示范的最佳角度，应明确告诉学生应从哪个（哪些）角度看技能示范。要计划用 90° 或 180° 轮换示范面、重复示范动作，以保证学生从不同的角度看到技能动作。还应为右手和左手为学生示范技能动作。

将学生的注意力集中在动作的节奏时，声音也可以用来作为帮助学生学习技能的模型。教师可以用口令或拍掌发出的声音，以表示和强调正确的节奏。在三级远跳、跨栏栏间的三步跑及标枪的最后五步技能的教学训练中，这种声音提示是很有用的。将声音提示与好的口头讲解及视觉示范结合起来，可使技能的学习更有效。用于讲解和示范的总时间从头到尾不应超过 3 ~ 4 分钟，如果所用时间过长，就会过多地重复动作或者讲解示范得过细。

（二）运动技能的练习

进行示范后，学生应尽可能快地开始练习。练习的队形应使尽可能多的学生安全有效地练习技能。这样可以营造一种学生不怕做错动作的氛围，因为错误动作是学习过程中不可避免的部分。在技能训练开始时，学生不应处于疲劳状态，当疲劳开始影响动作的完成时，就应停止练习。高水平学生有时则需要在疲劳的情况下练习技能以模仿比赛时的条件。一般来说，技能练习持续时间不应超过 20 分钟。

运动技能的形成过程，是多种感觉机能参与下，在大脑皮层运动中枢所建立起的暂时神经联系。特别是肌肉本体感觉，对形成运动技能具有特殊意义，没有正确的肌肉感觉就不能形成运动技能。在田径运动技能学习过程中，通过各种专门性练习，不仅有利于尽快掌握正确技术，建立正确的动力定型，而且还可以克服运动技能学习过程中的单调乏味，激发学生学习的兴趣，提高练习的积极性。

田径技能学习中的各种练习形式很多，包括引导性练习、专门性练习、辅助性练习和专项练习等，需要在教学中根据情况来选择和运用。选择何种专门性练习，首要的标准就是促进运动技能的形成和发展；专门性练习的量取决于专门性练习的性质和学生掌握的程度，有的专门性练习可能贯穿整个运动技术的学习过程，有的专门性练习可能只需要练习几次就可以了。在投掷项目运动技能学习过程中，专门性练习的选用，一般从徒手到持辅助器械，到轻器械，最后用标准器械。贯彻由易至难，循序渐进原则，有利于动作技能的形成。有些专门性练习（分解练习）不宜过多采用，学生一旦掌握就立即转入下一个练习，及时将相邻的两个技术环节结合来进行教学。

在日常的教学过程中，为了很好地掌握一项技术，必须进行一系列的练习。但在对这些练习进行具体的选择和运用的时候，想到技术动作能够完全地掌握并进行有效的提高，那么就必须注意技能之间迁移的问题，以避免出现一些不必要的问题。在教学中，选择最为有效的专门性练习，是能够让学生学会一些复杂技能的关键。而在进行专门性练习时，最主要的就是要注意技术与练习之间的共同点，这些共同点既包括技术动作的外形和视觉效果方面，也包括技术的练习过程，学生只有完全掌握完整的技术动作中的肌肉发力方式才能够说明技术的专门练习是有成效的。并且技术的各项练习之间是存在迁移的问题的，在田径运动教学中，如何安排练习的先后顺序，也是一项十分重要的工作。

（三）运动教学的反馈

反馈就是在反应过程中产生的输出信息又传回到控制部分，并影响控制部位的功能，使传出的信息更加精确。在运动技能形成过程中，由感觉器官、神经中枢、脊髓神经元和效应器共同形成一个信息反馈通道。无论采用何种方法教一种技能，仅仅靠练习是不足以使学生正确学会的。反馈是学生完成动作后，从各个方面收到的有关其完成情况的信息。

1. 外部反馈

外部反馈是指学生通常不能自己从动作完成的结果中获得的信息，这种信息的来源在学生的外部，其中包括教师、其他学生、镜子及摄像机等。有效的技能学习外部反馈曲线表明，外部反馈与内部反馈相结合，更有利于学生技能的学习。外部反馈很简单，是从学生的外部获得自身所做动作正确与否的信息，从而有利于学生掌握动作。这种对某一特定技能的正确理解的方式有利于动力定型。建立动力定型是学习所有技能的基础。教师利用从各种来源得到的外部反馈，给学生提供准确而有用的信息。这种反馈的正确使用有加快学习过程的效果。

2. 内部反馈

内部反馈是指一个学生通过视觉、听觉和触觉等所有的感觉器官收到的信息。我们可以想象让运动员戴眼罩用起跑器起跑参加一次跨栏比赛的情况。这对有经验的运动员是非常困难的，而对初学者则几乎是不可能的。视觉是学生获得有关周围环境及如何完成技能的信息的途径之一。

给学生提供内部反馈的另一个重要来源是大脑从身体接收的有关动作感觉的信息，这些信息是从肌肉、肌腱及关节传到大脑的。它们告诉大脑肌肉的情况——肌肉的收缩速度及关节和肢体的位置等。这种通过"肉眼"获得的信息称为运动本体反馈。本体感受器具有感知位觉能力，使由中枢输出的部分信息（指令），不断地返回到中枢，经中枢调整后再次下达指令，使动作不断得到校正和完善。大多数年轻学生的运动本体感觉发展是不够的，他们主要通过视觉获得学习技能的反馈。运动本体感觉和反馈的发展给学生提供了对运动技能节奏的稳定感觉。随着学生进入技能学习的中级阶段，运动本体反馈的作用变得越来越重要。

在比赛的情况下，学生仅能依靠个人的各种感觉和动作的结果指导自己，因此，教师有教育学生认识和利用内部反馈的责任。在训练课的技能部分，教师必须不断地询问一些问题，学生还要了解造成自身动作结果的原因，这样做学生可以纠正错误动作，而不去考虑以前动作。

六、高校田径运动教学的主要方法

教学方法是多种多样的，不同的划分标准就有不同的教学方法分类。根据一定的标准和各种方法所具有的共同特点，可把众多的教学方法分为具有逻辑联系的序列，构成教学方法体系。以下是根据我国教学论中以学生认识活动的不同形态作为分类标准所划分的教学方法。

（一）问答法

问答法是教师和学生以口头语言问答的方式进行教学的一种方法。从实现田径运动教学目标角度来说，问答法可分为有引导性、启发性、复习知识性问答等形式。无论哪种形式的问答，都要设计不同类型的问题，调动学生的积极性，这是发挥问答法作用的关键所在。例如，教师在分析学生练习中技术动作质量时，可以采用引导性问答的方法，让学生回答同伴技术动作完成情况。教师要鼓励诱导学生大胆提出问题，并可以解释性地回答问题。如体育锻炼的方法，提高成绩途径，各田径项目的技术、战术、规则、练习方式、场地器材等。

（二）讨论法

讨论法是学生在教师指导下为解决某个问题而进行探讨、辨明是非真伪以获取体育知识、形成运动技能的方法。使用要求包括：讨论的问题要有吸引力，要善于在讨论中对学生启发引导，做好讨论小结。讨论法可以提高学生学习情绪和参与的积极性，培养合作精神，加深对学习内容的理解，还能提高学生学习的独立性。在田径运动教学分组练习中，教师可以安排每组学生在完成练习时讨论这项技术的要点。

（三）讲解法

讲解法是教师通过口头语言向学生传授体育知识、运动技能的方法。讲解主要是对体育课程中的概念、运动技术原理、技术要点、游戏或竞赛规则等进行说明、解释。运用讲解法，教师可以通过合乎逻辑的分析，生动形象的描绘、陈述，启发诱导性的设疑、解疑，使学生获得较为全面系统的体育知识，并把知识和技能教学、思想教育有效地融为一体。在田径运动技术教学中，运用讲解法应注意以下问题：

首先，教师的讲解要细致、准确，教学重难点要突出。其中技术课的教学特点是练习要多于讲解，讲解的时间不能太长，因此，教师在进行讲解时的针对性要强，要根据课程的任务，讲解其中的重、难点。教师在讲解的过程中不仅要清楚、准确，讲解的语言也要简单精练、通俗易懂。这样有助于学生的理解与记忆。在讲解时，对动作的过程与部位的描述要准确，让同学能够对技术动作有一个清楚的理解。

其次，教师的讲解要遵循由表及里、深入浅出的原则。教师在进行田径课程教学时，要根据之前制订好的课堂计划循序渐进，从基础概念到技术的细节到细节与细节之间的关系再到技术的原理和标准。教师的课堂讲解要注意内容的新颖，而且要规划好每节课要讲解的内容。这样既能使学生保持学习的兴趣，也不会几次课就把全部的教学内容讲完。

最后，讲解要生动形象，口诀化。讲解要注意语调和用语。例如，想让学生对一些关键性的技术有深入的了解，就需要用相类似的东西做教学参照或者类比，用以说明这些关键性技术动作的特点和本质。在标枪投掷结束时的"鞭打"、在短跑最后的"扒地"动作，这些动作上的类比，都能够让学生用最短的时间了解运动动作的技术要领。另外，教师需要在课上讲解技术动作的要点时更加精练，必要的情况下可以用口诀的形式帮助学生记忆。在"背向滑步推铅球"中，最后的一个技术动作是需要向后滑行：一蹬、二转、三挺、四推、五拨，口诀的形式一定要简洁，这类简短的口头解释很容易被学生记住。

（四）纠错法

纠错法是指为了纠正学生的错误动作所采用措施的教学方法。在田径运动教学中，学生基于各种原因难免产生错误动作，如不及时纠正，就会使错误动作动力定型。因此，必须采取积极地纠正错误的措施。要防止和纠正错误，先要分析错误产生的原因，才能选用适当的方法来纠正和帮助。产生错误动作的原因主要有：对所学的动作要领不清，学生能力较差、水平低，教学内容安排不当或组织方法不当，学生受旧的技能干扰等。教师要看准动作后，针对形成错误动作原因，采用相应的预防及纠正的方法，有的放矢地纠正错误。纠正错误动作时要分清主次，先抓主要的，纠正错误时要耐心、细心、热心，讲解时要有亲切感。

（五）演示法

演示法是教师在课堂上通过展示各种运动模型、技术挂图、直观教具等，让学生通过观察获得感性认识的教学方法。它是一种辅助性教学方法，要与讲解教学法、问答法等教学方法结合使用才能形成较好的教学效果。

在田径运动技术教学中，演示的手段主要有运动模型、运动技术挂图、运动技术录像等。教师在动作技术的教学过程中，要合理结合简单的教具为学生演示田径项目中某一动作技术的基本原理，以清晰直观的方式传达知识和技能，并加深学生对田径项目知识和技能的掌握，让学生学会理解、学会实践。在很多运动项目中都会涉及同一个技术动作，就是"满弓形"，为什么这个动作会出现在多个运动项目中，学生并不完全理解。教师就可以由此做简单的教学示范，将一根细竹弯成弧形，然后拿一块小石头，弹出去。随后，学生学习到了"满弓形"这一动作的含义及反复在不同运动项目中作用，之后，教师可以要求他们将"满弓形"这一动作的含义与力学联系在一起来理解。

（六）示范法

示范法是田径运动教学中最常用的一种直观教学法。它是要求学生通过对示范动作的观察，在头脑中形成动作的运动表象，了解动作的结构、要领，建立起正确的动作概念。

在田径运动教学中正确动作示范，使学生获得必要的直接感受，以提高掌握动作要领的效率，有利于形成正确的动力定型。从动作结构来看，示范法可分为完整动作示范法、分解动作示范法、正误动作对比示范法、相似动作区分示范法等；从示范的位置来看，又可分为镜面示范法、侧面示范法、背面示范法等示范方法。在田径运动技术教学中，运用示范法应注意以下问题：

1. 明确示范的目的

教师进行田径技术动作示范的目的是帮助学生更直观地了解这项技能，对这项技能有一个具体的印象。但是，根据课程安排、不同学生的不同阶段以及每个班级每堂课的特定任务，教师进行技术动作示范时的目的也不尽相同。一般而言，在刚刚接触技术动作时，教师的示范是为了让学生能够大体了解技术动作的形式，在这个阶段主要以教师示范动作为主。在学生的技能掌握阶段，教师进行技巧的示范是为了让学生能够认清并改正他们在平时的练习过程中的一些技术细节上的错误。在这个阶段一般以教师的分解示范为主。而在学生的技巧提高阶段，教师进行技术动作的示范的目的既是纠正学生不正确的动作，还要使学生能够掌握完整的技术节奏与速度，使学生能够完善自身的技术基础。在这个阶段教师一般通过完整和分解演示相结合的方法为主。

2. 保证示范的正确性

教师在组织示范教学时，要确保每个学生通过示范教学都可以清楚地看到教师所示范的动作，这就需要学生观察演示教学的位置和方向也是正确的。

（1）直道"途中跑"的演示教学观察中，后蹬及蹬摆配合这几项技术动作的最佳观察位置是侧面；跑步过程中，直线性、落脚点的位置及蹬摆过程中的方向性，都需要以正面观察的形式来完成演示教学。

（2）在直道跨栏跑的跨栏步、栏间跑中，技术动作上的演示教学观察位置也分为正面和侧面，在侧面进行观察的技术动作有：由起步到跨栏的全身技术动作的配合、重心高度等；在正面进行观察的技术动作有：栏间跑的直线状态。

（3）在背越式跳高中，技术动作上的演示教学观察也分为正面和侧面，在侧面进行观察的技术动作有：①起跳放脚位置；②着地技术；③摆臂；④摆腿技术；⑤挺髋技术；在正面进行观察的技术动作有：身体转体。

（4）在跳远中，技术动作上的演示教学观察也分为正面和侧面，在侧面进行观察的技术动作有：①助跑的节奏；②倒数三步步长之间发生的变化；③起跳脚的着地；④蹬伸；⑤摆动腿与两臂摆动幅度；⑥上体姿势；在正面进行观察的技术动作有：腿部姿势、两手臂姿势及上身姿势。

（5）在推铅球、掷标枪中，技术动作上的演示教学观察分为正面、后面及斜侧面，在后面进行观察的技术动作有：技术动作的直线性；在正面进行观察的技术动作有：技术动作的整体性；在斜侧面进行观察的技术动作有：与助跑方向约成 45° 角的最终力量。在铅球示范教学中，正确的观察点是离出手点约 12 米的地方，在标枪示范教学中，正确的观察点是出手点约 22 米处。

当学生的学习处于泛化阶段或由泛化到差异化的过程中时，教师在课堂上进行演示时必须多重复几次，这样做能够帮助学生建立正确的视觉表达并使学生对正确的行为有一个更加深刻的印象。除了通过教师的演示来让学生明白什么是正确的行为之外，教师还可以通过对学生的错误行为进行比较，使学生更加清楚地明白自己的技术动作究竟错在哪里，这样就能达到有效地减少学生错误行为的目的。

（七）分解练习法

分解练习法指的是通过将一套完整的技术动作分解成几个部分，并按顺序逐步将各个部分的技术动作教给学生的方法。这种方法的优点是能够通过将困难的动作分解，使学生对技术动作的要点有一个更深刻的理解，便于学生掌握，提高学生的自信心。但其中也是存在一些不足的地方，比如说如果学生对动作的分解形成了依赖，这样就会导致学生在对动作的完整理解上存在着阻碍。分解练习法在那些十分困难又可以将动作分解的复杂技术动作，或者某些重要部分需要细致学习的地方。在分解练习法中主要分为依次分解法、分段递进法、分段逆进法等不同形式。

第二节　高校田径运动教学的课程改革

我国的经济发展水平越来越快，人们的生活水平、物质水平也在不断地提高。现阶段高校体育课程的教育目标一定要以学生的身心发展为主，对学生进行文化、思想、生活、技能、多方面的教育，而且要将这些教育渗透到田径运动教学工作中，以培养出素质教育全面发展的综合型人才。

与其他运动相对比来看，田径运动项目存在枯燥性，其自身的趣味性也不是非常高，所以，在田径运动的学习与训练当中，学生一定要具有克服困难、不怕艰苦的精神，也正是因为田径运动的这些特征，才使得田径运动与其他运动相对比来看更具功能性。例如学生在练习跳高或者跨栏运动的时候，对于学生来说发展的不仅是自身的灵敏度和速度。更重要的是学生会通过练习，学会克服困难，克服障碍，通过田径运动的学习和练习，让学生养成勇敢顽强的身心素质。

一、明确教学理念，重视学生体质发展

我国教育部门已经对各大高校提出具体的教学要求，要求在一定时间段之内，对大学生的体质进行健康测试，具体的测试内容包括 1000 米、50 米，以及立定跳远。这些测试项目，目的是测试学生的耐久力、速度以及弹跳能力。从中可以看出，这些测试项目与田径运动教学和田径运动健身的最终目的是相统一的。对大学生展开定期测试的目的是解决现阶段，高校大一年级大二年级的学生在选择体育课程时，几乎没有人主动选择田径选修课程内容的问题。基于这样的田径运动教学情况，学校可以以每学年为单位对大学生进行一次体质健康测试，这样就可以将田径运动项目渗透在高校体育课程当中。通过大学生健康测试，能够培养大学生的身体素质，也能够让大学生的心理素质得到健康的发展，同时，这些田径测试项目能够为大学生学习其他体育项目提供一定的动作技术基础。

目前大学生在体育课程选修中，比较倾向的运动项目有体操、舞蹈、武术，以及散打。还有一些学生比较倾向于球类运动，如篮球、足球、排球等，这些项目能够让学生的身体素质得到比较全面的发展和锻炼。同时学生也可以对自己的身体素质有一个全面的了解。如果学生在球类的练习过程中，并没有完全掌握球类的基础技术，就会在日后的训练过程中出现中断、积极性不高的情况，甚至一部分学生会出现运动负荷不足的现象。解决这一现象的主要途径就是在大学生选择的这些运动项目中渗透一些关于田径项目的基础动作和技术来调节大学生的接受能力和练习情绪，最重要的是田径的基础动作能够在一定程度上弥补大学生身心素质上的不足。学生会对自己的运动素质及自己掌握基础动作方面的能力有一定的了解。另外要对选择不同体育项目的大学生，有统一的要求。以此才能培养出大学生不怕苦、不怕累的特点，培养出坚韧不拔的心理特征。

（一）培养学生对生命教育的重视

在体育工作上，教师需要能够展示出自己的生命层次，也需要体现出本职工作的具体意义。那么教师也需要从自身的知识积累出发，不断地学习关于田径方面的健身知识、理论知识及实践知识；并且以现阶段社会的发展为核心，拓展自己的田径知识面，例如野外生存定向越野、田径趣味游戏等；在教育工作上，以生命教育为主题，对学生的生命教育给予足够的重视。在课余的时间里丰富自己的知识储备，可以从先进教育理念中汲取一些生命教育相关的教学内容。最重要的是田径体育教师需要在工作中激发出对生命的激情；

对工作的积极态度，只有确保自己的身心处于健康的状态，自己具备启发学生和教育学生的能力，才能够真正意义地实现田径体育的教育功能，才能够从肢体动作上去感染每一名学生，激发学生对田径体育运动项目的热情。

（二）田径类课程融入生命教育理念

在田径类课程内容中融入了生命教育理念之后，就等同于将健康第一的观念、快乐体育的思想与田径类课程内容相融合了。以此为教育前提，就需要教育工作者在教学过程中将学生的生命健康作为教育的首要任务，也就是说，生命的理想状态就是健康状态，这是一种美好的追求，那么教师在提高学生生存能力的同时，更重要的是塑造学生正确的三观，使其具有坚忍的思想及勇敢的精神。通过田径课程内容的实践及野外拓展项目的训练，能够塑造出学生更强的抗压能力和抗挫折能力，让学生真正意识到生命的价值，使其在日后的生活与工作当中不仅能够更好地享受生活，而且能够发现生活中的美，也能够更加热爱生命，最重要的是学生会因此而树立终身体育的思想。这样的融合不仅能够提升学生的整体素质，还能为学生的全面发展奠定前提条件，另外也能够丰富学生的精神层面，还能够以社会层面为核心突出生命教育的意义。在田径课程内容中，渗透生命教育理念是高等院校田径运动教学工作实现全面发展必经的道路之一。

（三）确立新型的师生观，促进学生的健康发展

第一，以人性化建立师生观。人性化师生观如果能够在田径课程中得到确立，这就意味着体育教师在具体的教学工作中要给予学生更多的关注，尤其是生命健康方面、安全与幸福方面，教师应该在教育工作中给予更多的包容，让学生能够理解田径课程与人类健康之间的相互作用，时刻关注每一名学生在田径课程学习中的动态变化，以生命教育理念为核心，将人性化的师生观落实到田径课程教育工作中。

第二，以个性化建立师生观。每一位学生的生命都是独立存在的个体，具有完整性，也具有特殊性，其中包含的是学生的个人价值观、对学习的态度、对生活的态度等。因此，在田径课程的教学过程中，就需要构建出以个性化为主题的师生观。在这一观念中体育教师的作用是指导和引导，教师需要尊重每一名学生的个性化特征，在教学过程中需要针对不同学生提供不同的教学内容，时刻注重学生个性化差异的变化，对学生要做到因材施教，以此才能实现学生在田径课程中的全面发展。

第三，以发展性建立师生观。发展性的师生观对于田径类课程教育来说，要求体育教师能够做到，在对待每一名学生时都保有欣赏和发展的眼光。另外，在日常的学习和实践

过程中，教师需要给予学生公平、公开、平等的学习和参与机会。只有这样才能让学生得到全面的发展、健康的发展，为学生提供轻松的成长环境。现阶段学生在学习上的追求有所提高，其中涵盖学习品质、学习态度、学习能动性及生活方式等。所以，体育教师需要做到的是，将自己的知识领域逐渐弱化，在课程当中要与学生积极地互动。还需要逐渐引导学生参与到教学工作当中，无论是教学模式还是教学手段，都需要教师去引导学生，让学生参与到教学组织当中，因此才能够培养出学生日后就业过程中的创新意识。

二、革新高校田径运动课程教学模式的

现阶段我国现代科学技术发展水平非常快，以至于我国教育教学事业呈现出的是动态形式的发展状态，这就意味着高校教学方式和教学模式需要以高速的形式进行创新和改革。在社会发展的过程中，我们能够看出社会结构愈加复杂，那就意味着现阶段高校新型教学模式和教学手段也会面临更加严峻的挑战，在创新和改革过程中会遇到各种问题，就目前来看高校田径运动教学的模式从分类上是多元化的。

高校的教学模式包括信息加工模式、个人模式、社会交往模式、行为模式、问答模式、授课模式、自学模式、合作模式、研究模式等。高校应该能够吸取更多的教学经验，来改变自身的教学模式和教学方法。尽量做好教学评价、教学方法、教学目标等方面工作上的创新，以此来提高我国高校田径专业教学综合质量，使该专业的课程能够保持持续的发展，使其与社会现阶段发展所提出的体育人才缺口相适应。

三、以个人全面发展和社会需求为教学依据

在综合性的大学中，田径的专项提高课程的主要目标是培养体育专业人才，而田径教学的指导思想是否科学则是教学目标能否完成的关键。

高校田径运动教学工作，需要在具体的实施过程中以育人为核心目标，以社会发展的现实需求为主要任务，重新构建田径体育专业的教学根本目标。这就需要将传统教育教学工作中以经济为核心的教育思想转变为培养学生终身体育观的教育思想。在传统的田径运动教学过程中教师注重的是培养学生田径专项的运动能力，以及提高学生的运动效果。现阶段高校田径运动的教学目标应该是帮助学生树立健康的体育意识，培养出学生对田径运动的兴趣，将健康体育、终身体育的思想意识渗透在田径专项的课程当中。认识新事物的唯一动机就是兴趣，那么在田径课程当中，教师在教学内容中渗透，激发学生兴趣的内容，以此来提高学生对学习田径体育知识的积极性，引导学生进行正确的自我认知，这些对于教师来说是非常重要的教学任务。

在田径运动课程的教学过程中，教师需要为学生传授健康的田径运动教学知识，培养学生对田径知识的兴趣，使其能够从内心发出对田径知识产生的共鸣，因此才能够让学生自主地参加到田径运动当中。还有，教师需要注重的是培养学生的体育能力，通过田径专项的课程，能够使学生不断地理解和掌握基础理论知识，也能够通过日常的训练课程和实践课程，让学生掌握基本的动作技能。以此为基础，培养学生的体育能力，也是田径专项课程内容中非常重要的组成元素之一。

将先进教育教学经验融合到国内的高校田径教育工作当中，教师需要从多个方面来培养学生的综合体育能力，让学生能够在遇到问题的时候，不退缩不回避，具有勇于面对问题和解决问题的精神，另外，还需要通过日常的体育训练来塑造学生实践与创新能力，将创新思维作为实践课程的核心元素，从而能够实现学生各个方面的协同发展。

四、增设丰富的课程内容

基于现阶段教育事业改革创新与发展的态势，高校如果想要提升自身田径专业的教学质量，就需要在日常的教学工作中，为学生提供更多关于田径理论知识与技能知识方面的内容。体育教师在课时的安排上也需要以田径专业的教育性为核心，针对教学内容中一些不必要及不适当的内容进行删减，突出田径课程内容的基础性，也需要根据现阶段社会发展进程中体育人才缺口的现状来添加一些与其匹配的前沿性田径课程内容，改变以往田径课程内容的现状，使其从单一发展为综合形式，让学生能够通过日常的理论课程和实践课程来了解最新的田径体育知识和信息。

从理论部分来看，田径专业课程中增加了运动健身原理与运动健身方法、常见的损伤预防和治疗。从技术部分来看，增加的内容有以健身为主的田径内容的细化，以竞技类为主的田径内容的细化及以拓展为主的田径内容的细化。这样的课程内容设计不仅能够使教学内容从以往单一的竞技的教学形式中脱颖而出，还能够将田径课程内容推向综合性发展的方向，在田径教学内容中增加室内的教育分类，也增加了拓展类型的田径课程内容，这样能够赋予田径课程内容多元化特征。另外，在实际的教育过程中，院校可以与社会或者一些企业开展联合办学，或者构建健身类的合作教学项目，也可以为学生成立一些校外或者校内的健身俱乐部，这种联合培养的教学机制，与大学阶段学生的身心发展更加匹配，也能够为健身俱乐部的长期发展提供专业型的人才。

相比传统的田径专业课程内容来说，现阶段的田径课程教学内容，从体系和结构上来看，不同于以往只追求技术成绩的课程内容形式，摆脱了以往教学技术落后的现象，在新型的教学内容体系中，更加关注的是学生的个人爱好及以往的生活经历和经验等。基于这种教学内容体系的改革能够看出教学内容与学生的学习及生活之间的紧密度有所提升，现阶段的教育内容与体育事业发展中提出的终身体育要求更加匹配。目前来看田径教学内容，较以往的传统田径教学内容更具有科学性和合理性，从学生的角度来看，这些教育内容更加生活化和现代化。在教学内容上能够促进学生生活学习空间的相互融合，使学生的日常学习与生活能够紧密连接在一起。这就意味着田径教学内容中的基础知识、理论知识、运动技能等各方面的结构更加紧密，也说明田径课程内容在新课程改革背景下，添加了新的活力。

五、以创新模式为主的教学方式

从传统的高校田径专业教学中能够看出教师是教学工作的主体，无论是理论方面的教学工作还是技术方面的教学工作，甚至是田径运动项目中技术上的示范和练习，均以教师为主导。

现阶段的高校体育教学事业发展与改革中提到的教学理念，应该以学生为主体，无论是教学方法还是教学模式，都应该突出学生的主体地位。在传统的教学方式中，学生一直处于被动的学习状态，但是现阶段的教育改革提倡的是突出学生主动积极的学习态度。所以，在田径专业的教学方法上，改革尚需要以学生的整体素质为核心，在教学模式的选择上，应该注重趣味性、多元化及自主性，要以创新教育学目标的实践为导向，以激发学生学习兴趣为前提，要将以学生为主体的理论和思想渗透在田径专业课程当中。田径课程实践手段的选择上，要以教为基本原则，为学生提供个性化的发展平台。在以往的教学中教师担任的是主体性角色，在现阶段的田径专业教学中，学生和教师之间更倾向于合作者的关系，教师更应该是学生的引导者，要做好教师身份与学生身份的转变，才能够让田径课程更具有趣味性，通过日常的时间和训练，教师需要帮助学生树立终身体育的意识，要让学生通过体育运动，对未来充满自信，能够具备解决问题的能力。

目前田径专业课程内容呈现出来的特征是多样化和多元化。在传统教学中以填鸭式的教育方式为主，绝大多数的教师将实践课程内容转化为课堂上的讲解和示范。从现阶段田径课程内容的特征来看，传统的教学手段不足以满足现阶段课程内容的需求。所以，教师现阶段的教学任务是让学生能够自主学习田径课程内容，掌握正确的学习方法，教师要为学生提供更加多元化的教学手段和教学模式，学生才会对田径课程的理论知识和动作技能有更加深入的了解。除此之外，体育教师应灵活掌握现代教学技术中的各项教学手段，利用现代教学技术丰富田径课堂的教学形式，常见的教学技术有计算机、多媒体及网络平台等。

第三节　高校田径运动训练设计

一、我国田径运动训练设计基本理论与发展现状

田径运动训练理论是人们在田径运动训练竞赛实践过程中联系实际推演出来的概念或原理。在长期的田径运动训练实践中，人们根据实践中遇到的问题，不断总结经验，逐渐形成了围绕训练过程的训练理论，主要有选材理论、专门理论、负荷理论、周期理论、恢复理论等。这些理论对促进田径运动发展、提高运动成绩起到了巨大的作用。科学技术和理论的创新是 21 世纪发展的主题。田径运动发展需要科学理论的支持，而田径运动训练理论研究正是顺应了田径运动训练发展的这种趋势和需要，同时，田径运动训练理论研究本身也是田径运动发展到一定阶段的必然，它将会对田径运动训练实践形成一种强有力的理论支持，也会为田径运动训练方法的科学运用及不断创新提供理论上的重要保证。

我国田径运动训练设计的基本理论和发展现状主要表现在以下方面：

第一，专门训练是目前田径运动训练发展趋势，专门训练理论要求运动训练内容围绕专项竞赛来考虑和安排。专门训练有利于优异成绩尽早出现，专门训练才是田径运动成绩提高的有效手段。为确定训练的手段是否符合专项的要求，应从专门训练的训练学因素、能量供应特点、肌肉工作特点与技术动作特征三方面进行分析。建议做到正确理解专门训练的目的意义、深刻认识田径运动项目特征、科学安排专门训练计划这三点，以提高田径运动专门训练效果。

第二，科学选材是提高田径运动训练成绩的基础。选材的科学化程度决定了选材的科学性和准确性，直接影响着体育后备人才竞技能力和运动潜力的开发。通过有关田径运动选材理论的资料整理，对田径运动科学选材的理论依据和组织实施进行论述，进一步加强对科学选材理论的研究，大力推广运用科学选材研究的成果，形成全国范围内科学选材网络系统。

第三，在田径运动训练过程中，对运动员施加高强度的运动负荷是取得成绩的保证。本文主要对运动负荷的理论依据、运动负荷分类、运动负荷度量、负荷量与负荷强度的关系进行了理论的总结论述。通过我国田径历史上取得优异成绩的运动员负荷安排特征的比较分析，研究得出高强度的专项负荷安排符合田径运动训练发展的需要，并为合理安排运动负荷提出了根据专项特征确定负荷的手段、准确把握运动员承受负荷的能力、掌握好负

荷与恢复的关系。

第四，运动恢复与运动训练同等重要。运动恢复作为田径运动训练的一个有机组成部分，对于保证训练质量，提高田径运动成绩，有着不可忽视的作用。现在运动恢复理论是集生物、教育、心理、社会一体的系统恢复新理论。对于训练后的恢复，应从生物、教育、心理、社会四个有机结合的整体去进行。为更好地提高运动恢复的效果，应认识运动恢复的系统性，提高运动恢复的计划性，把握运动恢复的差异性，重视运动恢复的持续性。

第五，周期训练理论是对田径运动训练过程设计、安排和实施的重要理论依据。针对目前竞赛制度的变化，许多专家、学者对周期训练理论进行了大量的研究，有的持否定态度，有的持肯定态度，有的处于中立位置。本文基于以上理论研究，为合理的安排周期训练提出了重视竞技状态形成的规律、重视竞赛重要程度的区分、重视周期训练实践的总结、重视周期训练理论的生物学研究。

二、田径运动训练设计的原则

田径运动训练设计原则是根据教育教学目的并反映教学规律而制定的指导教学工作的基本要求。教学原则的提出有一定的客观规律，是教学经验的总体和概括，是人们在长期教学实践中对教学经验或教训的反复认识和认识的不断深化，由感性认识上升到理性认识，经过概括抽象，对教学规律有所认识，而由此制定的原则。

由于人们论述的出发点不同，目前在教育理论界对教学原则体系认识尚未达成一致。有的侧重心理学方面，有的侧重社会学方面，有的侧重控制论方面。教学论以教学活动的特点为侧重点，提出了九个教学原则：教学整体性原则、理论联系实际原则、启发创造原则、有序性原则、协同原则、积累与熟练原则、因材施教原则、反馈调节原则和教学最优化原则，这些教学原则都有自己的理论依据和具体运用的基本要求与方法，并在教学实践中发挥着指导作用。

在田径运动技术教学过程中，必须遵循教学论提出的各种课程教学中的共性教学原则。同时，根据田径运动技术教学中的特殊性，在田径技术教学规律认识的基础上提出田径运动训练设计的原则，作为指导教学实际工作的有效行动要求。它在一定程度上具体决定着田径技术教学内容的安排、教学方法的选择和教学组织形式的运用。

（一）趣味性原则

兴趣是推动人们从事各种活动的一种内部动力，趣味性原则主要是指运动员在运动技能学习中体验运动的乐趣，提高学习兴趣和积极性，活跃课堂气氛。田径教学设计中，要处理好运动技能学习和体验运动乐趣的关系，既要让学生掌握运动技能，又要让学生在教学中体验和感受运动的乐趣。通过选择和优化教学内容和教法，精心安排和组织教学过程，以激发运动兴趣为切入点，充分考虑采用游戏的教学形式，让学生在乐中练、乐中学。

田径运动项目属于封闭性动作技能，以个体运动为主，往往缺乏球类等集体项目运动中群体参与运动过程中所表现出来的趣味性特征。田径运动的各项技术包含了人体走、跑、跳、投的基本动作，初学者会感到技术动作简单无味，没什么可学；有的学生还会认为反复练习太枯燥，没有兴趣；有的学生还有怕苦怕累的思想，学习起来缺乏积极性。

在田径运动教学设计中，要通对教学内容的适当开发和教学过程的组织，适当采用趣味田径的形式，以比赛竞争、团队参与的方式进行，来激发学生学习的兴趣。在专门性准备活动中，可选择一些动作性质和结构与基本部分的内容大体相似的游戏作为辅助性和诱导性练习，例如，短跑技术教学中的专门准备活动，可选用以反应速度、动作速度为主的游戏内容。同时也可以改善教学气氛，使单调、枯燥的技术练习变得生动活泼，提高学生学习的积极性，促进运动技能的形成。当然，教学中采用游戏形式是为了提高学生的学习兴趣，而不能取代田径运动技能学习。

（二）竞争性原则

田径运动项目最显著的特点是寓娱乐、趣味于健身之中，仅有娱乐、趣味性而缺乏一定的运动负荷，也就失去了健身的意义，因而在设计田径运动训练时，适宜的运动负荷是必不可少的。难度过高，力所不及，难度过低，轻而易举，均不利于激发参与者的动机。运动量过小，肌体得不到应有的刺激；运动量过大，易造成过度疲劳，甚至发生伤害事故。所以，适宜的运动负荷是进行田径运动训练设计的基本特征。

（三）创新性原则

一成不变的趣味性项目即使再有魅力，重复多遍后也会枯燥无味，因此，要在实践中总结经验，对已有的项目进行充实、完善、改造，并在此基础上要广泛借鉴、大胆吸收其他体育项目、体育游戏中的有益成分，取其精华，将其他体育项目中的趣味、娱乐、健身等因素科学移植到田径运动中，不断创新。

（四）安全性原则

田径运动项目的内容、规则、形式、服装、场地器材和季节气候等主客观因素都应保证参赛者自始至终都是在安全的环境中进行的。安全是健身、娱乐的前提，如出现伤害事故，则违背人的初衷，因而在设计项目时，要充分估计参赛者的客观条件，取消那些危险性大、易发生伤害事故的内容和规则，做到防患于未然。

（五）从实际出发原则

不同年龄、不同性别、不同运动基础的人，对田径运动训练的目的和承受力也不尽相同，因而在项目设计时要根据参加者的年龄特点、本身体质特征和未来提高潜质等方面的内容，综合考虑，科学设计，合理安排项目的内容、时间、强度和难度，做到有的放矢。

（六）适宜运动负荷原则

适宜运动负荷是指在田径教学中要根据运动员具体情况合理安排运动负荷。这包括两个方面：一方面田径教学中运动员必须承受一定运动负荷（运动时间和运动强度），以提高专项技术和运动素质。合理的运动负荷能使学生较好掌握技术动作，提高运动能力和身体健康水平。运动量小，人体得不到应有的刺激，不利于技术动作的掌握。另一方面，田径教学中的运动负荷要适宜，不能超过人体承受的运动生理极限，从而影响身体健康。运动量过大，就会造成只追求练习次数而忽视了动作质量的后果，难以及时发现与纠正错误动作，并且教法及必要的讲解也会受到一定的影响。重复次数过多造成局部负担过重，从而产生伤害事故。

合理安排田径课上的跑、跳、投项目练习的次数、距离、组数和强度是十分重要的。运动负荷的大小取决于练习的数量和强度，教师可以根据学生的自我感觉、呼吸深度、面部的气色、排汗量、疲劳程度、控制动作的能力、血压、脉搏、呼吸频率等方面的情况来适当调整和安排运动负荷。在田径运动教学设计过程中，教师要考虑到学生的身体情况，如本次课前后有无其他技术课或大量消耗体力的活动。

（七）田径运动的属性原则

田径运动的属性原则就是进行田径运动训练设计时不能脱离田径这一领域。应以田径运动中的走、跑、跳、投等基本活动形式为根基，以提高运动员成绩为目的，以科学训练方法为依托进行设计。田径运动训练设计的方法和手段不能离开田径运动的属性和本质特征，偏离这点，则超出了田径运动的范畴。

（八）运动技能正迁移原则

运动技能正迁移原则是指合理安排田径各单项运动技术教学的顺序和专门练习，促进运动技能学习的正迁移。田径技术项目的教学顺序与田径运动技能迁移之间有密切关系。

在安排田径教学顺序时，不仅要考虑到各项技术的难易程度及该项技术对运动员身体素质水平的要求，而且还要考虑到各项技术之间的相互促进或干扰问题，使先学的单项运动技能对后一项目的运动技能学习起正迁移的作用，避免运动技能间的干扰现象。

田径运动项目一般分为走跑、跳跃、投掷等几大类项目，各类运动项目中包括不同的单项。各单项都有一定的技术规格，同时，在动作要素方面，很多单项间又存在许多内在的联系。跑是跳跃和投掷项目的组成部分，助跑的速度和准确性又和跑的技术有密切的关系，掌握了跑、跳高和跳远技术之后，有利于掌握跨栏跑和撑竿跳高的技术。这种动作要素上的共同之处，在同类项目之间表现得更为明显。如短跑、中长跑和跨栏跑的技术，在蹬与摆的动作配合上及动作的周期上都有许多共同之处，投掷各单项在最后用力动作的要求上都是非常类似的。

虽然各运动项目之间存在一定的相似之处，如跳跃各单项在助跑、起跳、腾空、落地动作的划分上，但在每个阶段中各单项的技术特点又存在共同因素和不同因素，这些是运动技能发生正迁移和负迁移的基本条件。在跳跃项目教学中，先学习动作速度较快的单项技术，然后再学习动作速度较慢的单项技术，其先后顺序一般为跳远、背越式跳高、俯卧式跳高。

在跳远技术教学中，把蹲踞式、挺身式、走步式三种不同姿势安排在一个单元内进行，它们之间在技能方面也存在明显干扰现象。尽管它们在助跑、起跳技术上的要求是一致的，但在腾空后的要求上却完全不同：（1）蹲踞式要求起跳腾空后，摆动腿继续高抬，在空中尽量保持起跳腾空后形成的腾空步动作，以求得身体的平衡；（2）挺身式则要求起跳腾空后将摆动腿伸直下放。这一抬一放，使两种姿势之间的动作发生了干扰。因而在教学中常出现干扰现象，从而使两种姿势的教学都受到了影响。因此，在不同跳远技术的教学设计过程中，应分别将蹲踞式、挺身式和走步式三种跳远技术安排在不同单元内进行。由于教学顺序的安排而形成的技能迁移和干扰现象，在田径其他项目的教学中也有所表现。所以，在田径运动感教学设计时，不仅要考虑教学时场地、季节和技术的难易程度等因素，更应注意到项目间的迁移与干扰。

在田径运动教学中，通常采用大量的专门练习、辅助练习来掌握和提高专项运动。在选择和运用专门练习时，也要充分考虑运动技能间的迁移问题。正确合理选择专门练习，首先考虑专门练习与专项技术之间的共同要素，这种共同要素不仅表现在动作的外形和视觉形象的相似性方面，重要的是要使专门练习与专项技术在肌肉的用力特征和动作的时间、空间特征方面有一定的相似性。因为专门练习和专项技术之间共同成分越多，相似性越大，产生迁移的程度也越大，反之，则不利于运动技能的正迁移。

例如，在跳远教学中采用跳箱盖或弹簧板上的起跳练习，可以提高腾空高度，有利于学生体会空中动作，但这一练习对起跳却产生了明显的副作用。因为在跳箱盖上放脚起跳时，与在平地上起跳时的肌肉用力感觉之间存在着很大差别，若在跳箱盖上形成动力定型，就必然会影响跳远助跑起跳技术。跨栏跑教学中常采用垫步切栏练习，对体会和掌握攻摆与起跨技术是有积极作用的，但由于这一练习在栏前有垫步动作，这对掌握在快奔跑中完成起跨跨栏动作可能产生干扰作用。

　　另外，分解教学方法和完整教学方法与运动技能迁移有一定的关系。例如，在跳高、撑竿跳高、铁饼、标枪等项目教学中，通常采用分解教学方法来降低动作的难度，简化动作的要求，以便学生更好地体会技术的难点和细节。如果教学中分解教学的练习时间过长，往往会使完整技术不连贯而产生干扰现象。因此，分解教学的时间不宜安排过长，练习次数不宜过多。

第三章　高校田径运动走跑类项目的训练

第一节　田径运动走跑类项目的技术要点

一、竞走项目的技术要点

（一）竞走姿势技术要点

"竞走是由日常行走演化而来的一种长距离体育运动，要求双脚不能同时离地，支撑腿必须伸直，步长和步频需要尽量保持一致，具有较强的节奏感。"[①]学生在进行竞走运动时，必须掌握正确的身体姿势，才能起到更好的锻炼效果。通常竞走运动在进行迈步时，其身体应始终保持挺直和放松，后背也要始终保持平直，迈步时骨盆没有向前或向后倾斜。在竞走运动中，身体的纵轴与地面是保持垂直的，学生的头部位置要自然，并要看下方的路面，这也是竞走运动保持正确身体姿势的一个重要部分。

由于平时学生很少能够接触到竞走运动，在进行教学时，几乎都没有竞走运动基础，因此，学生在掌握竞走技术时，很容易出现错误的技术动作。其中常见的错误身体姿势如下：（1）凹背，这是一种常见的错误身体动作，它对髋部的运动会产生较大的限制，同时会造成身体重心的后移。不仅如此，运动中长时间处于凹背状态会造成后背或腹部肌肉的过度紧张，导致竞走时的步幅缩短，甚至出现非法迈步。（2）低头，低头通常是由缺乏注意力或者颈部肌肉力量减弱而引起的。在竞走运动过程中，学生低头很容易就会出现颈部和肩部的痉挛。（3）腰部弯曲，在学生肌肉力量减弱或者躯干肌肉力量失调的情况下，容易出现这种错误姿势，在竞走过程中会对髋部的运动产生限制。（4）身体过分地向前或向后倾斜，整个身体出现向前或向后倾斜时，都属于潜在的、有害的错误动作，并减小了力学效果。

上述错误姿势都会对竞走运动的正常进行产生较为严重的影响。不仅阻碍了竞走运动美感的产生，还使整个动作的力学效果减弱，不利于竞走速度的提高。

---

① 贾吉山，裴菊梅．青少年竞走技术与训练要点研究［J］．青少年体育，2020，88（8）：84-85.

（二）摆臂运动技术要点

在学生的个体差异性影响下，在竞走中的摆臂动作也会呈现出一些不同的变化。但一般摆臂时学生的肘部弯曲程度都在45°～90°之间。虽然每次摆臂的肘部弯曲角度都是固定的，但是在整个的摆臂过程中，整个手臂的肌肉应处于放松状态。与之前摆动相比，这种屈臂摆动对竞走的速度和效果有更好的辅助作用，屈臂竞走不仅缩短了转动半径，而且还会使摆动速度变得更快，学生在竞走过程中得到一定的放松，利于更长距离的竞走。摆臂的方向主要是前后方向，而不是从左到右。

竞走时，手是在一定路线上进行移动的，要从臀后腰带水平的位置沿着弧线摆向胸骨位置，两手不应在身体中线的位置交叉，整个臂的摆动低且处于放松状态。两个肩胛骨间不应紧张，摆臂结束时也不应耸肩。手应适当放松，但是在摆臂时手腕不应下垂或上下甩动。手腕应伸直，同时手应呈半握拳状。当手摆过臀部时，指尖向内。

学生在进行竞走运动时，常会由于对技术动作的理解不够，而出现一些错误的摆臂动作。常见的错误动作如下：

第一，摆臂时，手肘关节的角度过大。一般当手肘关节的角度超过90°时，就属于摆臂手肘角度过大的错误动作。学生在运用这种错误动作情况下，竞走的节奏和速度都会受到一定影响，并增加了身体能量的消耗，容易导致运动疲劳的产生，缩短了竞走的时间，对竞走的最终成绩产生较大影响。

第二，摆臂时，手肘关节的角度过小。一般当手肘关节的角度小于45°时，就属于摆臂手肘角度过小的错误动作。在此错误动作的影响下，学生进行竞走运动的步幅会减小，并会进行浪费能量的上下运动，往往会因疲劳增加而失败。不正确的运动技术和注意力不集中更容易引起这种错误动作。

第三，摆臂时，经常会出现左右摆动幅度过大的错误动作，这种错误的摆臂动作会使学生的重心不稳，容易出现身体的左右摇晃，造成能量损失。

（三）脚部运动技术要点

在竞走运动中，脚部着地并不是整个脚掌全部与地面接触，它的正确着地方式是脚跟先着地，脚尖跷起。一旦脚与地面接触，人体就开始向前运动，在腿完全支撑人体重量之前，脚尖不可着地，脚尖离地的时间与胫外侧肌的力量有直接的关系。在蹬离地面之前，有一个以腓肠肌引起脚转向垂直的推动力。摆动腿的脚向前靠近，但不是擦地而过。正确的脚部动作不仅能使身体重心的转移更加流畅，而且还有助于缓冲身体重力对膝关节的压力。

（四）髋部运动技术要点

在竞走运动中，主要是通过向前转髋（横轴平面平行于地面）来将后腿推离地面的。髋部动作是整个竞走运动的发动机，可以帮助膝关节和脚加速向前运动。在之后的摆动动作阶段，膝关节赶上向前运动的髋的位置。依此直到完成竞走。当接触地面时，脚后跟应略超过膝关节。

正确的髋部动作能有效增大步长，同时也有助于顺利完成沿着一条直线正确地放脚。而错误的髋部动作，如转髋动作不足或者受骨盆柔韧性的限制，将导致脚落在一条直线的两侧，而影响竞走的步长。

（五）骨盆运动技术要点

骨盆转动是现代竞走运动中的一个重要特征，而其中最为显著的是骨盆围绕垂直轴的转动和围绕前后轴的转动。从骨盆转动的技术效果分析，围绕垂直轴的转动（髋关节屈伸）能够增加步长，有利于身体重心向前移动；围绕前后轴的转动有利于支撑腿的伸直，有利于摆动腿快速前摆。骨盆的转动与支撑腿后援、摆动腿摆动及躯干、肩横轴、摆臂有着协调配合的关系。

竞走时躯干应处于正直或稍有前倾的姿势，躯干过于前倾，会使骨盆留在后面，容易造成跑的动作。竞走时肩轴和髋轴向相反的方向转动，使骨盆扭紧；两臂的动作可以平衡两腿动作和配合骨盆的转动。两臂是屈肘摆动的，在垂直瞬间屈肘约90°，摆臂向前时稍向内，不超过躯干中线；摆臂向后时稍向外，自然配合肩轴和髋轴的转动及骨盆的转动。

（六）膝关节运动技术要点

在脚跟接触地面的瞬间直至支撑腿达到垂直部位时，膝关节都必须伸直。在恢复摆动时，膝关节弯曲，因缩短了转动半径而加快了摆动的速度。因此，后腿的弯曲直接影响着摆动的速度和效果。不同身体特点的学生，其后腿开始弯曲的时机也会有所变化。后腿弯曲的最佳时机应根据膝关节的结构、柔韧性和力量来决定。

学生在日常的竞走运动练习过程中，也经常会出现一些错误的膝关节技术动作，常见的错误动作如下：

第一，脚跟着地时屈膝，如果学生在竞走时体前迈步过大，就容易出现这种错误动作，这与学生的股四头肌力量不足、跟腱紧张或力量弱有较大关系。

第二，前腿膝关节摆动过高，膝关节摆动过高，小腿和脚抬高后，要放回至稍低的位置才能与另一条腿进行交替的摆动，长时间维持这样的动作就会造成身体能量的严重浪费，容易导致非法迈步。

第三，前腿膝关节在腿达到垂直部位之前弯曲。

学生想在运动过程中走得更快是出现这种错误动作的主要原因之一，过快的竞走速度往往会超出个体运动素质水平所能承受的范围。因此，在竞走运动中，学生采用正确的膝关节动作是提高竞走速度的基础。

二、短跑项目的技术要点

（一）起跑阶段技术要点

起跑是由静止到起动的过程。其任务是获得向前冲力，迅速摆脱静止状态，为起跑后加速跑创造条件。起跑的要求是蹬腿摆臂有力，积极向前，力求以最快的速度打破平衡。

1. 安装起跑器

在高校田径短跑运动中，学生要先学会如何安装和调适起跑器，这是顺利开展短跑运动的一个基础技能。在短跑运动中，起跑器的安装一般有拉长式、接近式和普通式三种方式，其中最为常用的是普通式和拉长式两种。

（1）拉长式。前起跑器距起跑线后沿为学生的两脚长，后起跑器离前起跑器为一脚长，起跑器的支撑面与地面的夹角及两起跑器左右间隔和普通式基本相同。

（2）普通式。前起跑器距起跑线后沿为该学生的一脚半长，后起跑器离前起跑器也为一脚半长。前后起跑器的支撑面与地面夹角分别为 30° ～ 45° 和 60° ～ 80°，两起跑器的中轴线间隔约为 15 厘米。

2. 起跑阶段注意事项

在现代田径短跑运动中，起跑必须采用蹲踞式起跑技术，它主要由各就位、预备、起动这三个连贯的动作组成。

在高校短跑的起跑阶段，学生要做好准备，当听到"各就位"的口令时，做几次深呼吸，走到起跑器前，俯身两手撑地，两脚依次蹬在起跑器的前后抵趾板上，后腿膝盖跪在地面，两手呈人字形撑在起跑线后沿，两臂伸直与肩同宽或稍宽于肩；身体重心处在两手两脚支撑点中央，整个躯干微微弓身，但不能蜷缩。

在听到预备口令后，先吸一口气，然后从容不迫、平稳地抬起臀部，高度稍高于肩，随着抬臀重心适当前移（注意身体重心的前移，以不使两臂支撑负担太重为前提）。这时身体重量主要落在支撑的两臂与前腿上，以便于支撑腿的起动用力。此时，前腿的膝关节角度为 90° ～ 100°，后腿的膝关节角度为 110° ～ 130°，两个脚都要压紧抵趾板。这种姿势、角度和全身状态，便于起动时蹬、摆配合，有利于迅速起动和发挥速度，身体各部位的姿势摆好后，注意力高度集中，静等鸣枪。

听见枪声响后，两手迅速离地，两臂屈肘快而有力地前后摆动，同时两腿迅速蹬离起跑器屈膝快而有力地向前摆动，身体形成较大的前倾姿势，也称起步跑。

（二）加速跑阶段技术要点

加速跑是从后腿蹬离起跑器，到途中跑开始的一个跑段，它的主要任务就是在借助起跑冲力的情况下，在最短时间内使自己达到最高的跑动速度。起跑后能否加速首先取决于起跑姿势和力量的发挥。在运用起跑后加速跑技术时，要求学生身体的前倾角度要适宜，腿和手臂的蹬摆要迅速有力，逐渐抬体，逐渐加大步长，逐渐加快步频。

在短跑运动中，由于学生的身体是由静止状态开始起动的，跑的速度还较慢，因此，加速跑的最初几步是沿两条相距不宽的直线着地的，随着速度的加快，两脚的着地点逐渐会趋于一条直线上（一般在起跑后 10 ～ 15 米处）。

起动后第一步不宜过大，但也不能太小，一般落在起跑线前 60 ～ 70 厘米处。起跑后的几步上体前倾较大，摆臂要十分有力；两脚着地点是沿两条相距不宽的直线前进，几步以后才逐渐合拢，一般加速跑 20 米距离左右后进入途中跑。

（三）途中跑阶段技术要点

在短跑运动中，途中跑是决定运动成绩的一个重要环节，在进行途中跑时，要做到动作放松，跑动幅度要大，频率要快，采用前脚掌着地，且积极富有弹性，并由踝、膝等关节积极缓冲过渡到后蹬。途中跑的基本技术主要包括两腿动作、重心起伏、摆臂和上体姿势。

进行途中跑时，学生要保持身体端正且稍向前倾，两臂以肩为轴，以肘用力（屈肘关节角度约为 90°），手掌伸出做快而有力的摆动。前摆时肘关节角度可达 60° ～ 70°，后摆时肘关节角度可达 130° ～ 140°。大腿带动小腿自然有力地大幅度快速摆动，前脚掌扒式着地，两腿蹬摆与两臂摆动协调配合。跑动时，学生要面对前方，目视终点，颈部放松，躯干保持正直或稍前倾。要注意的是，跑动时，学生应采用短而快的呼吸方式，不可憋气。

（四）弯道跑技术要点

1. 弯道起跑阶段技术要点

在 200 米短跑中需要用到弯道起跑技术，它和其他短跑的起跑技术一样，是为了迅速摆脱静止状态，为起跑后加速跑创造条件。弯道起跑的技术要求与一般短跑的蹲踞式起跑技术基本相同，都要求蹬腿摆臂有力，起动迅速。

为了便于起跑后有一段直线距离加速，弯道起跑器的安装位置应靠近外侧分道线并正对里侧分道线的切点方向，起跑时，右手撑在起跑线后，左手撑在起跑线后 5 ~ 10 厘米处，使身体正对切线方向。这样做可以达到起跑后有一段直线距离加速的起跑效果，有利于起跑后的加速跑。

2. 弯道起跑后加速跑阶段技术要点

弯道起跑后加速跑的任务是尽快达到最高速度。其技术要求是前倾角适宜，蹬摆有力。学生在进入弯道起跑后的加速跑后，要逐渐增大步幅，渐抬重心，渐成直线。在弯道起跑后加速跑阶段，上体要早些抬起，以利跑入弯道时和在继续跑进中，保持身体平衡。

3. 弯道途中跑阶段技术要点

弯道途中跑的任务是发挥或保持最高速度，其技术要求是保持途中跑动作技术，特点是身体技术动作幅度右侧大于左侧。弯道途中跑的距离较短，但其重要性却很大，要做好直道跑到弯道跑再到直道跑的过渡与衔接。

从直道进入弯道跑时，身体应有意识地向内倾斜，加大右腿的蹬地力量和摆动幅度，同时右臂亦相应地加大摆动的力量和幅度，以利迅速从直道跑进弯道。进入弯道跑后，后蹬时，右脚前脚掌内侧用力，左脚前脚掌外侧用力。

大腿前摆时，右膝关节稍向内，同时摆的幅度比左膝大，左腿前摆时，应稍向外。右臂摆动的幅度大于左臂，前摆时稍向左前方，后摆时右肘关节偏外，左臂稍离躯干做前后摆动。弯道跑时的蹬地与摆动方向都应与身体向圆心方向倾斜趋于一致。从弯道跑进直道，应在弯道的最后几米处，身体逐渐减小内倾程度，并顺自然跑 2 ~ 3 步后转入正常的途中跑。

（五）终点跑阶段技术要点

终点跑是短跑的最后阶段，终点跑要尽可能地保持途中跑的最高速度。终点冲线的跑法与途中跑相同，但要坚持加快跑速向终点冲击。终点跑的最后一步加大躯干前倾以使胸部尽快冲过终点线。

由于体力关系，快到终点的这段距离一般都会减速，要想尽力保持途中跑的速度，到达终点还需要做到加速摆臂速度，保持上体前倾，用躯干部位撞终点线。跑过终点后应逐渐减速，不要突停，以免跌倒受伤。

短跑技术总的要求是起跑反应快，加速能力强，途中跑维持高速度时间长，最后冲刺狠。跑动中上下肢摆动幅度大，脚着地缓冲时间缩短，后蹬时间增加，支撑与腾空时间之比适宜，全程各段落速度分配合理，有良好的冲刺跑能力，整个动作轻松、协调，节奏快，总体效果好。

三、中长跑项目的技术要点

在高校田径运动中，中长跑运动是一项能够有效发展学生耐力素质的运动项目，学生坚持进行中长跑运动，可以有效改善身体技能，特别是对呼吸系统和心血管系统有着很好的改善作用，同时，学生可以通过克服长时间的运动负荷，培养不畏艰难、顽强拼搏的优秀品质。中长跑技术主要包括起跑、途中跑和终点跑三种技术。

（一）起跑技术要点

在中长跑运动中，常见的起跑方式有两种。

1. 站立式起跑技术要点

学生在长跑项目中，一般都会采用站立式起跑动作，在听到"各就位"口令时，学生应先做一两次深呼吸，轻松走或慢跑到起跑线后，两脚前后开立，有力的脚在前，脚尖紧靠起跑线后沿，前脚跟和后脚尖之间的距离约为一个脚掌长，两脚左右间距为 15 ~ 20 厘米。体重大部分落在前脚掌上，后脚用脚尖支撑站立。两腿弯曲，上体前倾，头部稍抬，眼看前面 7 ~ 8 米处，身体保持稳定姿势，集中注意力听枪声或"跑"的口令。当听到鸣枪或"跑"的口令时，两脚用力蹬地，后腿蹬地后迅速前摆，前腿充分蹬直，两臂配合两腿动作做快而有力地摆动，身体适速跑出。

2. 半蹲式起跑技术要点

学生在采用半蹲式起跑动作时，应以力量较强的一侧腿站立在起跑线的后沿位置，另一脚向后站立，两脚前后距离约一个脚掌。前腿的异侧臂支撑地面，支撑地面的手将拇指与其他四指分开呈"人"字形撑在起跑线后沿，另一臂放在体侧。在枪响后，两腿迅速并行蹬伸，后面的腿积极屈膝前摆，两臂则配合两腿的蹬摆动作进行屈臂前后摆动，整个身体向前俯冲，完成起动动作，为起跑后加速跑获得预先初速。

（二）途中跑技术要点

在中长跑运动中，途中跑是学生创造优秀运动成绩的重要环节，学生途中跑技术的好坏将会对比赛的最终成绩产生较大的影响。

1. 腿部动作技术要点

（1）后蹬与前摆。在进行途中跑时，当学生的身体重心移过支撑点之后，支撑腿就进入了后蹬阶段。当摆动腿通过身体垂直部位继续向前摆动时，支撑腿的各关节要迅速伸直。后蹬时各关节要充分伸直，首先以伸展髋关节开始，在摆动腿积极前摆的配合下向前送髋，腰稍向前挺，此时膝关节、踝关节也积极蹬直，这样能够适当地减小后蹬角度，获得与人体运动方向一致的更大水平分力，推动人体更快地向前移动。在后蹬结束时，后蹬腿完全伸直，上体、臀部与后蹬腿几乎成一直线，摆动腿小腿与蹬地腿成平衡状态。

（2）腾空。在途中跑过程中，学生在腾空阶段可以最大限度地放松蹬地腿的肌肉，并积极省力地将大腿向前上方摆出。当后蹬腿的大腿向前上方摆动时，膝关节的有关肌肉群放松，小腿顺惯性与大腿自然折叠。当摆动腿的大腿摆至与地面垂直时，骨盆向摆动腿一侧下降，摆动腿的膝关节低于支撑腿的膝关节。这样摆动腿一侧的膝关节比较放松，使肌肉用力与放松交替控制得好。

（3）落地。当大腿膝盖摆到最高位置后开始下压时，膝关节也随之自然伸直，用前脚掌做"扒地式"的着地。当脚与地面接触之后，膝关节和踝关节弯曲，脚跟身适度下沉，脚着地点更靠近重心投影点，落在重心投影点前一脚左右的地方。跑时可用脚掌外侧着地过渡到全脚掌，也可用全脚掌着地，着地动作要柔和而有弹性，两脚应沿直线落地。

2. 弯道途中跑技术要点

在进行弯道途中跑时，应将身体适当地向左倾斜，以克服在跑动中所产生的离心力，一般跑动的速度越快向左倾斜的程度越大。

摆臂时，右臂向前摆的幅度稍大，前摆是稍向内，左臂后摆幅度稍大；摆动腿前摆时，右膝前摆应稍向内扣，左膝前摆稍向外展；脚着地时，右腿用前脚掌内侧着地，左腿用前掌外侧着地；弯道跑时，应靠近跑道的内沿，以免多跑距离，超越对手最好不要在弯道上进行。

3. 上体姿势与摆臂动作技术要点

在中长跑的途中跑过程中，学生要保持上体自然挺直，适度向前倾5°左右，跑的距离越长，上体前倾角度越小，胸要微微向前挺出，腹部微微后收，头部自然与上体成一直线，颈部肌肉放松，眼平视。

在做途中跑的摆臂动作时，学生要将手臂的摆动与上体和腿部的动作进行协调配合。学生在跑动时，两臂应稍离开躯干，肘关节自然弯曲，半握拳，两肩下沉，肩带放松，以肩为轴前后自然摆动，前摆稍向内，后摆稍向外，摆幅要适当，前不露肘、后不露手。摆臂动作幅度的大小应随跑速的大小而变化，感到疲劳时，可改为低臂摆动，以减小疲劳程度。

（三）终点跑技术要点

在中长跑运动中，终点跑的动作要求基本上与短跑相同，在进入终点跑后，应加快摆臂的速度，加强腿的后蹬与前摆。

一般情况下，800 米可在最后 200 ～ 300 米，1500 米在最后 300 ～ 400 米，3000 米以上可在最后 400 米或稍长的距离开始终点冲刺跑。

四、接力跑项目的技术要点

接力跑的技术与短跑基本相同，只是传递接力棒时，要求各棒队员之间协调配合，保证在快速跑进中完成传棒和接棒动作。接力跑成绩的好坏不仅决定于每个队员单项跑的成绩，而且在很大程度上取决于队员之间的密切配合和传、接棒技术。

（一）4×400 米接力跑技术要点

在进行 4×400 米接力跑时，由于跑速降低，传接棒就比较容易进行，一般是根据传接运动员跑速来决定传接方式。

动作要领：第一棒采用蹲踞式起跑，起跑技术与 4×100 米接力跑的起跑相同；第二棒采用站立式起跑姿势，头部转向后方，看好自己的队员；如果传棒人跑的速度快时，则接棒人早些起跑；如果传棒人显得精疲力竭时，接棒人可主动把棒拿过来。

此外，在进行 4×100 米接力跑时，可采用换手传、接棒的方法，右手接棒后立即换到左手。

（二）4×100 米接力跑技术要点

1. 起跑

4×100 米和 4×400 米接力一般都采用弯道起跑（200 米、400 米、800 米、3000 米、5000 米、10000 米等也采用在弯道起跑）。

弯道起跑与直道起跑在技术结构上没有根本的区别，但弯道起跑时是在弯道起跑线后，起跑后的加速跑又需要便于进入弯道，合理运用弯道跑的跑步技术。因此，弯道起跑时，身体的位置、起跑器安装的位置与直道略有不同。

使用起跑器时，应放在靠近自己跑道的外侧，使两个起跑器抵趾板的平面对着进入弯道切点方向，使起跑出去，能跑成近似直线。运动员在做"各就位"动作时，也应使自己的整个身体面对切入弯道的切入点方向。为此，在弯道上安装起跑器就不同于在直道上的安装方法。

做"各就位"动作时，左手撑地并不是紧靠着起跑线的后沿，而是撑在离起跑线 5 ～ 10 厘米处，这样可以使整个身体比较自然地面对弯道切点的方向。

起跑第一步，两条腿完成蹬、摆配合时，右腿向前摆动，膝关节稍稍有"内扣"的动作，并且右脚落地时，足掌稍稍有内旋动作，用右脚掌内侧部位着地，便于适应弯道跑的要求。

在弯道上进行站立式起跑，运动员完成"各就位"动作的站位时，应稍稍靠近自己跑道的外侧，也应使整个身体面对切点方向。起跑第一步的动作与弯道蹲踞式起跑相同。

2.持棒

所有的接力跑项目都是在弯道起跑的，且都采用蹲踞式起跑方式。从技术要求上讲，基本上与弯道蹲踞式起跑相同，但由于接力赛跑的第一棒队员是拿着接力棒完成弯道蹲踞式起跑动作，因此，对第一棒接力队员就有一个持棒起跑的特定要求。接力赛跑项目的第一棒队员都是在弯道上持棒进行蹲踞式起跑的，从总的技术要求上来说，基本和弯道蹲踞式起跑的技术动作相同，其主要区别就在于持棒的右手如何在地面上支持。

（1）接力跑持棒的方式：①右手食指握棒，拇指与其他三指分开撑地；②右手中指、无名指握棒，拇指、食指与小指分为三叉撑地；③由拇指与食指撑地，其他三指握棒。无论采用什么握棒方式，都要以握牢棒并手支撑稳为原则。

（2）持棒人起跑技术：起跑技术和弯道起跑技术相同。

（3）接棒人起跑技术：跑第二、三、四棒的人，起跑姿势用站立式或用手撑地的半蹲踞式，站在自己的起跑线前面或预跑线内，两腿前后开立，两膝弯曲，上体前倾。第二、四棒运动员站在跑道外侧，所以，用左腿在前，右手撑地，身体重心稍向右偏，头转向左后方，目视跑来的同队队员和自己的起动标记。第三棒运动员站在跑道内侧，应以右脚在前，用左手撑地，身体重心稍向左偏，头转向右后方，目视跑来的同队队员和自己的标记。当传棒人跑到标记线时，接棒人便应迅速起跑。

（4）传、接棒标志线的确定：为保证传、接棒动作能在快速奔跑中完成，要准确地确定标志线，它是根据传、接棒人的跑速和传、接棒人技术的熟练程度而定的，在实践中需要通过多次实践进行不断调整。

（5）传接棒的时机：接棒队员站在预跑区内或接力区后端，待看到传棒人跑到标志线时便迅速起跑，当传棒人跑到接力区内，离接棒人1.5米左右时，要立即向接棒人发出"嘿"或"接"的传、接棒信号，接棒人听到信号后迅速向后伸手接棒。传棒人完成传棒动作后逐渐减低跑速，待其他道次队员跑过后离开跑道。

（6）传、接棒方法：①下压式。接棒的手臂自然向后伸出，手腕内旋，掌心向上，虎口张开朝后，拇指向内，其余四指并拢向外，传棒人将棒的前端从上向下传到接棒人手中。②上挑式。接棒的手臂自然向后伸出，掌心向后，拇指与其他四指自然张开，虎口朝下，传棒人将棒由下向前上方送入接棒人的手中。③混合式。跑第一棒队员用右手握棒起跑，沿跑道内侧跑，用"上挑式"将棒传给第二棒队员的左手，第二棒队员接棒后沿跑道外侧跑，用"下压式"将棒传给第三棒队员的右手，第三棒队员沿弯道内侧跑用"上挑式"

将棒传给第四棒队员的左手，第四棒接棒后一直跑过终点。

（7）传接棒队员的分配：接力跑是四个人配合跑完全程，一般安排起跑技术好并善于跑弯道的人跑第一棒；第二棒应是速度耐力好又善于接棒的跑；第三棒除具备第二棒运动员的长处外，还要善于跑弯道；把全队速度最好，冲刺能力最强，拼劲最足的运动员放在最后一棒跑。总之，在安排各棒队员时，必须考虑发挥每个人的特点来进行合理分配。

五、跨栏跑项目的技术要点

（一）男子 110 米跨栏跑技术要点

1. 起跑至第一栏的技术

在男子 110 米栏跨栏运动中，学生从起跑到第一栏的距离为 13.72 米，这是跨栏跑中的一个重要环节，通过这一阶段的跑动可以有效提高学生身体的运动速度，并准确踏上起跨点，为跨越第一栏创造良好的条件。起跑至第一栏的技术要具备以下要求：

（1）在男子 110 米栏运动中，常见的起跑至第一栏所用步数是 8 步、9 步，一些高水平运动员还会使用 7 步。在高校中，对步数的要求并没有太过严苛，但对学生起跨点的选择有一定的要求。在这一跑步技术中，凡用双数步跑完这段距离的，安装起跑器时应将起跨腿一侧起跑器摆放在前面（起跨腿的脚放在前起跑器上），用单数步跑完这段距离的则相反。为了准确地踏跨在起跨点上，根据加速跑步点的需要，可将起跑器在起跑线后稍向前或向后安装。

（2）在做"预备"动作时，为了取得较大的步长，臀部抬起应明显高于肩部。当学生听到枪声后，迅速起跑，蹬离起跑器的动作要快，进入加速跑后，各步后蹬角度稍大，身体重心位置稍高，身体与地面的夹角稍大，这些都是为了增加步长和提高跑速，一般来说，学生加速跑前两步后，已进入正常跑。

（3）学生在跨第一栏时，应注意步幅的稳定、准确和节奏，步长要合理，一般从第 2 步开始，每步增加 15 ～ 20 厘米。最后一步为了做好起跨攻栏，应做一个"短步"，即比前一步短 15 ～ 20 厘米。

2. 栏间跑技术

在跨栏运动中，栏间跑是控制跨栏节奏，维持高速运动的一个重要技术环节，它是学生在下栏着地到下一栏起跨点之间的快速跑动过程。栏间跑的任务是维持跑速，把握节奏，准备攻栏。与短跑不同，栏间跑的特点是重心高，频率快，节奏强，栏间三步步长是按照小、大、中的比例来分配的。

（1）栏间第一步。这一步应该与学生的下栏动作相结合。学生在下栏着地时，其摆动腿的膝关节几乎伸直，参加后蹬用力的伸肌群已处于充分拉长状态，与此同时，起跨腿经过外展提拉，放脚落地。摆动腿与起跨腿这种不同于短跑的交叉步动作，减小了抬腿速度和后蹬力量，所以步长是三步中最小的。

（2）栏间第二步。这一步是学生进行快速跑进的关键。由于基本恢复了正常跑步动作，故这一步力量强、速度快、抬腿高，步长约为2.10米，是栏间跑最大的一步。

（3）栏间第三步。这一步应该与学生的起跨攻栏动作相结合，也是栏间跑速度最快的一步。由于在快速跑进的同时要为起跨做好充分准备，因此，学生的第三步抬腿不高、放脚快且靠近身体重心投影点，出现了比第一步大、比第二步小的居中步长。

3. 跨栏步技术

（1）起跨攻栏。起跨攻栏是指起跨脚踏上起跨点到起跨腿后蹬结束离地瞬间的技术。出色的起跨攻栏技术要满足的要求为：①学生要根据自身的身体特点来确定起跨点。起跨点离栏架过远或过近都会造成上栏困难，延长过栏腾空的时间。一般来说，合理的起跨点应距离栏架2.00～2.20米。②学生在起跨攻栏时，要做到着地快，蹬地快，起跨前一步，步长应缩短15～20厘米。起跨腿用前脚掌在靠近身体重心投影点附近的起跨点快速着地起跨。起跨前一步要注意身体重心的把握，要使身体重心尽快地通过支撑点上方，迅速转入攻栏动作。当转入攻栏后，起跨腿要迅速伸展髋、膝、踝这3个关节，同时髋部要前送，上体稍前倾，摆动腿异侧臂也前伸，使身体重心有较大距离的前移以形成适宜的起跨蹬地角，一般以65°～70°为宜。③在攻栏时，学生的攻摆速度要快，当起跨腿着地时，摆动腿由体后屈膝前摆动。当进入攻栏时，摆动腿大、小腿继续折叠向前上方高摆。这个摆动腿的折叠和向前上方高摆动作，由于缩短了摆动半径，加快了腿的摆动速度，从而能提高起跨攻栏的效果。学生在整个起跨攻栏动作中，要保持迅速、积极的状态。当结束起跨攻栏动作时，起跨腿的髋、膝、踝这3个关节应充分伸直，头部、躯干和起跨腿基本上成一条直线。

（2）腾空过栏。腾空过栏是指从起跨脚掌离地到摆动腿下栏着地为止这段时间内的动作。人体在完成腾空动作后，身体重心会随着腾空轨迹而向前运动。由于腾空后不能改变身体重心的位移速度和运行轨迹，因此腾空过栏时，只能依靠加快摆动腿和起跨腿以及上肢的协调配合，使人体迅速跨过栏架而快速着地。起跨腿蹬离地面后，当摆动腿膝关节超过栏架高度时，摆动腿小腿迅速前伸，当摆动腿脚跟接近栏板时，摆动腿几乎伸直。与此同时，上体迅速前倾，使胸部几乎靠近摆动腿的大腿；摆动腿异侧臂完成带动肩部积极向前的动作，形成肩横轴与髋横轴交叉扭转状态，以维持身体平衡。此时，起跨腿仍留在身体后面，与上体几乎成一直线，并与在栏前的摆动腿形成一个大幅度的分腿动作。在摆动腿脚掌越过栏架后，随之开始做积极的下压动作。此时起跨腿屈膝外展并经体侧迅速向前提拉。起跨腿向前提拉时，小腿收紧使脚跟接近臀部，膝高于踝，脚尖稍向上翘，并与摆动腿的下压形成协调有力的剪绞动作。与此同时，摆动腿异侧臂配合下肢动作向侧后方做有力的划摆，到接近体侧下方时屈肘收回，另一臂则向前摆出，以维持身体平衡。而摆动腿的下压会使上体抬起，当摆动腿前脚掌着地时，借助于踝关节的缓冲，可使身体重心维持在一个较高的位置。摆动腿着地时，上体仍保持一定的前倾。随着起跨腿大幅度向前提拉动作，使身体重心迅速移动过支撑点，此时跨栏步动作结束，转入了栏间跑阶段。

4.终点跑技术

在男子110米跨栏跑中，终点跑是学生在完成全程的10个跨栏后，向终点冲刺的过程。在终点跑中，学生在过掉最后一个栏后，摆动腿应该迅速下压，距离着地点较近。起跨腿一过栏架即可向前摆出。需要注意的是终点跑应加强后蹬和摆臂，加快步频，以最快的速度冲向终点。

（二）女子100米跨栏跑技术要点

女子100米栏与男子110米栏在动作结构上基本相同，全程设10个栏架，用49～50步跑完。而相比于男子110米栏，女子100米栏在栏高和栏距上还是存在一定的差异，这也使得女子100米栏也具有自己较为独特的运动技术特点，具体如下：

第一，虽然在起跑时，男子和女子都是采用蹲踞式起跑，但是在"预备"时，女子100米栏的臀部抬起高度要比男子110米栏所抬起的高度要低，并且在跑到最后一步后，女子的上体基本保持直立状态来准备起跨攻栏，步长也比前一步缩短了10～15厘米。

第二，女子100米栏在起跨时是由前脚掌先着地，髋、膝和踝关节缓冲不大，保持高重心并积极前移。在攻栏时更加积极，起跨角度较小，起跨点与栏架之间的距离较近。

第三，在进行上栏时，学生的身体躯干没有明显的前倾和下压动作，过栏时身体重心运动轨迹起伏不大，跨栏步步长为3.00～3.10米，下栏着地点距离为1.00～1.20米。

第四，起跨腿向前提拉的幅度较小，摆动腿压栏动作迅速短暂，两腿剪绞速度快，摆臂幅度小、速度快。

第五，终点冲刺跑一般用5步跑完，跑时，上体不能过早和过分前倾，要借助加快两臂和两腿的摆动，全力冲向终点。

第六，全程跑时身体重心稳定，跑跨衔接紧密、自然。

（三）男子、女子400米跨栏跑技术要点

男子、女子400米过栏技术大体相同，与110米栏相比，过栏技术并无本质性差异，只是在某些动作形式、动作幅度、用力程度和动作细节上略有差别。起跑至第一栏步数与栏间跑步数有关，栏间跑用15步，起跑至第一栏用22步；或14步与21步；或13步与20步。

1. 过栏技术

（1）女子过栏技术。女子400米栏的栏架较低，要求起跨后蹬力量，上体前倾角度，摆臂幅度和起跨腿的提拉速度都较其他跨栏项目小，跑跨自然连贯，接近"跑栏"技术。

（2）男子过栏技术。男子400米过栏技术要求介于男子110米栏和女子400米栏之间。

2. 跨弯道栏技术

在男子、女子400米栏运动中，需要在弯道上跨5个栏，在跨弯道栏时，要严格要求自己起跨腿的选择，做到合理、科学。一般来说，起跨腿要利用好向心力的作用，保持身体的平衡，避免过栏时犯规。

3. 栏间跑技术

栏间跑技术要求步数固定、步长准确、节奏感强。栏间跑的步长要合理，要根据个人实际情况而定，要能较好依靠自身肌肉力量，起跨点要准确、合理。一般来说，栏间跑的步数，男子一般为13～15步，女子为15～17步。

400米跨栏跑全程距离较长，栏间跑步步数也较多，要求学生必须具有出色的控制栏间步节奏的能力，以准确、合理的栏间步数，顺利地跑跨全程。

第二节　田径运动走跑类项目的训练方法

一、竞走项目的训练方法

（一）竞走技术的特点

教师通过对竞走运动的分类和技术演变过程，以及竞走比赛的规则和遵守这些规则的重要性的介绍，让学生能够对竞走运动形成一个初步的了解。同时还要对竞走运动的健身价值进行着重的强调，努力激发起学生学习竞走运动的积极性和主动性。

"竞走技术教学通常以完整练习法为主，抓住技术教学的重点和难点，自始至终强调

动作的规范性和技术动作的自然、放松。"[1]通过各种传统的和现代的教学手段和方法进行现代竞走技术及特点的讲解，让学生了解掌握现代竞走技术及特点，具体的方法和手段包括示范、播放技术录像、观看技术图片及讲解等。竞走技术主要有以下特点：

第一，竞走技术有着一定的空间特征，人眼不可见腾空和人眼可见前脚着地至垂直部位膝关节伸直的动作形象都是其空间特征的具体体现，因此要使肉眼清楚观察得到保证。

第二，以"竞走"定义为依据进行技术动作结构的完善，对肉眼观察不到的腾空时间进行充分利用以使步长增大或步频加快。

第三，对着地前直腿勾脚尖、足踵着地的准备动作进行充分利用，着地时的制动作用尽量减小，采用的着地方法为足踵"滚动式"，同时要使步长得到增加，主要通过直腿足踵着地的充分利用来实现。

第四，对竞走的定义有着清晰的认识，保证与竞走定义相符合的前提下，竞走技术动作应使步伐增大和步频加快，或在稳定步长的基础上使步频加快，或在稳定步频的基础上使步长加大。保持步长与步频的相对稳定，以此为基础，提高稳定步长步频的持续时间的耐久性。

（二）竞走技术的练习

一是进行 60 ~ 100 米的竞走练习，采用直线大步走，要求学生脚跟先着地，做到动作自然放松，步幅开阔。

二是进行 60 ~ 100 米的竞走练习，采用直线大步屈臂前后摆动走，练习时要求学生脚跟先着地，着地时膝关节伸直。

三是竞走 200 米左右，主要是慢速和中速竞走，对学生的要求是从脚跟着地时起至垂直支撑膝关节应伸直，前腿脚跟着地时后腿脚尖即将离地（不要出现腾空），体会蹬地时伸展髋关节和踝关节，向前摆腿时脚离地面较近的动作过程。

（三）竞走技术的完善

1. 弯道竞走技术

（1）进行 100 ~ 120 米的竞走，地点为田径场弯道，竞走时要严格遵守弯道竞走技术要求。

（2）进行沿圆圈竞走，圆圈的半径为 10 ~ 15 米，要求同（1）。

---

① 李艳富，梁兆风. 竞走技术教学动作分析 [J]. 民营科技，2014，176（11）：258.

2. 行进间摆臂和肩部动作技术

（1）两腿开立，比肩稍窄，原地做以肩关节为轴的屈肘摆臂练习，摆臂过程中肩关节冠状轴绕人体垂直轴适当转动，以及两臂置于背后和头后的 60～100 米的重复走。

（2）进行 100～150 米的竞走，以慢速和中速进行，重点掌握正确的摆臂动作，以及肩关节冠状轴与髋关节冠状轴做适度扭转动作。

3. 髋关节冠状轴绕支撑腿髋关节垂直轴与矢状轴转动技术

（1）两腿左开立，比肩稍窄，原地做骨盆回环转动练习。体会髋关节冠状轴绕支撑腿髋关节垂直轴转动，以及适度绕矢状轴转动动作的方法。

（2）原地前交叉步走和行进中前交叉步走，体会髋关节冠状轴绕支撑腿髋关节垂直轴的转动。

（3）进行 60～160 米的竞走，速度为慢速和中速，重点掌握髋关节冠状轴绕支撑腿髋关节垂直轴的转动方法，同时对脚的着地方法和支撑腿膝关节伸直的范围进行体会。

二、短跑项目的训练方法

教师通过讲解、示范和各种演示（如多媒体、录像、挂图等），学生建立正确的短跑技术概念，形成基本的动作表象，了解短跑技术的基本要领、要求和方法，调动学生学习的积极性和兴趣。

（一）蹲踞式起跑与加速跑训练

通过教师的讲解、示范和各种演示的了解，学生建立正确的蹲踞式起跑和起跑后加速跑技术概念，形成基本的动作表象，了解蹲踞式起跑和起跑后加速跑技术的要求、方法和要领，教师针对具体情况可提出注意事项。

第一，学习起跑器的安装：起跑器的安装应以普通式为主，注意结合个人特点，要求稳固、合理，便于起跑和发力。

第二，学习蹲踞式起跑：学习"各就位""预备"的动作，基本掌握方法后再发口令成组练习。要求同学之间相互观看和纠正错误动作，并教育学生听枪声起跑，使学生养成公平竞争、不抢跑的习惯。

第三，学习加速跑：可以先采用描点跑等形式练习，随后结合蹲踞式起跑，做 10 米、20 米、30 米的加速跑练习。要求在加速跑学习中，上体（或重心）要逐渐抬高，步幅逐渐增大，两脚落点逐渐趋于一条直线。

（二）直道途中跑训练

通过教师的讲解和示范，学生建立正确的直道途中跑技术概念，形成基本的动作表象，了解和掌握直道途中跑技术的要求、方法和要领，教师针对具体情况可提出注意事项。

这阶段主要是为了提高学生摆臂动作效率，使学生形成正确的上体姿势。练习时，学生可在原地、慢跑、快跑中进行个人或集体的反复练习，练习中注意以肩为轴，肩部放松，大幅度前后摆臂。注意在前摆时，摆臂动作一般不要越过身体中线。

第一，小步跑练习。小步跑练习是发展学生跑动时摆动腿积极下落着地技术和增加步频的重要手段。练习时，学生摆动腿大腿抬起与水平线 35° ～ 45° 角，然后大腿下压，小腿随大腿下压动作惯性前伸，并很快以前脚掌积极着地。着地后膝关节伸直，骨盆前送，两臂屈肘前后摆动。注意学生在练习时，应保持高重心、小步幅、快频率的状态，并脚落地后要有扒地的动作，整个动作要做到自然放松。

第二，高抬腿跑练习。高抬腿跑练习可以帮助学生掌握跑时摆动腿高抬和下压技术，发展抬腿肌肉群力量和步频。练习时，学生的前摆大腿要抬平，膝关节放松小腿自然下垂，然后大腿积极下压，小腿自然下落并用前脚掌着地。支撑腿髋、膝、踝关节伸直，骨盆前送。

第三，直道途中跑练习。直道途中跑练习可以帮助学生进一步理解和完善短跑途中跑的正确技术和动作。常用练习方式有：30 ～ 50 米的行进间跑，50 ～ 80 米的加速跑，60 ～ 80 米中速跑等。练习时，要用前脚掌着地，跑的动作应轻松、协调，步幅开阔，摆臂幅度大，富有弹性。

第四，后蹬跑练习。后蹬跑练习可以帮助学生掌握跑的蹬摆技术，增加动作幅度，并有效发展后蹬肌群力量。练习时，学生摆动腿以膝领先，大腿带动髋部向前摆动出，然后大腿积极下压用前脚掌着地，两臂配合前后摆动。在练习时还要注意其重心移动要平稳，动作保持轻快。支撑腿要快速有力蹬伸，方向要正，后蹬角要小，髋、膝、踝充分蹬伸。

（三）弯道跑训练

教师通过讲解、示范和各种演示等，并交代练习过程中的方法、手段和注意事项，让学生在练习过程中，建立正确的弯道跑技术概念，了解弯道跑技术的要求、方法和要领。具体练习方法如下：

第一，在小圆圈上（半径为 10 ～ 15 米）用慢速跑、中速跑、快速跑进行练习，体会和学习弯道跑技术。

第二，从直道进入弯道跑。先在直道上跑 20 ～ 30 米，进入弯道再跑 20 ～ 30 米。体会和掌握直道进入弯道的衔接技术。

第三，在弯道上，用中速、加速、快速跑 60 ~ 80 米，体会和掌握弯道跑技术。

第四，从弯道转入直道跑。先在弯道上跑 20 ~ 30 米，转入直道后再跑 20 ~ 30 米，体会和掌握弯道转入直道的衔接技术。

第五，弯道起跑 25 ~ 30 米。按弯道起跑器安装方法安装起跑器，然后听口令做弯道起跑练习。

（四）终点跑训练

教师通过讲解、示范和各种演示等，并交代练习过程中的方法、手段和注意事项，让学生在练习过程中，建立正确的终点跑技术概念，了解终点跑技术的要求、方法和要领。其具体练习方法如下：

第一，原地练习。站在距离终点约一步距离的地方，练习双臂后摆，上体前倾的撞线动作。

第二，走和慢跑中练习撞线动作。教师可将学生分成若干小组，每组一根终点带，让学生反复练习。中速跑和快速跑 30 ~ 40 米练习，在终点前一步做撞线动作，开始时，先让学生各自练习，然后将速度基本相同的学生分成小组，进行成组练习。在练习时，要注意撞线后的安全，严防摔倒或碰撞他人。

（五）全程跑训练

第一，复习前面所学的各种技术教学方法。

第二，全程跑 100 米，并进行技术评定和达标测验。

第三，结合技评和教学比赛进行计时跑 200 米、400 米。

三、中长跑项目的训练方法

教师应先向学生传授一些中长跑的一般知识、要求和注意事项等，充分调动起学生学习中长跑运动的兴趣和积极性。

（一）途中跑训练

第一，建立正确的途中跑技术概念。教师利用现代化的教具讲解途中跑技术，使学生建立正确的技术概念，形成基本的动作表象，以更好地了解和掌握基本技术要领。

第二，轻快跑。通过轻快跑来培养学生中长跑中放松、协调和提高频率的动作能力，可以通过反复进行 50 ~ 80 米距离的放松快跑来进行练习。

第三，变速跑。变速跑练习不仅可以提高学生在途中跑时的肌肉耐力水平，还能有效发展其内脏器官功能。通常可以采用 100 米，快—慢节奏的跑动方法来进行练习。

第四，反复跑。通过反复跑来改进途中跑技术，培养并形成跑的节奏感。学生可以采用 300 ～ 600 米（男）、200 ～ 400 米（女）的小强度或者采用 100 ～ 300 米较大强度的反复跑来进行练习。

第五，大步放松跑。大步放松跑练习有助于培养充分后蹬和扒地动作，以及摆动腿的放松和着地动作。学生可以用自己最高速度的 60% ～ 70% 来进行大步放松跑练习，每次练习可跑 2 ～ 4 次 100 ～ 200 米的距离。

第六，轮流领跑耐久跑。此练习可以提高学生练习跑的兴趣，发展肌体的耐力。练习时，可指定某人领跑，按学生的水平分组，一般由跑速接近的人组队练习。

第七，女子 800 米与男子 1500 米全程跑。这是提高学生中长跑技术水平的一个重要练习方法，学生在练习时，前 200 ～ 400 米跑速一般可快于平均跑速，中间跑段基本保持平均跑速，最后冲刺应全力跑向终点。

第八，负重耐久跑。学生在进行这项练习时，可以有效发展一般耐力和力量素质。通常负重物应放于腰部或腿部，负重量应根据学生的具体情况来进行确定。

第九，定时持续的匀速跑练习。进行此项练习时，一般男生持续 8 分钟，女生持续 6 分钟（男生先跑出 2 分钟后女生再跑，同时到达）。

（二）起跑与加速跑训练

教师的讲解和示范使学生建立起正确的技术概念，形成基本的动作表象，提高运动中灵活反应的能力。起跑及起跑后加速跑的技术和方法如下：

第一，10 人左右一组进行集体起跑与加速跑练习。

第二，若干同学为一组，站立起跑线后，反复做起跑姿势的练习。

第三，以组为单位，站立起跑线后，听教师口令，做站立式起跑，跑动距离为 30 ～ 80 米。

第四，中等速度重复跑 200 米、300 米或 400 米。

（三）全程跑训练

教师的讲解使学生了解和掌握终点跑和全程跑技术的要求和方法。

第一，按个人体力分配方案跑。男生 1200 ～ 1500 米，女生 600 ～ 800 米。

第二，按水平分组，由站立式起跑出发，进行 200 米、400 米或 600 米的中等速度重复跑，在最后 50 ～ 150 米处开始适当加速，冲刺跑通过终点。跑的总距离为男生 1200 ～ 1500 米，女生 600 ～ 800 米。

第三，按水平分组，由站立式起跑出发，进行男生 1200 米和女生 600 米的中等速度匀速跑，在最后 100～200 米处开始适当加速，冲刺跑通过终点。

第四，全程跑。组织教学测验或比赛并进行技评。测验、比赛距离：男生 1500 米，女生 800 米。

四、接力跑项目的训练方法

教师介绍比赛项目、发展、特点、锻炼价值、基本的规则与裁判法等。教师通过技术挂图讲解接力跑技术传接棒的技术和要求，讲解要简明扼要、全面系统，突出传接棒的重点。

（一）各棒起跑技术训练

训练手段：（1）教师讲解并示范各棒起跑技术；（2）第一棒弯道蹲踞式起跑技术练习；（3）第二、第四棒直道半蹲踞式或站立式技术练习；（4）第三棒弯道半蹲踞式或站立式技术练习。

训练提示：（1）在教师统一口令指挥下，在 4×100 米接力跑各分道起跑线后持棒分组练习；（2）在教师统一口令指挥下，在 4×100 米接力跑各分道第一、三接力区内分组练习；（3）在教师统一口令指挥下，在 4×100 米接力跑各分道第二接力区内分组练习。

（二）传、接棒技术训练

训练手段：（1）教师讲解上挑式和下压式传、接棒技术的动作要领及其优、缺点；（2）请一名学生配合教师示范，演示上挑式、下压式传、接棒技术；（3）原地徒手上挑式、下压式传、接棒技术的单个动作练习；（4）原地徒手上挑式、下压式传、接棒技术的配合动作练习；（5）原地徒持棒挑式、下压式传、接棒技术的配合动作练习；（6）慢跑徒持棒挑式、下压式传、接棒技术的配合动作练习；（7）中速跑持棒上挑式、下压式传、接棒技术的配合动作练习。

训练提示：（1）学生成体操队形散开，在教师统一口令指挥下练习；（2）学生成体操队形散开，前后排两人一组，相距 1.3～1.5 米，传棒者身体的右侧与接棒者身体的左侧相对，在教师统一口令下（或自由）练习，传、接方法及传、接者可互换。

（三）全程接力跑技术训练

训练手段：（1）教师讲解各棒棒次安排的策略；（2）4 人成队的接力跑练习；（3）4×50 米接力跑练习；（4）4×100 米接力跑练习。

训练提示：（1）四人一组高速跑中完成传、接棒的自由练习；（2）在教师统一口令指挥下，四人一组高速在接力区内完成传、接棒的成组练习，各棒次可依次轮换；（3）采用在教师起跑口令指挥下，四人一组完成标准的 4×100 米接力跑练习。

（四）接力区内的传、接棒技术训练

训练手段：（1）教师讲解接力区的范围、起动标志线的确定及适宜的传、接棒时机；（2）二人一组在接力区内传、接棒技术练习；（3）2×50 米接力跑练习。

训练手段：（1）二人一组高速在接力区内完成传、接棒的自由练习；（2）在教师统一口令指挥下，二人一组高速在接力区内完成传、接棒的分组练习。

（五）接力跑易犯错误的产生原因与纠正方法

1. 掉棒

产生原因：传接棒动作过于紧张，在接棒人还未做好接棒动作即开始传棒，或手持棒的部位不正确。

纠正方法：传棒人应在能正确将棒安全地传递到接棒人手中时再传棒，确保正确的传接棒动作。

2. 传棒人超过接棒人

产生原因：接棒人低估了传棒人的跑速，反应迟缓、起动过晚或起跑标志线离接力区过近。

纠正方法：延长起跑标志线至接力区的距离，全神贯注，准确判断起跑的时机。

3. 接棒人接棒时回头

产生原因：缺乏系统的训练，对顺利完成传接棒信心不足，精神过于紧张。

纠正方法：在各种跑速下反复练习正确的传接棒技术，形成动力定型，有把握面对比赛。

4. 传棒人追不上接棒人

产生原因：接棒人过于紧张，高估了传棒人的跑速，起动过早或起跑标志线离接力区过远。

纠正方法：缩短起跑标志线至接力区的距离，情绪放松，准确判断起动的时机。

5. 传（或接）棒人没有按合理的位置跑进

产生原因：各棒次缺乏合理的站位配合训练。

纠正方法：明确各棒次合理的站位配合，并加强训练。

五、跨栏跑项目的训练方法

在教学过程中，通常以跨栏步、栏间跑、蹲踞式起跑后加速跑过第一栏和下第十栏后的终点跑四个环节进行教学。在教学的初期以学习跨栏步和栏间跑相结合的技术为重点。在以前的教学中较多采用分解教学法，而在近年的跨栏教学中教学顺序有所改变，突出跑跨结合的能力，以先教栏间跑为主，在教学方法上也采用了先完整后分解的方法，以提高学生的跑跨能力，当学生体会了跨栏跑的正确动作路线后便可直接过栏。在实际教学中，可以根据不同学生的具体情况来选择栏架的高度和栏间的距离，降低难度，易于学生掌握技术。

教师可以简要介绍跨栏跑的特点、比赛项目、锻炼价值、栏高、栏距等；进行跨栏跑技术示范，用站立式起跑过 2 ~ 3 个栏；结合示范或通过图片讲解跨栏跑的基本技术，也可按技术环节边演示边讲解，使学生形成正确的动作表象，帮助学生建立正确的跨栏跑技术概念。

教师示范时不要强调速度，而要求动作轻松，让学生感到轻松自如，帮助克服学生的恐惧心理。

（一）起跨腿过栏技术训练

训练手段：（1）手扶肋木做起跨腿提拉练习。起跨腿靠近栏架一侧站立，栏架横放或纵放，距肋木 1 米左右，两手扶肋木，上体前倾，两眼平视。开始起跨腿伸直向后摆至最远处，接着屈膝外展经腋下向前上方提拉过栏。要求展髋、抬膝有较大的幅度，减小身体扭转，练习速度由慢到快。栏架也可以纵放或使栏板前端略高于后端，起跨腿沿栏板向前提拉，膝提拉到身体正前方，小腿自然下垂。（2）走步中做起跨腿过栏练习。走 3 ~ 5 步摆动腿做出过栏动作并着地，起跨腿离地后，大、小腿折叠外展，经体侧在栏架上方向前提拉过栏，上体稍前倾。要求起跨腿大腿提拉到身体正前方。（3）慢跑或快跑中在栏侧做起跨腿过栏练习。在起跨腿靠近栏架的一侧慢跑或快跑，当跑至离栏架 1.5 ~ 2 米处，摆动腿攻摆，起跨腿离地后大、小腿折叠外展经体侧在栏架上方迅速向前提拉。摆动腿着地后，起跨腿向前提举迈出下栏后的第一步，并继续跑进。要求起跨腿充分蹬地，迅速提拉过栏，摆动腿协调配合。过 3 ~ 5 个栏，栏间距离 7 ~ 8 米，先走动中做，后慢跑中做。

训练提示：（1）练习时始终保持前脚掌着地，高重心、高支撑；（2）提拉其跨腿时边提边拉，不要先抬高后提拉；（3）提拉起跨腿到体前时要成高抬腿姿势。

（二）摆动腿过栏技术训练

训练手段：（1）原地摆动腿过栏练习。伸直的支撑腿以前脚掌支撑地面，上体正直或稍前倾，摆动腿屈膝高抬，带髋向前，然后大腿积极下压，膝关节放松，小腿随惯性摆出，在身体重心投影点稍前方着地。（2）走步或慢跑中做摆动腿过栏练习。走步或慢跑3～5步做一次，动作熟练后一步做一次，练习速度逐渐加快，动作自然放松。（3）走步或慢跑中栏侧摆动腿过栏练习。在摆动腿靠近栏架一侧，走或慢跑至栏架侧后方约1米处以起跨腿着地，摆动腿屈膝高抬，小腿迅速向栏架上方摆出，然后大、小腿积极下压，直腿下落用前脚掌支撑。动作熟练后跑速可加快，连续过3～4栏。

训练提示：摆动腿的动作应该是由膝盖开始的，然后向前伸展，这一动作需要在空中完成，而不是在地面上。

（三）全程跨栏跑技术训练

训练手段：（1）站立式起跑，跨越缩短栏间距离的8～10个栏，栏高也适当降低。（2）不同栏高、栏距的组合练习：前3个栏较高，中间两栏较低，后2～3栏较高；或前2栏较低，中间3栏较高，后2～3栏较低，栏间距离也可做相应调整。（3）降低栏架高度的节奏跑练习（8～10栏）：栏高76.2厘米，栏间距离8.3～8.5米。（4）蹲踞式起跑跨5～7个栏：重点提高跑速，改进跨栏步与栏间跑相结合的技术，建立正确的栏间跑节奏。（5）成组听信号站立式起跑或蹲踞式起跑跨5～10个栏练习。（6）半程跨栏跑（男生55米，女生50米）或全程跨栏跑的技术评定与计时检测。

训练提示：（1）栏间跑要求接近平跑技术，敢于加速；（2）注重建立栏间跑跨的节奏。

（四）蹲踞式起跑过第一栏技术训练

蹲踞式起跑过第一栏的技术总结概括为："快"，即起跑快，加速快；"准"，即栏前步点准，特点是起跨点准；"稳"，即栏前跑节奏稳。

训练手段：（1）试跑练习，用站立式起跑技术跑8步，检查步长和起跨距离。（2）在跑道上画点或放置标志物，以帮助学生建立起跑至第一栏8步步长的空间定位感。（3）跑8步跨越横杆或橡皮条练习。去掉跑道上的标志物，按已熟悉的步长和节奏，快跑8步跨过横杆或橡皮条后继续跑进。（4）起跑过第一栏专门练习：起跑后跑8步以起跨腿或摆动腿在栏侧过栏。（5）站立式起跑跨过第一栏。（6）蹲踞式起跑过第一栏。使用起跑器，听信号起跑过栏。

训练提示：（1）8步加速跑时，速度应有所控制，逐渐加速；（2）让学生默念8步节奏，按节奏跑提高起跑到第一栏的准确性。

（五）跨栏步和栏间跑相结合技术训练

现代跨栏跑体现在跨栏周期快，栏间跑得快，完成动作快，跑转跨、跨转跑的转换快。教学中重点体会，掌握快速奔跑中转换的能力。

训练手段：（1）站立式或蹲踞式起跑跨2～3个栏。男生练习的栏高为91.4厘米，栏间距离11～12.5米，跑5步，或8.5～8.9米，跑3步；女生用76.2厘米高的栏架，栏间距离10～11米，跑5步；或7.5～8.5米，跑3步。（2）站立式起跑过3～5个栏练习：栏高和栏间距离根据学生情况确定。（3）适当缩短栏间距离，站立式起跑连续跨过5～8个栏架：培养学生栏间快节奏跑的能力。（4）蹲踞式起跑过5～10个栏练习，重点提高栏间跑节奏。

训练提示：（1）在跑出4～5步时要抬起上体，便于起跨前抬高身体重心；（2）注意起跑器安装应适应跨栏跑的要求。

（六）跨栏跑易犯错误的产生原因与纠正方法

1. 跳栏

产生原因：起跨时身体重心低，并且靠后；起跨点近，怕栏；上体直，摆动腿踢腿上摆。

纠正方法：起跨点摆放标志；降低栏架高度，消除怕栏思想；掌握摆动腿屈腿摆动攻栏技术。

2. 摆动腿直腿过栏或盘腿绕栏

产生原因：动作概念不清；摆动腿前摆时大小腿折叠不够；小腿过早前伸，柔韧性差。

纠正方法：讲清摆动腿屈膝前摆的原理和技术；反复做屈腿前摆模仿练习；反复做摆动腿侧栏过栏练习，要求大小腿折叠前摆。

3. 下栏时身体失去平衡，动作停顿

产生原因：过栏时起跨腿拖在后面；摆动腿脚掌着地时，起跨腿提拉不到位；摆动腿下压不积极，身体重心落后；上下肢配合不协调，上体扭转，起跨腿同侧肩落后。

纠正方法：多做各种跨栏专门练习；多做上下肢协调配合模仿练习；提高髋关节的灵活性；强调两臂动作的控制使设备提拉过栏时和落地后维持平衡。

4. 栏间第一步太小，影响栏间跑的节奏

产生原因：重心在后，下栏停顿；起跨腿提拉过早，两腿落地的时间差小；摆动腿下栏支撑不好，起跨腿提拉不到位。

纠正方法：栏间跑第一步着地处放一标志物，反复练习，增大下栏第一步；栏侧起跨腿过双重栏架；发展摆动腿支撑力量。

5.腾空后两腿动作消极，剪绞幅度小速度慢

产生原因：起跨腿蹬地不充分，过早提拉起跨腿；髋关节灵活性差；摆动不积极，上体直，两臂配合不协调。

纠正方法：反复练习起跨腿栏侧过栏技术，强调充分蹬直起跨腿再迅速提拉过栏；适当加长起跨距离；发展髋关节灵活性和柔韧性。

6.蹲踞式起跑至第一栏起跨点不准确、不积极

产生原因：对蹲踞式起跑技术掌握不好；起跑加速不够；起跑后第一步太小；起跑至第一架栏的节奏不稳定，自信心不强。

纠正方法：改进起跑技术，反复练习起跑后8步节奏；摆放8步步长标志，降低第一栏高度，建立自信心。

（七）过栏时两腿剪绞动作和上下肢配合动作训练

剪绞动作就是在腾空阶段，摆动腿迅速主动下压着地的同时，起跨腿迅速提拉过栏的两腿积极配合的动作。上、下肢的协调配合有利于缩短腾空时间，尽快重新获得支撑。

训练手段：（1）原地做"跨栏步"模仿练习，原地自然站立，摆动腿屈膝高抬大腿，随之前摆小腿用脚前掌落地，摆动腿下落的同时，起跨腿蹬离地面后屈膝外展，经体侧向前提拉落地。（2）原地摆动腿过栏练习。面对栏架起跨腿支撑站立（离栏30～40厘米），上体正直，将摆动腿屈膝置于栏板上，小腿放松下垂。然后摆动腿直腿摆起，起跨腿蹬离地面，接着摆动腿下压用脚前掌落地，同时起跨腿迅速向前提拉过栏。（3）慢跑中做跨栏步练习。慢跑中摆动腿屈膝向前上方摆出，接着大腿下压以前脚掌落地，同时起跨腿蹬离地面，屈膝外展经体侧向前提拉到身体正前方。要求两臂协调配合。开始练习时跑3步做一次，熟练后可一步一次。（4）高抬腿跑从侧栏或栏上过栏。身体保持高重心，向前高抬腿跑至栏前约1米处起跨腿练习时要求腾空时间短，两腿剪绞速度快，上下肢配合协调，下栏后继续高抬腿跑准备跨越下一栏。（5）栏间跑一步连续过栏。栏间距离3～3.5米（据学生能力而定），用较快的速度跑向第一栏，过栏时两腿和两臂协调配合，下栏后跑一步接着跨下一个栏。可先做栏侧跑一步连续过栏的练习，再过渡到栏上过栏。

训练提示：（1）注意两臂动作配合的作用；（2）腰部保持一定程度的紧张，以便减少扭转幅度。

第四章　高校田径运动跳跃类项目的训练

第一节　田径运动跳跃类项目的技术要点

一、跳高项目的技术要点

"跳高是田径类运动中最能磨炼意志的项目之一。跳高可以增强肢体的协调性和灵敏度，提高学生的体能；可以拉伸韧带，促进骨骼生长；可以训练爆发力与弹跳力，提高身体免疫力；还可以培养学生的注意力、自制力和意志力，促进学生良好的心理素质和意志品质的发展。"[1]跳高是一项技术性强、发展快的田径项目，跳高技术发展至今，陆续出现了跨越式、剪式、滚式、俯卧式和背越式技术。在跳高中学生越过的实际高度 H，用公式来表示如下：

$$H = H_1 + H_2 - H_3 \tag{4-1}$$

式中，H_1——起跳结束瞬间，身体重心距离地面的高度；

H_2——腾空后，身体重心腾空的高度；

H_3——腾空达到最高点时，身体重心与横杆之间的距离。

由此可知，根据这三个高度，要想获得更高的高度，即最佳的成绩，就要增大 H_1 和 H_2，同时尽量缩小 H_3。

跳高是一项技术性强、发展快的田径项目。跳高技术发展至今，陆续出现了跨越式、剪式、滚式、俯卧式和背越式技术。其中背越式跳高技术效果最好，下面主要以背越式为例，研究跳高技术要点。

（一）助跑技术

背越式跳高采用弧线助跑的方法，8～12步完成动作。在助跑的整个过程中，也可分为前段助跑和后段助跑两个部分，其中后段助跑尤为重要，通常跑4～6步。前段助跑弧度较小，比较平直，这样有利于发挥速度，后段助跑的弧度较大，有利于起跳。在整个助跑的过程中要逐步加快速度，并有一定的节奏。

---

① 曾东华. 跳高运动的优势与发展[J]. 成功，2023（9）：85.

通常情况下，采用简便的走步丈量法确定助跑的步点及路线：（1）确定起跳点；（2）从起跳点朝助跑一侧的方向，沿横杆平行地向前自然走4步；（3）向助跑的起点方向，即垂直于横杆的方向走6步，做好标记，这个标记就是直线与弧线助跑的交界点，以这一标记为准，向前自然走7步，确定起跑点；（4）从直弧交界点到起跳点画一个曲率不太大的弧线，与前面的直线助跑相连，整个线路就是背越式助跑线路。

在运用助跑与起跳结合技术时要注意以下三方面：

第一，跳高助跑画好助跑线反复练习，前面直线助跑和后面弧线助跑都需要跑四步。

第二，每种跳高方法都有自身的特点，背越式跳高的前段助跑主要是普通的加速跑。即将进入弧线助跑时，身体重心应向内倾斜，注意重心起伏要小。大腿高抬，以膝领先并带动摆动腿同侧髋积极向前迈步。

第三，后段助跑的效果直接影响起跳质量，既要注意速度，也要注意节奏的掌握，整个助跑过程要用前脚掌着地并富有弹性，这样有利于起跳。

（二）起跳技术

在跳高运动中到起跳动作时，起跳脚顺弧线的切线方向踏上起跳点，以脚跟领先着地并顺势转换到全脚掌。同时两臂与摆动腿积极上提，重心迅速跟上，上体积极前移，使起跳腿缓冲。此时，身体与地面保持垂直。当身体的重心移动到起跳点上方时，起跳腿迅速而有力地蹬伸，完成起跳动作，在做起跳动作时应注意起跳腿充分蹬伸、提肩、提髋。

（三）助跑与起跳结合技术

这是跳高技术中的重要环节。它起着承上启下的作用，同时对正确地完成起跳动作，提高跳跃效果具有直接影响。

背越式跳高应将助跑与起跳紧密衔接起来，主要包括两个关键的技术要点，即依靠摆动腿的牢固支撑，确保身体能在倾斜的状态下起跳，防止身体过早碰向横杆；摆动腿要积极蹬伸，使身体重心快速大幅度前移，防止出现臀部下坐和摆动腿支撑无力的现象。

为此，要正确地完成摆动腿支撑阶段的动作，使助跑与起跳紧密地衔接起来，为起跳创造良好的条件。

（四）过杆与落垫技术

由于起跳时摆动腿屈膝向异侧肩前上方的积极摆动，使身体处于背向横杆的腾越姿势。当肩向上腾越，超过横杆时，两肩迅速后倒，充分展髋，小腿放松，膝部自然弯曲，整个身体呈反弓形。待髋部超越横杆后，收腹含胸，以髋发力带动大腿向上，并且小腿甩动使整个身体超离横杆，自然下落以肩背领先落垫。

由于在背越式跳高时，是由背部着地，因此必须设有避免损伤的保护设施，如海绵垫、气垫、橡皮网或松软的草堆等。

二、跳远项目的技术要点

从力学角度分析，跳远的质量和效果的关键在于起跳爆发力和角度。利用公式来表示整个跳远的距离（成绩）如下：

$$L=L_1+L_2+L_3 \hspace{3cm} （4-2）$$

式中：L_1——起跳脚离地瞬间身体重心与起跳点之间距离；

L_2——腾起初速度使身体重心在起跳离地瞬间的水平方向上的移动距离；

L_3——着地瞬间，身体重心与两脚之间的距离。

跳远技术主要包括助跑、起跳、腾空和落地几个技术环节。要想有效地利用和达到较快的助跑速度，提高远度，在速度、合理的技术和发展个人能力上都要加强重视。

（一）助跑技术

助跑的主要任务是在获得最高助跑速度的基础上，为准确的踏板和快速有力的起跳做好准备。

1. 起动姿势

助跑的起动姿势主要有两种：一是静止状态下的助跑；二是动态状态下自然助跑。第一种助跑要求两腿微曲、两脚左右平行站立，呈"半蹲式"姿势，或两腿前后分立，呈"站立式"姿势；第二种要求走跳相结合，找到第一个标志。这两种方法对助跑的准确性和稳定性有直接的影响。第一种方法对提高助跑的准确性有很好的帮助。第二种方法，由于动作较放松，又处于动态状态，每次踩上标志的位置和速度不易掌握，因此对准确踏板提出了更高的要求。

2. 加速方式

助跑的加速方式有两种：一种是积极加速，另一种是逐渐加速。积极加速是指在助跑一开始就始终保持较高的步频，可以让肌体迅速脱离静止状态，并获得较高助跑速度。逐渐加速是指通过加大步长和保持步长逐步过渡到加快步频的加速形式，可以在动作轻松、自然和平稳的基础上，提高跳的准确性和成绩的稳定性。

3. 助跑节奏

助跑节奏是指学生要发挥最高速度，并合理利用速度，从而高效地进入起跳的方式与方法。跳远项目中学生的起跳力量是随着助跑的速度增加而增加的。倘若起跳力量的发展不能适应助跑速度的要求，就会影响起跳效果，进而影响跳远的成绩。

4. 助跑距离

助跑距离是助跑技术完成质量的重要依据，助跑过长或者过短，都不利于助跑速度的发挥与利用，都会影响起跳的效果。要依据每个运动员在 30 米和 100 米跑中的加速能力和加速方式来确定助跑距离，并在比赛时根据外界条件的变化和运动员的身体状况进行相应调整。

5. 最后 6 ~ 8 步的助跑技术

跳远最后 6 ~ 8 步是整个助跑的最重要环节。在最后几步的助跑中，首先要保持一定速度，还要做好起跳的准备，因此难度系数非常大。这个阶段也是最能体现学生运动技术特点的环节。

最后 6 ~ 8 步的助跑技术主要表现为两种技术特征：一种是缩短最后几步的步长，加快步频，形成快节奏的助跑起跳技术；另一种是在步长相对稳定的情况下，加快步频，形成快速上板的助跑技术特征（步长没有明显的变化）。目前，高校优秀学生普遍采用后一种跑法，这种助跑技术有利于保持和发挥最高助跑速度，最后几步呈加速状态，使助跑与起跳的衔接更加紧密。

6. 助跑标志

助跑标志的作用不是调整步长，而是为了稳定步长，形成良好的助跑节奏，提高准确踏板的信心。对于初学者和年轻学生来说，利用助跑中的标志训练助跑速度、节奏和准确性是有好处的。而对水平较高的学生最好不用标志，因为设置标志，可能会分散学生的注意力，从而影响水平速度的发挥。

通常会设有两个标志：第一个标志设在起跑线上，是明确学生起跑的起始点；第二标志设在距起跳板 6 ~ 8 步处，用来检查助跑的准确性，提示后几步的加速节奏。标志应明显可辨，但又不致分散学生的注意力，否则容易破坏助跑的连贯性，导致助跑速度下降。不要为了使用助跑标志而打乱自己的节奏，必要时可撤销标志，或者根据学生的训练素质和技术变化对标志进行相应的更改。

7. 助跑方法

从各个环节的技术分析中可以看出，掌握正确的助跑方法是准确踏上起跳板的基础。

（1）创造相对稳定的助跑距离，对已经确定了的助跑距离要根据变化的外界条件，如气温、风向、比赛时间、助跑道质量及自身的身体状态，反复多次地进行全程助跑的检查和调整，以适应准确踏板的要求。

（2）固定起动姿势、加速方式和前三步步长。起跑后前三步的步幅和节奏对助跑的稳定性和准确性至关重要，应准确把握。

（二）起跳技术

起跳技术是所有跳跃项目最重要的部分。助跑与起跳的结合，起跳腿的蹬伸与摆动腿的摆动，两腿之间的蹬摆配合，又是跳远起跳技术的关键所在。整个动作过程，就是要把学生助跑时所获得的水平速度，转换成必要的腾空速度，将身体抛向空中，使身体获得较长的运动距离。起跳时的一个快速完整的技术动作可以分为以下三个技术阶段：

1.起跳脚上板起跳阶段

助跑的最后一步，摆动腿的脚着地后，起跳脚就准备上板，这时由于速度很快，下肢的运动速度略比躯干快些，因此要保持上体正直或稍有后仰。两臂摆动于体侧，起跳脚全脚掌着地，摆动腿屈腿前摆。

踏板一刹那，起跳腿是前伸的，与地面呈 65° ~ 70° 的夹角，起跳脚与身体重心投影点之间也有距离，为 30 ~ 40 厘米，身体重心在支撑点的后面。这种势态形成了一定的"制动"，便于使身体向腾空状态转换，也便于使水平速度向垂直速度转换。要注意起跳脚前伸过大，身体重心距起跳脚支撑点过远，会影响起跳效果。

2.起跳腿支撑缓冲阶段

在接触踏板后，身体随惯性和重力作用迫使髋、膝、踝关节弯曲，起跳脚用全脚掌支撑既可保持身体的平衡和稳定，又可以抗御这种压力。

此时，整个身体前倾，摆动腿也随着向前运动惯性，大小腿折叠后向起跳腿靠拢，这种姿势为最后起跳、蹬摆做好了准备。

3.起跳的蹬摆配合阶段

起跳瞬间，身体随惯性向前运动，身体重心移到起跳脚支撑点上方，这时起跳腿应及时蹬伸，充分伸展髋、膝、踝三关节，与此同时摆动腿以膝领先，屈腿向前上方摆动，摆到大腿呈水平部位，两臂配合两腿在体侧摆动，躯干伸展，头向前上方顶出，完成起跳的蹬、摆配合动作，这时起跳腿与地面呈 70° ~ 80° 夹角。在完成蹬摆配合的起跳动作时要特别注意，四肢的协调配合，对维持身体平衡、获得适宜的腾起高度、加快起跳速度起着决定作用。

起跳腿充分蹬伸后，还有一个全身的制动动作，这一动作主要是由摆动腿摆到大腿水平部位和两臂摆动时的突然停顿完成的。这一制动，对增加身体向上腾起，维持全身平衡，防止身体产生翻转具有重要作用。

（三）腾空技术

跳远技术的腾空技术主要包括三种形式：蹲踞式、挺身式和走步式。这三种姿势在空中各有其动作特点，具体分析如下：

1. 蹲踞式

蹲踞式是一种最简单、自然的跳远空中动作，大多数的初学者和学生都会采用这种姿势。在运用这种技术时，要求学生保持腾空步的时间较长。腾空步后，起跳腿积极靠拢摆动腿，同时两腿上举，使膝接近胸部。此时，注意躯干不要过于靠前，在距落地点半米处时，双腿接近于伸直状态，两臂自然下滑，这种动作有助于小腿积极前送和落地稳定性。

这种技术虽然简单，但缺点是起跳后向前旋转的力矩较大，由于屈腿动作和上体前倾，使其下肢靠近身体重心，导致旋转半径减小，增加了角速度和旋转力矩。会受到前旋转力的影响，提前落地。因此，蹲踞式跳远时，要特别强调上体与头部保持正直姿势，以维持身体的平衡。

2. 挺身式

挺身式跳远的空中姿势比较舒展。起跳腾空后，仍要保持腾空姿势，此时注意摆动腿和大腿不要抬太高，摆动腿小腿随之向前、向下、向后呈弧形划动，两臂也随之向下、向后再向前大幅度地划动；与此同时，起跳腿屈膝与正在摆动腿靠拢，展髋、挺胸、挺腰，整个身体展开成充分的挺身姿势。

当身体即将落地时，两臂随之向后摆动，躯干前倾，两腿迅速收腹举腿，前伸小腿，准备落地。这种挺身式的空中技术能使身体充分伸展，因此，要经常训练身体的协调和维持平衡的能力。

3. 走步式

在腾空过程中完成走步动作就是走步式跳远，这种技术也是三种腾空技术形式中难度最大的。当起跳动作完成后，身体呈现"腾空步"，前方的摆动腿要以髋为轴，大腿带动小腿积极向下、向后方摆动，同时处在身体后方的起跳腿则以髋关节为轴，大腿向上摆动，同时屈膝带动小腿前伸，以完成两腿在空中的互换动作。两臂要配合两腿协调摆动，以维持身体平衡。

在空中完成交换步后，摆动腿仍需要从体后屈膝前摆，靠拢体前的起跳腿，并在空中走半步。在空中的这一过程需要两腿走两步半。

此项技术要求学生要具备良好的协调和平衡能力，因此通常被技术水平高的学生所采用。

（四）落地技术

采取合理的落地技术，不仅可以提高运动成绩还能防止损伤。在腾空技术完成后，大腿要尽量靠近胸部，小腿自然向前伸，同时两臂后摆。当脚跟接触沙面后，应迅速屈膝缓冲，同时两臂由体后向前摆出，并借助惯性向前方或侧方倒下，防止坐入沙坑。

三、撑竿跳高项目的技术要点

"撑竿跳高属于田径运动中技术相对复杂的田赛项目之一，需要运动员通过快速稳定的助跑来获得动能，并迅速撑竿带动自身，从而完成既定腾跃高度的竞技运动。"[①] 撑竿跳高技术由持竿助跑、插竿起跳、悬垂摆体与伸展、引体、转体、推竿、过杆和落地几个部分组成。撑竿跳高的腾越高度计算公式如下：

$$H=H_1+H_2 \tag{4-3}$$

式中：H_1——推离撑竿瞬间身体重心距上握点的高度；

H_2——推离撑竿后身体重心的腾飞高度。人体姿势会影响 H_1 的大小，良好身体姿势的标志是人体在推离撑竿瞬间基本形成"单臂倒立"的支撑状态，这种状态与伸展转体阶段身体的"倒体"程度直接相关。

撑竿跳高的竿上动作要求人体重心必须从握点之下转移到握点之上。

（一）持竿助跑技术

根据每个学生各自的特点差异性，撑竿跳助跑的距离也会有很大的差别。大部分学生的助跑距离范围在 30.5 ~ 45.7 米或 7 ~ 10 个复步间。为了更加放松地跑动，应尽量加长助跑距离，节奏变换上要逐渐加快，使人体在插竿和起跳时达到最大的可控速度。

助跑分为三个标志：一是起动标志（启动点），是助跑时的第一个标志；二是起跳前的倒数第六步，这一标志有助于学生掌握助跑稳定性；三是起跳点，在竿头接触插斗壁瞬间时，学生上面手与地面垂直的点。

在助跑时要注意：（1）助跑节奏的变化在开始阶段和结束阶段有所不同，包括用大而有力的步子跑进和用较快的节奏跑进；（2）学生在助跑时，身体应向后摆动，重心移至左脚，这样有利于获得向前的推动力，并尽可能地形成一种固定的姿势和节奏。

---

① 李楚冰，张超．我国优秀女子撑竿跳高运动员助跑起跳技术的运动学分析［J］. 当代体育科技，2022，12（28）：21.

（二）插竿起跳技术

1. 动作过程

在撑竿跳高中，成功的关键在于插竿和起跳，发展稳固的、基本的和有效的撑竿插竿技术非常重要，整个动作过程分为以下部分：

（1）在整个助跑的过程中持竿与插竿的动作应协调一致，撑竿通过水平位置的同时，迈出最后起跳的右脚开始进入插竿阶段。

（2）当倒数第二个右脚接触跑道时，应向前和向上移动撑竿，使左手靠近左肩，并且两臂积极地向前和向上冲压撑竿。

（3）当倒数第二步或最后的左脚接触地面时，左臂应该移过头部，同时双臂继续向前和向上冲压。

（4）当左臂移到上方时，上体将粗微转向左侧，然后又返回形成一个直角的位置，使向上冲压插竿时，撑竿继续靠近左侧肩。

（5）当竿头插入插斗时，升起左臂，将右手作为一个支点。

（6）当左臂通过支点时，双臂应主动向上摆动，右手不能下降或向下伸向插斗。

（7）当起跳脚着地时，双手继续积极地在头上推竿，双臂在插竿时应伸直，给身体一种除领先腿之外的所有关节处于"绷紧的"伸展姿势。

2. 注意事项

（1）起跳时，眼睛、头和胸应该朝向前上方，如果想向前上方竖竿，应将注意力放在起跳脚的起跳和向上伸展的臂上。只有正确的起跳姿势，撑竿才能径直地通过起跳点上方，且应尽力升高左臂。

（2）在插竿和起跳阶段，为了不失去平衡，撑竿同时应向前上方移动靠近身体，这一阶段应使髋、肩与助跑道成直角，当蜷缩身体和冲压头上的左臂时，上体稍微打开，应积极有力地完成插竿动作，同时必须平稳地过渡到撑竿的支点上面。

（3）当竿头沿着插斗底板斜面滑到斗底时，起跳腿充分蹬伸，上面手臂充分伸直并向上压，起跳腿强有力地蹬离地面。起跳动作完成，摆动腿的大腿与撑竿成平行状态，上体前倾，领先于上体而不是髋部。当下面手臂主动抵竿时，上面手臂应用力。由于抓握的宽度和主动地起跳，下面的臂会有些弯曲，但不应太靠近撑竿，在插竿和起跳时应保持良好的平衡感。

综上所述，上面手的投影点是最理想的起跳点。因为，通过从握点的投影点处起跳，能把撑竿提高到跑道上方的最大高度，能够将身体充分伸展，并带有一定攻击性起跳姿势，这是进行竿上伸展摆动阶段的关键。

（三）悬垂摆体与伸展技术

悬垂摆体与伸展技术是一个组合的动作过程，可以把整个组合动作分解为以下部分：

第一，悬垂反弓姿势。悬垂摆体与伸展起跳离地后，人与撑竿以穴斗为支点共同向前运动，而人相对于撑竿则处于悬垂状态，即胸、髋继续积极向前运动，起跳腿滞留在体后，摆动腿基本保持离地时的状态，上手臂伸直，下手臂仍紧张用力，整个身体形成反弓姿势。这种"反弓"不仅缩短了"人竿"的转动半径，有利于竖竿，而且体前肌群的拉长也为摆体创造了有利的肌肉工作条件。

第二，背弓姿势进入摆体前半部分动作。悬垂阶段不能人为地拉长时间，否则会破坏竿上动作的节奏，悬垂的深度和速度取决于起跳时的身体重心腾起速度。身体背弓达到最大即开始进入摆体阶段，摆体的前半部动作要充分体现出"鞭打"用力的特征，即开始摆体时下手臂肘关节角度有所加大，以制动躯干并振肩，从而促使动量向下肢传递。同时起跳腿发力以较直的状态做"兜扫"式摆动，这样就使人体能以低重心状态实现摆体速度的增加，从而加剧撑竿的弯曲，并为摆体的后半部动作加大速度储备。

第三，摆体后半部分至伸展。当摆至整个身体与地面约呈45°角时，两腿迅速向上握点方向靠拢，不要伸头。这时由于人体半径的缩短就会使身体加速向上，这样对撑竿的压力也会进一步加大，使得撑竿达到最大弯曲。摆体的后半部动作具有"团身"形的特征，团身结束时的良好体位是两膝在臀部垂面以内，同时臀略高于肩。摆动结束后，人体开始由团身状态向上做伸展动作。

第四，伸展完成。由于身体的伸展是在撑竿的反弹时期进行的，而撑竿的反弹方向是前上方，所以身体伸展开始的方向应是上方，这样才能保证人体充分向上。为了充分利用撑竿的反弹力量，伸展时的动作速度应与撑竿的反弹速度相一致。伸展后程，下手臂肘关节角度逐渐缩小，以至前臂贴紧撑竿。整个伸展阶段身体重心应靠近撑竿运动，伸展结束时良好的身体姿势是形成"直臂倒悬垂"。

（四）引体、转体、推竿技术

整个的引体、转体、推竿技术是一个拉引和推竿交叠进行的组合动作。当人体和撑竿几乎伸直时，两臂即开始沿撑竿纵轴做拉引动作，由于两手握距较宽，拉引和推竿交叠进行，即下手开始推竿时上手仍处于拉引状态，从上握点与同侧肩平齐开始，则主要表现为上手推竿。

第一，拉引过程。在拉引过程中，身体要完成一个绕纵轴转体的动作，这时要注意收紧下颌，两腿伸直并靠拢，起跳时特别要注意不能向前伸转，要尽量保证身体靠近撑竿运动。引体和转体是连贯性的用力过程，力量要顺势、柔和，否则会影响撑竿反弹力的利用效果。

第二，撑竿过程。在撑竿过程中，收腿时间不宜过早，要积极有力地向下推展上手臂的肩、肘关节。这样有利于增加向上的动力，并能更好成形成倒立姿势，同时有助于增加腾空高度。推竿完成瞬间，上手应顺势将撑竿推向助跑道方向，避免碰杆，造成失败。

（五）过杆和落地技术

推竿后，随即转入无竿的腾空阶段，此时要特别注意身体的各个部位。当身体重心上升至最高位置时，积极下压越过横杆的双腿，并收腹、含胸成弓身姿势。当臀部越过横杆时，向上扬臂、抬头，使整个身体依次越过横杆。

落地时要注意安全，正确的落地动作是使背部柔和地平落在海绵包上。

四、三级跳远项目的技术要点

三级跳远的力学原理与跳远相似，两技术的主要区别在于：三级跳远是连续进行单足跳、跨步跳、跳跃步三次起跳，每个阶段起跳时身体重心的腾起初速度和跳跃角度决定成绩。三级跳远的教学中要注意，由于起跳时水平速度相对损失，身体重心着地角度和腾起角度大。因此，要尽量减少前两跳的速度损失，获得适量的着地角和腾起角。

三级跳远包括助跑、单足跳、跨步跳、跳跃四个技术环节。

（一）助跑技术

三级跳远中助跑的关键是动作节奏和初加速度，必须具备相对稳定的助跑节奏和获得较大的向前水平速度。一般运动水平高的学生的助跑距离为 40 米左右；初学者需要 35 米左右的助跑。

三级跳远的助跑距离、助跑步数、助跳标记及助跑方式与跳远相似。在三级跳远时要注意，起动迅速、重心平稳、步点准确、节奏性强。

（二）单足跳技术

单足跳是三级跳远的第一跳，同时也是三级跳远技术中最为关键、最为复杂的技术环节，单足跳的质量直接影响到之后的第二、第三跳。整个单足跳技术动作过程主要分为以下三个阶段：

第一，助跑结束至起跳。单足跳必须低平地跳出去，而且要尽量减少水平速度的损失，为实现这一目的，助跑最后一步时，摆动腿积极有力地蹬地，使重心保持在较高的位置，起跳腿自然、积极地踏向起跳板，这一跳不宜过高，摆动腿向下方伸展的同时，起跳腿向前踢出，脚落地时，要有明显的扒地动作，全脚掌着地。此时，上体略有前倾，起跳脚的着地点应距身体重心投影点较近。

第二，起跳至腾空。起跳腿着地后，力的作用迫使膝关节弯曲，随着身体的前移，踝关节背屈加大。上体和骨盆应快速向前移动，同时摆动腿积极前摆，大、小腿折叠，脚跟靠臀部，整个身体像一个压紧的弹簧，处于蹬伸前的最有利状态。

第三，腾空至第二跳起始。当进入腾空状态后，上体要保持放松和正直，摆动腿自然向下、向后摆动，起跳腿屈膝前抬，大、小腿收紧，足跟靠近臀部。然后根据此动作，完成换步，这一过程中要维持身体平衡。换步动作结束后，起跳腿继续向前上方提拉，髋部积极前送，摆动腿和两臂向后摆至最大幅度。换步动作应当做到适时、连贯，过早或过晚都会对提高下一跳效果有所影响。

（三）跨步跳技术

通常情况下，跨步跳腾起角要低于单足跳，当换步动作完成后，高抬起跳腿，摆动腿充分后摆，主要目的是增大两腿之间的夹角。身体下降的同时，前摆起跳腿要迅速有力地下压，在着地前做有力的扒地动作，这样可以缩短起跳时间，增加起跳力量，以促使身体快速前移。同时摆动腿和两臂快速有力地向前摆动，促使起跳腿做快速有力的蹬伸动作。

运动水平高的学生在腾空过程中完成两腿反弹式的回摆动作，使摆动腿积极上提，起跳腿屈小腿后摆。在腾空过程中上体抬起，以臂的摆动来维持身体平衡，这一过程应有一种"飘飞"感觉。

（四）跳跃技术

在到达跳跃阶段时，前两跳在水平速度上损失了将近20%，第三跳还将损失8%左右。因此在三级跳远中，第三跳的最终目的就是最大限度地利用剩余力量和速度向前跳出，并争取最佳着地效果。要利用好剩余的助跑速度和力量，把身体抛向空中，并有效地着地。在这个过程中通常采用的是蹲踞式、挺身式、走步式动作。对于初学者来说，一般建议在腾空时采用蹲踞式动作。

三级跳远技术中，三跳的比例关键是要安排好第一跳、第二跳及第三跳的长度的比例。在整个技术过程中要保持一种既平衡又流畅的动作形式。第一跳要获得较快的初速度，第一跳的长短，直接影响后两跳的技术。通常都是相对地固定第一跳的长度，在此基础上尽量增加第二跳与第三跳的长度。这三跳的比例和节奏，要通过不断地练习去感受，要根据助跑能力和加速方法及运动水平的熟练程度决定。

第二节　田径运动跳跃类项目的训练方法

一、跳高项目的训练方法

教师可以利用挂图、录像片帮助学生建立初步的技术印象；讲解、示范完整背越式跳高技术，让学生了解助跑、起跳、过杆和落地各技术环节的联系。充分利用直观的资料时必须结合讲解，讲解要简明扼要，不宜过细，技术动作示范要正确。

（一）背越式跳高的辅助性训练

1. 训练手段

（1）原地做各种挺身展髋练习：①原地做挺身展髋练习；②单臂支撑做挺身展髋练习；③双脚连续起跳做挺身展髋练习。

（2）利用器械做各种挺身展髋练习：①背对肋木做挺身展髋练习；②背对高海绵垫做挺身展髋练习；③站在弹跳板上做跳上海绵垫的挺身展髋练习。

（3）利用海绵垫做各种挺身展髋练习：①在垫上做送髋成桥练习；②在垫上倒体成桥练习；③在垫上双人送髋成桥。

（4）利用橡皮筋做过杆练习：①背对皮筋原地起跳越过橡皮筋；②面对橡皮筋2～3步弧线助跑双脚起跳越过皮筋。

2. 训练提示

（1）原地挺身展髋，身体重心由高到低进行练习，开始做练习时挺身展髋停留3秒，体会动作是否到位。

（2）肋木练习时。两脚以肩同宽开立，尽量靠近肋木，向前方跪膝送髋屈体成桥。

（3）在垫上送髋要高于肩，停留2～3秒，为了加大幅度手可以握住踝关节做练习。

（4）在弹跳板上做练习时，要求双腿快速起跳充分向上，不要过早倒体，杆上充分送髋，用肩背落垫。

（二）助跑技术

1.训练手段

（1）在不同半径的圆中练习助跑加速。

（2）由直线转入不同半径的弯道跑练习。

（3）面对横杆和海绵垫沿弧线助跑练习。

（4）学习丈量助跑步点的方法。

2.训练提示

（1）加速时身体保持内倾，大腿高抬有弹性，上下肢摆动要协调配合，身体重心保持平稳，注意跑的节奏。

（2）助跑脚落地时，起跳脚外侧、摆动腿内侧先着地，并迅速滚动到前脚掌。

（3）助跑的整个过程要求连贯，要表现出明显的加速性和节奏感。

（三）起跳技术

1.训练手段

（1）原地迈步放起跳腿练习。

（2）直线走动中做放起跳腿练习。

（3）弧线走动或跑动中做放起跳腿练习。

（4）上步做放起跳腿和摆腿、摆臂配合练习。

（5）沿弧线助跑4步起跳做蹬摆配合练习。

（6）沿弧线、直线助跑起跳，起跳后摆动腿放置适当高度的练习。

（7）在横杆前面做2～4步助跑起跳练习。

（8）在海绵垫前做3～5步助跑起跳，跳上海绵垫的练习。

2.训练提示

（1）做迈腿练习时，身体重心稍低，起跳腿向前迈腿时同侧髋向送出，肩和上体不要后仰，摆动腿的足跟要提起，完成动作后稍停顿一会儿。

（2）上步练习时，蹬地迈步要积极，摆腿屈膝收小腿向前上方摆动带髋，上摆的同时起跳腿蹬伸提踵，摆臂提体顶肩要协调配合。

（3）上步练习时，要做到放起跳脚快、摆腿摆臂快和起跳蹬伸快。还要做到蹬摆一致，转体时应使整个身体几乎和地面垂直，并使身体背对横杆。

（4）注意掌握正确的用力起跳技术和助跑与起跳的衔接。

（四）助跑与起跳结合技术

第一，5～7步弧线助跑起跳头顶高物练习。

第二，5～7步弧线助跑起跳后双手触高物练习。

第三，杆前做弧线助跑起跳练习。

（五）过杆与落地技术

第一，选择辅助性练习中的相关练习。

第二，原地起跳背越过杆练习。

第三，3～7步助跑过杆练习。

（六）助跑起跳和过杆相结合技术

1.训练手段

（1）选择辅助练习中相关起跳和过杆技术的练习。

（2）3～4步助跑起跳落在加高的海绵垫上。

（3）3～4步助跑起跳过杆练习。

（4）全跑助跑起跳过杆练习。

2.训练提示

（1）起跳腾空后积极攻向横杆。

（2）起跳接过杆动作要连贯、自然。

（3）空中送髋展体要明显，臀部过杆后及时收小腿离开横杆。

（4）起跳快速有力向上腾起，做到蹬伸、摆腿摆臂、提肩拔腰顶头协调一致。

（七）跳高错误的产生原因与纠正方法

1.起跳前未采用弧线助跑

产生原因：过于专注起跳而忽视了助跑技术。

纠正方法：采用画线或语言提示方法。

2.弧线助跑身体没有内倾

产生原因：由错误1导致，或弧线助跑曲率太小，或身体重心太低。

纠正方法：加大外侧肢体动作幅度，有意识地加大身体内倾幅度，增大弧线助跑曲线，提高身体重心，特别是外侧的重心。

3. 节奏紊乱，致起跳失败

产生原因：助跑步点不准确，缺乏节奏感，对横杆有恐惧感，注意力不集中。

纠正的方法：调整助跑距离，找出最适宜的助跑步点，采用画线方法培养学生的节奏感，可用橡皮筋代替横杆克服恐惧心理。

4. 起跳后过早倒杆

产生原因：由错误1、2、3导致，或学习心理恐惧。

纠正方法：在1、2、3方法的基础上，再加上采取跳高台等形式形成正确的起跳技术。同时，对学生多使用鼓励性语言以消除学生心理恐惧。

5. 屈体过杆

产生原因：没有建立正确的"背弓"动作的肌肉感觉，起跳时摆动腿屈膝积极上摆，然后挺髋展体完成背弓动作。

纠正的方法：采用垫上送髋、倒体成桥、原地高台过杆和助跑过杆等练习。

6. 落地时，臀部着地

产生原因："背弓"动作时间太短，过杆时收大腿。

纠正方法：延长杆上"背弓"动作的时间，过杆时在保持"背弓"的基础上"踢"小腿过杆。

7. 全程助跑没有节奏

产生原因：学生没有建立全程助跑节奏的正确概念和不同阶段助跑的用力感觉。

纠正方法：在跑道的直曲段分界线处，先让学生做10米的直线后蹬跑，即将进入弯道时变成加速跑10米；教师用声音提示正确的助跑节奏。

二、跳远项目的训练方法

教师讲述跳远的发展过程和锻炼价值；通过挂图讲解跳远的基本技术和技术特点；结合优秀运动员的技术录像进行技术分析。教师讲解跳远的一般知识，引出学习跳远技术的积极性和主动性。

（一）起跳技术

1. 训练手段

（1）通过挂图讲解或示范起跳技术。

（2）体会起跳脚踏板技术的动作过程。

（3）体会起跳时上下肢动作的协调配合。

（4）走 3 ~ 4 步做起跳模仿练习。

（5）上 2 步模仿起跳练习。

（6）行进间一步一起跳模仿练习。

（7）助跑 3 步做 1 次起跳练习。

（8）助跑 5 步做 1 次起跳练习。

（9）助跑 7 步做起跳越过栏架练习。

2. 训练提示

（1）起跳是跳远教学的重点之一，要掌握正确的起跳技术。

（2）起跳时动作的幅度与用力要协调一致。

（3）起跳时要强调摆动腿和摆臂的摆动意识。

（二）助跑与起跳相结合技术

1. 训练手段

（1）讲解助跑技术。讲解助跑的技术特点及要求，介绍起动方式，助跑的步数和距离，加速的方式。

（2）学习全程助跑技术：①在跑道上按预定的步数进行不起跳的全程助跑练习；②在助跑道上按全程助跑的每一步的步长画好的标记点进行有意识起跳的全程助跑练习。

（3）学习助跑与起跳结合技术：①短程（6 ~ 8 步）助跑与起跳结合的练习；②中撑（10 ~ 12 步）助跑与起跳结合的练习；③全程助跑与起跳结合的练习。

2. 训练提示

（1）助跑与起跳是跳远技术的关键，要积极引导学生掌握好正确的起跳技术。

（2）起动的方式和加速的方式应相对稳定。

（3）强调最后 4 步的节奏和快速上板的意识。

（三）蹲踞式跳远腾空技术

1. 训练手段

（1）原地模仿蹲踞式的动作。

（2）助跑 4 ~ 6 步，起跳后做"腾空步"练习。

（3）助跑 4 ~ 6 步，起跳成"腾空步"后，将起跳腿向前提举与摆动腿靠拢（形成空中蹲踞动作），然后两腿伸下落于沙坑。

（4）短距离助跑，做完整的蹲踞式跳远练习。练习时，起跳要有一定高度，要抓住"腾空步"动作和收起跳腿时机这些关键技术进行练习。"腾空步"要做得充分，将该姿势延续片刻时间，不要急于做向前收起跳腿的动作。

（5）改进和完善空中技术：①原地向上跳起，在空中收腹腿屈膝做蹲踞式姿势。②助跑 4 ~ 8 步，在起跳区做蹲踞式跳远，起跳区宽 30 ~ 35 厘米。练习时，应注意助跑与起跳的很好结合，助跑不要"跨大步""错小步"或减速；练习前应初步教会学生用反方向助跑丈量步点的方法，培养学生在规定区域内起跳的能力。③助跑 6 ~ 10 步，在缩小的起跳区或起跳板做蹲踞式跳远。通过练习，使学生初步掌握蹲踞式跳远技术，为了帮助学生掌握技术，在进行这一练习时，可采用"先高后远"的作业条件限制方法。所谓"先高后远"是在起跳区（起跳板）前所跳远度的 1/3 处放置一根高约 30 厘米的横杆或松紧带，在沙坑里所跳的 2/3 处的沙面上放一明显的标志物（如白布带），练习者经助跑起跳后，先做腾空步跨过横杆再做蹲踞动作，接着两腿前伸越过沙面上的标志物，然后下落于沙坑。

（6）全程助跑蹲踞式跳远。

2.训练提示

（1）教学开始阶段要强调上体不要前倾，头要保持正直，以防止身体产生前旋失去身体平衡。

（2）蹲踞式跳远技术比较简单，教学中主要以介绍为主。

（四）挺身式跳远腾空技术

1.训练手段

（1）结合示范或通过挂图讲解挺身式跳远技术，使学生建立正确的挺身式跳远技术概念，了解挺身式跳远技术的要求、方法和要领。

（2）学习掌握挺身跳远下放摆动腿和两臂的配合：①原地模仿下放摆动腿和两臂的配合练习；②原地向高跳起，在空中做挺身送髋和摆动腿下放成伸展动作，然后举腿前伸落于沙坑；③走动中做摆动腿下放成挺身动作；④3 步助跑起跳做下放摆动腿成直体动作，两臂配合做上摆或绕环摆的动作落地；⑤在自然跑进中起跳做下放摆动腿成挺身动作，双腿落地；⑥利用踏跳板或低跳箱盖起跳完成挺身动作。

（3）学习掌握完整的挺身式跳远：①助跑 4 ~ 6 步，采用踏跳板起跳做挺身式跳远，这个练习可以增加腾空的高度和时间，便于在空中做挺身动作；②助跑 4 ~ 6 步，在起跳区起跳做挺身式跳远；③助跑 6 ~ 8 步，在缩小的起跳区或跳板起跳做挺身式跳远；④中程距离（10 ~ 12 步）助跑挺身式跳远；⑤全程助跑挺身式跳远。

2. 训练提示

（1）腾起后摆动腿的积极下压要有伸膝动作。

（2）展髋挺身动作要充分，两臂要协调配合。

（五）走步式跳远腾空技术

1. 训练手段

（1）结合示范或通过挂图讲解走步式跳远技术，使学生建立正确的走步式跳远技术概念，了解走步式跳远技术的要求、方法和要领。

（2）学习走步式跳远交换步与两臂摆动动作：①原地学习体会（二步半）交换步与摆臂的模仿练习；②走动中做换步、摆臂练习；③利用单、双杠支撑做交换步的练习；④上台阶进行走步动作过程的模仿练习；⑤下台阶进行走步动作过程的模仿练习；⑥短程助跑起跳交换步成弓步落入沙坑。

（3）学习掌握走步式跳远：①短程助跑在踏跳板上起跳完成二步半走步式跳远练习；②短、中程助跑走步式跳远练习；③全程助跑走步式跳远练习。

2. 训练提示

（1）建立正确的走步式跳远概念。

（2）做完整的走步式跳远示范。

（3）结合示范或挂图，讲解走步式的动作过程及要领。

（六）落地技术

第一，原地向高跳起，在空中做收腹举腿练习。练习时，要求大腿向胸部靠近，几乎触及胸部。

第二，立定跳远练习：在沙坑边沿站立做立定跳远，落地前提举大腿，两臂后摆，然后两腿伸出，用脚跟领先落于沙坑，接着迅速屈膝，两臂迅速前摆，使身体重心移过落点。在沙坑内接近个人落地点附近放置标志物（如白色布带），用作业条件限制法让学生进行跳远练习，在下落前两腿向前提举，然后小腿前伸，两脚跟在标志物前着地。

（七）巩固提高完整跳远技术

第一，丈量全程助跑的步点，进行全程助跑的蹲踞式、挺身式跳远练习，全面巩固和提高技术。

第二，根据每个学生的具体情况，分别采用相应的有效手段，巩固提高各技术环节的水平。

第三，进行完整技术的技术评定。

第四，组织跳远教学比赛。

（八）跳远错误的产生原因与纠正方法

1. 助跑步点不准

产生原因：助跑起动方法不固定；助跑加速节奏和步长不稳定；气候、场地、身体状况和心理因素的影响。

纠正方法：固定助跑的起动方式，正确使用助跑标志；固定助跑的动作幅度和节奏；在各种环境下练习，培养适应能力，提高助跑的稳定性。

2. 助跑最后几步减速

产生原因：助跑步点不准，最后几步拉大步或倒小步；起跳前上体后仰，臀部后"坐"，后蹬不充分；害怕犯规和害怕跑快了跳不起来。

纠正方法：助跑要果断，建立用速度去争取远度的意识，消除害怕心理；保持跑的直线性和动作结构，加快上板前几步的步频；踏上第二标志后积极进攻性地加速。

3. 起跳制动过大

产生原因：最后一步起跳腿上板不积极，身体重心落后，过分前伸小腿致最后一步过大；盲目追求腾空高度。

纠正方法：注意加快起跳腿上板时的速度，在快速跑进中自然地完成起跳；提高助跑身体重心，用"扒"地式踏板起跳；在斜坡跑道上做下坡跑起跳。

4. 起跳后身体前倾，失去平衡

产生原因：起跳时身体前倾；急于做落地动作。

纠正方法：反复进行起跳腾空步的练习；加大空中动作幅度以加长旋转半径；注意起跳时头和上体的姿势。

5. 挺身式跳远中以挺腹代替挺胸展髋

产生原因：起跳不充分，起跳后摆动腿膝关节紧张，摆动腿下放过晚，未向身体垂直面之后摆动；头和上体后仰。

纠正方法：起跳要充分，上体肩要顶住保持正直；腾空后，摆动腿膝关节放松积极圆滑地下放和后摆。

6. 走步式跳远中，换步动作的幅度小

产生原因：换步时两大腿摆动不够，只倒小步；上下肢配合不协调。

纠正方法：强调以髋发力，大腿带小腿运动；重点放在下肢的换步动作上，在此基础上强调上肢动作。

7. 跳远落地小腿前伸不够

产生原因：上体过分前倾；腰腹力量和下肢柔韧性差。

纠正方法：做立定跳远，要求落地前大腿抬起小腿尽量前伸，落地后积极做屈膝缓冲；加强腰腹力量和下肢柔韧性的练习。

三、撑竿跳高项目的训练方法

（一）持竿助跑技术

持竿助跑技术是撑竿跳高教学的第一步，主要通过以下两种教学方法来达到提高技术能力的目的：

1. 持竿跑

持竿小步跑，持竿高抬腿跑，持竿后踢腿跑，持竿前蹬跑，持竿后踏跑，持竿车轮跑、持左右降竿跑。

2. 持竿节奏跑

（1）安置标记的节奏跑。在了解学生的基本情况的同时，对助跑距离、步数、标记间距预先设定好，使其形成固定的助跑节奏。通过反复的练习，使学生熟悉特定的节奏，并巩固其节奏。

（2）持竿变速跑。持竿进行中距离的变速跑，然后再持竿放松慢跑，反复练习几组。

（3）持加重撑竿助跑。这一方法主要为了提高学生的手臂力量和持竿跑动的速度，在竿子前端固定 1 ~ 2 千克重物做持竿跑。

（二）插竿起跳技术

插竿起跳技术是教学的第二步，也是掌握撑竿跳高技术的关键，是提高撑竿跳技术的基础。通常采用以下方法学习插竿起跳技术：

第一，单臂插竿起跳。

第二，持竿上步起跳和竿上悬垂。

第三，原地和走动中做插竿的模仿。

第四，局抬腿跑插竿起跳和竿上悬垂。

第五，原地与走动中做送竿动作；送竿动作路线的模仿。

第六，持铁竿举竿踏上跳箱盖起跳。手持重 5 ~ 15 千克的铁竿，助跑 4 步后举竿踏上 40 厘米高的跳箱盖。要求挺胸，上手伸直，蹬直起跳腿，呈起跳姿势。

（三）悬垂摆体与伸展技术

悬垂摆体与伸展技术是撑竿跳高技术教学的第三步，主要通过以下方法进行技术训练：

第一，进行 4 ~ 6 步助跑起跳悬垂。

第二，利用单杠做悬垂后仰举腿。

第三，利用高架做悬垂后仰举腿。

第四，原地起跳握住吊绳做悬垂后仰举腿。

第五，撑竿跳高场地上做短程助跑悬垂后仰举腿。

第六，持竿短程助跑将竿插入沙坑做悬垂后仰举腿。

第七，2 ~ 4 步助跑起跳握住插在沙坑内的撑竿做悬垂后仰举腿。

第八，吊橡皮绳弹伸。双手握绳倒屈体，借重力下压，拉长橡皮绳，然后伸腿送髋利用回收力量向上。注意动作要和回收力量协调一致。

第九，吊橡皮绳摆体。双手握住吊橡皮绳，身体呈起跳悬垂姿势，然后进行积极的摆腿后翻动作，借助橡皮绳拉长回收的力量后伸双腿。注意摆体速度以及高抬髋部。

（四）引体、转体、推竿、过杆技术

引体、转体、推竿、过杆技术是撑竿跳高教学的第四步，主要通过以下方法达到教学目的：

第一，短程助跑撑竿跳远练习。

第二，斜支撑做转体、引体、推竿。

第三，利用高架做引体、转体、推竿。

第四，徒手或利用器械训练掌握转体、引体、推竿的模仿，分别体会动作要领。

第五，在沙坑边做上一步插竿起跳、摆体、转体、引体、推竿。

第六，吊绳回摆过杆。双手握住吊绳背对横杆架向前积极助跑，当助跑结束时起跳悬垂挂绳上，然后利用回摆速度迅速摆体转体引体越过横杆。

第七，双杠过杆。双杠略高于肩，站立于杠内，双手紧握杠端，迅速做后翻摆体举腿，在双杠上成倒悬垂后积极转体引体推手过杆。

第八，踢高横杆。把横杆升到高于本人最高成绩 50 厘米以上，在完整技术跳跃中，着重体会后翻及沿撑竿方向伸展。腿在转体、引体时充分向上积极触横杆。

四、三级跳远项目的训练方法

（一）助跑与单足跳技术

第一，单足多级跳动作的练习。

第二，2～4～6 步助跑起跳，起跳脚着地。

第三，通过短程助跑做单足跳动作，然后跳入沙坑。

第四，短程助跑起跳腾空换步后高举大腿，然后大腿下压，积极"扒地"完成"跨步跳"的起跳动作；摆动腿高举大腿，跨上适当高度的垫子。

（二）第二跳与第三跳相结合技术

在三级跳远技术中，第二跳应以保持水平速度为主。一般采用各种距离的跨步跳练习，4～6 步助跑起跳跨进沙坑练习，4～6 步助跑单足跳、跨步跳练习，短程助跑起跳单足跳—跨步跳练习，短程助跑三级跳远练习，中程助跑三级跳远练习，完整技术练习。

第一，2～4 步助跑做单足跳接连续两次跨步跳的动作。

第二，短程助跑完成第二跳接第三跳的练习。

第五章　高校田径运动投掷类项目的训练

第一节　田径运动投掷类项目的技术要点

一、掷标枪项目的技术要点

（一）握枪和持枪技术

1. 握枪技术

掷标枪的握枪方法主要分为现代式握法和普通式握法两种，无论采用什么方式握枪，都应保持手腕放松自如，以便于完成最后出手的鞭打动作，使标枪出手时能沿纵轴旋转、在空中稳定滑翔。握枪方法具体如下：

现代式握法：将标枪斜握在掌心，拇指与中指握住标枪绳把末端第一圈上端，食指自然地贴于标枪上，无名指与小指自然握住绳把。

普通式握法：用拇指和食指捏住标枪绳把末端的第一圈，其余三个手指握住绳把。

2. 持枪技术

正确的持枪技术应符合三点要求，即有利于持枪助跑发挥速度、有利于引枪并控制标枪的位置和角度、有利于保持肩部放松和持枪臂的放松。高校掷标枪运动项目中运动员持枪的方式有很多种，下面重点介绍肩上持枪和腰间持枪法。

肩上持枪：把标枪举在肩上，标枪的尖部略低于尾部，整个标枪稍高于头部，以弯曲的投掷臂和手腕控制标枪，这种持枪方式手腕较放松，便于引枪。另外，还可以把标枪放在肩上耳际部位，使枪身和地面保持平行，投掷臂保持紧张，这种持枪方式大小臂弯曲较大，容易控制标枪的稳定性。

腰间持枪：把标枪置于腰侧，助跑时枪尖在后，枪尾在前，枪尖对准投掷方向，持枪助跑仍像平跑时那样前后摆臂，引枪动作在身体进入投掷步后即刻进行。这种持枪方式助跑时肩、臂动作自然放松，便于发挥速度，但需要翻手腕将枪尖对准前方，难度较大。

（二）助跑技术

掷标枪运动助跑的目的是使标枪获得预先速度，并控制好标枪的位置，为引枪和超越器械创造条件。在高校掷标枪运动中，通常将助跑分为两个阶段和部分进行，第一段是预跑（持枪跑），第二段是投掷步，具体如下：

1. 预跑

掷标枪的助跑一般为 25 ~ 35 米。从第一标志到第二标志以 15 ~ 20 米距离作为预跑阶段，通常跑 8 ~ 14 步。预跑过程中，运动员应以投掷臂持枪，上体稍前倾，用前脚掌着地，高抬大腿用力蹬伸，要求跑动动作轻快而富有弹性，且助跑节奏性强；跑动过程中，头部自然抬起，持枪臂和另一臂要与两腿动作协调配合，双眼平视前方。

掷标枪运动中预跑段的助跑应是逐渐加速的，运动员的助跑步长应保持稳定。实验表明，掷标枪助跑时的速度，相当于运动员本人最高跑速的 60% ~ 85% 时即为适宜的助跑速度。但在具体的运动实践中，助跑速度应以学生对技术掌握的熟练程度而定。对于初学掷标枪的学生而言，控制预跑段的助跑速度非常重要，随着技术熟练程度的提高，可逐步提高助跑速度。

2. 投掷步

掷标枪的投掷步不同于普通跑步，投掷步的整个动作中包含着一个特殊的交叉步，因此，掷标枪运动的投掷步阶段也称交叉步阶段。在掷标枪运动实践中，运动员的投掷步是指从第二标志线开始到投掷弧这一段距离内的助跑，即运动员从预跑加速后过渡到最后用力直至标枪出手的动作阶段。投掷步通常跑 4 ~ 6 步，男子需 9 ~ 15 米，女子 8 ~ 13 米，主要任务是通过特殊助跑技术，加快下肢动作，使运动员在快速跑向前运动中完成引枪动作，并通过投掷步使身体超越器械，为最后用力和标枪出手创造条件。投掷步有跳跃式投掷步、跑步式投掷步和混合式投掷步三种形式。

跳跃式投掷步：像弹跳步，腾空时间较长，两腿蹬伸的力量大，有利于引枪动作和超越器械的完成，动作轻快自如。应用该投掷步时应避免跳得过高，造成重心起伏过大，影响动作的直线性和连贯性。

跑步式投掷步：近似平常跑步，向前速度较快，身体向前平直，但不利于形成身体的超越器械。

混合式投掷步：前两步采用跑步形式，以最大限度地发挥速度；第三步（也就是交叉步）采用跳跃形式，以最大限度地超越器械。

（三）最后用力技术

"在掷标枪技术中，最后用力技术起着至关重要的作用，直接关系着动作完成的质量和运动成绩。"[①]掷标枪的最后用力一般在投掷步的第三步右脚落地后开始，最后发力时，人体各环节形成一个完整的运动链，参与用力各环节肌肉群自下而上按照严格的顺序依次用力传递动量。先以髋部顺向前惯性继续运动，身体继续向前运动，随后在身体重心越过右脚支撑点上方时（左脚还未着地），右腿积极用力蹬地。当左脚着地时左腿做出有力的制动动作，加快上体向前的运动速度。右腿继续蹬地，推动右髋加速向投掷方向运动，使髋轴超过肩轴，并带动肩轴向投掷方向转动。肩轴向投掷方向转动，同时投掷臂快速跑向上翻转，转体，面对投掷方向，形成"满弓"姿势，此时投掷臂处于身后，与肩同高，与躯干几乎成直角，标枪处在肩上后方，掌心向上，枪尖向前。然后，胸部继续向前，将投掷臂最大限度地留在身后，右肩部的肌肉最大限度地伸展。受向前的惯性作用的影响，左腿被迫屈膝，但随即做迅速有力的充分蹬伸，同时以胸部和右肩带动投掷臂向前做爆发性"鞭打"动作，并使用力的方向通过标枪纵轴。

（四）投掷后维持身体平衡技术

标枪出手后维持身体平衡可以有效防止运动员的身体越过投掷弧而造成犯规。具体的操作方法为，运动员在标枪出手的即刻，右腿及时向前跨出一大步，降低身体重心，以保持平衡。为了保证最后用力，运动员最后一步左脚落地点至投掷弧的距离应以 1.5 ~ 2 米为宜。

二、推铅球项目的技术要点

（一）握球与持球技术

以右手持握铅球为例，握球时，五指自然分开弯曲，手腕背屈；将铅球放在食指、中指和无名指的指根处，拇指和小指自然地扶在球的两侧。用手轻托球，将球放在握球手同侧的锁骨窝处，贴近颈部，手腕外转，掌心向外，放松手臂肌肉。

（二）预备姿势技术

预备姿势应和推铅球的具体技术特点及运动员习惯相适应，推铅球的技术主要有侧向滑步投、背向滑步投和旋转投三种不同的方式，下面重点介绍背向滑步投铅球技术的预备

---

① 向武军. 掷标枪超越器械和支撑用力技术的教学 [J]. 灌篮，2021（8）：68.

姿势。根据身体重心的高低，可以将背向滑步投铅球分为以下两种具体姿势：

第一，高姿势。运动员右手持握铅球，背对投掷方向，右脚尖贴近圆圈，脚跟正对投掷方向，重心在右脚上。左脚在后，并以脚尖或前脚掌着地，距右脚 20～30 厘米。上体正直放松，左臂自然上举或前伸，目视前下方 3～5 米处。该姿势比较自然放松，运动员能协调地进行滑步动作，有利于提高速度。

第二，低姿势。运动员右手持握铅球，背对投掷方向，两脚前后开立 50～60 厘米，右脚跟正对投掷方向，左脚以脚尖或前脚掌着地，左臂自然下垂或前伸，两腿自然弯曲，上体前俯，重心落在右腿上。目视前下方 2～3 米处。该姿势重心较低，运动员容易维持身体平衡。

（三）团身动作技术

运动员在做团身动作时，应先使上体前俯，左臂随上体前俯逐步下垂，同时左腿向后上方摆起，摆到左腿大致与身体形成一条直线的合适高度后，然后顺势屈右膝、收左腿、身体重心平稳下降呈团身姿势。

推铅球运动中，运动员完整的团身动作技术为：右脚背对投掷方向；身体重心在右脚前脚掌上（右脚跟提起或不提起）；根据个人腿部力量右膝弯曲到适当角度（约100°）；右膝前缘超过右脚尖；左腿在右腿之后，左膝靠近右小腿；左脚尖离地或轻轻触地；从身体侧面看，肩横轴和髋横轴的连线与地面平行或构成一定的角度；背部肌肉保持适当拉长和放松；左臂自然下垂或向投掷反方向伸出；右臂动作不变；目视前下方。

（四）滑步技术

在推铅球运动中，使用滑步技术的目的是使运动员的身体和铅球获得一定的预先过渡，并为最后用力创造条件，良好的滑步技术可使运动员投掷铅球的距离增加 2.5～5 米。以运动员右手持握铅球，背向滑步为例，具体动作技术如下：

运动员进行滑步前可做 1～2 次预摆。摆动腿向后上方摆出，上体自然前俯，左臂自然伸于胸前。随后，左腿回收的同时右腿弯曲，当左腿回收到接近右腿时，身体重心略向后移，紧接着左腿向投掷方向拉出，右腿用力蹬伸，当脚跟离地面后，迅速拉收小腿，右脚向内转扣，以前脚掌着地，落在圆圈中心附近与投掷方向约呈 130° 角。这时左脚积极下落，以前脚掌内侧迅速地落在直径线左侧靠近抵制板处。注意尽量缩短两脚落地的时间，便于使整个滑步动作连贯，并能迅速过渡到最后用力的技术阶段。

（五）最后用力技术

投掷方法不同，运动员最后用力和投掷后维持身体平衡的方法也不同，这里仍以背向滑步投铅球为例，最后用力技术具体如下：

运动员的最后用力是在左脚积极着地的一刹那开始的。在滑步拉收右腿的过程中，右膝和右脚就向投掷方向转动，右脚着地后继续不停地蹬转，并推动右髋向投掷方向转动。上体随之逐渐向上抬起。在右髋的不断前送中迅速向左转体，挺胸抬头，左臂摆至身体左侧制动，两脚积极蹬伸，同时右臂将铅球积极推出，在铅球快离手时，手腕和手指迅速向外拨球。投球的角度以 38° ～ 42° 为宜。

（六）投掷后维持身体平衡技术

运动员投掷铅球后，身体向前的惯性易造成身体失去平衡，整个身体仍会继续向投掷方向跟进。运动员应在球离手的瞬间，迅速将右腿换到前面，屈膝降低重心，避免出圈而犯规或跌倒，以维持身体平衡。

三、掷链球项目的技术要点

（一）握球和持球技术

以向左侧投掷为例，投掷者以扣锁式握柄双手持链球，扣锁式握柄是将链球的把柄放在左手食指、中指和无名指中段指节和小指末节，手指关节弯曲成钩形，勾握把柄。掌骨关节相对伸直，右手指扣握在左手指的指根部，右手的拇指扣握左手的食指，左手的拇指扣握右手的拇指，双手的拇指相互交叉相握。

在教学实践中，学生可通过将把柄置于左手指骨末节和指骨中段之间，然后右手同样扣握在左手上的握持方法握持链球，这样可以取得较大的旋转半径。值得提出的是，由于掷链球的比赛规则规定，运动员在掷链球时，左手可戴光滑皮质保护手套，但指尖必须外露，教师在教学中应该严格要求学生，使学生在一开始就形成正确的动力定型。

（二）预备姿势技术

背对投掷方向，两脚开立，脚间距与肩同宽或略宽于肩，站立在投掷圈的后沿，具体以适合投掷者的预摆和开始旋转为度。站好后，投掷者先以左脚靠近投掷圈中心线，右脚稍远，以便有充分余地完成四圈旋转。随后，两膝关节微屈，上体前倾右转，体重移至右腿，将链球放在圈内身体的右后方，两臂伸直。

为了使动作更加自然和放松，学生可以将链球稍稍提离地面，将链球由体前摆至右后方，然后直接进入预摆动作。

（三）预摆技术

预摆是从预备姿势开始后即刻进行的。进入预摆阶段后，掷球者双手持握链球，使链球沿有高低点的特定轨迹绕身体做圆周运动，预摆过程中，注意预摆的速度要与身体的平衡相适应，靠两腿和髋的移动补偿调整身体平衡。在高校链球运动实践中，大多数运动员都采用两周预摆。这种两周预摆的方式中，链球始终呈匀加速运动，但第二周的预摆要比第一周的预摆速度稍快些，幅度稍大些。采用两周预摆时，每周链球运行距离为 5 ~ 6 米，速度为 12 ~ 15 米 / 秒。

第一周预摆：预摆动作从掷球者的两腿蹬伸、上体直立向左转拉伸两臂开始，链球的运行轨迹为从掷球者身体的右后方沿向前—向左—向上的弧线。随链球的向前移动，掷球者的身体重心应逐渐从右腿移向左腿。当链球摆至体前、肩轴与髋轴相平行时，充分伸直双臂，随后链球向左上方运动。当链球摆到左侧高点时屈两肘，两手应位于额前上方。当链球通过预摆斜面高点后，两臂应逐渐伸直，掷球者的身体重心应逐渐随之移向右腿，同时左膝稍屈，使肩轴向右自然扭转 70° ~ 90°。此时链球由上经身体右侧向下摆至低点，然后紧接开始第二周的预摆动作。

第二周预摆：预摆动作从前一周中链球摆至最低点时开始，在第二周的预摆中，与第一周相比，链球的第二周预摆运行斜面的角度较小，速度较快，幅度和拉力较大，其他基本同第一周预摆。

（四）旋转技术

旋转是掷链球运动项目的关键环节，旋转的目的在于使链球获得较大的运行初速度，为链球离手后的空中飞行积累动量，同时还可以形成掷球者身体良好的超越器械动作，为最后用力创造有利条件。

随着掷链球旋转技术的不断发展，目前，一些较为优秀的链球运动员多采用旋转三圈或四圈的技术方法，该技术方法有利于身体形成充分的超越器械和最后用力的发挥。

第一圈旋转：旋转开始后，充分伸展双臂，将链球沿水平弧线大幅度地摆向身体的左侧前方，左膝弯曲，挺髋，以保证旋转轴的稳定。身体继续随球摆动，躯干与双脚向左转90°，同时身体重心左移，右脚迅速蹬离地面，进入单脚支撑。随着之前旋转动作的惯性，右大腿快速抬起靠近左腿，链球沿弧线升高，当接近高点时开始转体，通过高点沿弧线下滑时，左脚掌随惯性转动，左膝弯曲下压，右脚在充分超越链球的情况下快速落地，髋轴和肩轴交叉形成身体扭紧姿势，完成第一圈的旋转。

第二圈旋转：第二圈旋转在第一圈旋转中的右脚落地后即开始，掷球者随链球的下行，将肩轴左转，右脚掌做补偿转动。身体施力于链球，使链球加速。当肩轴与髋轴处于平行位置时，身体重心落在两腿之间，链球达到体前低点。与此同时，两脚开始转动，左脚向左转动约90°，右脚向左转约60°，躯干左转约90°，左转过程中稍后倒，以对抗离心力并维持身体平衡。随着身体重心的左移，右腿快速抬起，进入单支撑，随后迅速转换为双支撑，完成第二圈的旋转。

第三圈（第四圈）旋转：由于，第三圈（四圈旋转技术的第四圈）旋转时，投掷者受链球旋转速度不断增加的影响，须克服逐渐增大的离心力，因此，投掷者的身体随着旋转的进行应加大后倒程度。同时，链球运行的斜面也接近于出手角，从而为顺利完成最后用力动作做好准备。

需要提示的是，由于第二圈旋转速度明显加快，采用四圈旋转技术的运动员，从第二圈开始要以左脚跟进入转动，第三圈延续第二圈的技术动作，速度应比第二圈的速度再快些。

（五）最后用力技术

最后用力是在掷球者的第三圈（第四圈）旋转结束、右脚落地开始的。投掷者在最后一圈的旋转中，右脚落地的瞬间，下肢应充分形成超越上体和链球的状态，髋轴与肩轴达到最大扭转程度，充分伸展双臂，使链球处在远离身体的右后上方，同时双膝弯曲，身体重心偏左。随链球的下行，将身体重心右移，使链球至身体的右前侧，身体重心再随之移至双腿。当链球至身体右前方时，弯曲的双膝开始用力蹬伸，将身体重心左移并升高，使链球沿身体右侧弧线上升。此时左腿做强有力的支撑，右脚左转蹬送，右髋左转，躯干挺伸，左肩左转，头自然后仰，使链球快速运行上升，当链球升至左肩高度时，两手用力挥动将链球顺运行的切线方向和理想的角度掷出。

（六）投掷后维持身体平衡技术

运动员投掷链球后，惯性的作用易造成身体失去平衡，整个身体仍会继续向投掷方向跟进。为了保持身体的平稳和防止犯规，掷球者在链球出手后要转体换腿，同时降低身体重心。

四、掷铁饼项目的技术要点

掷铁饼技术包括握法、预备姿势与预摆、旋转、最后用力和维持身体平衡等环节。

（一）握法技术

大拇指和手掌自然握住铁饼，其余四指的末节拿住边沿。略微弯曲手腕。握紧后在体侧自然下垂投掷臂。记住握铁饼力度要适宜。

（二）预备姿势与预摆技术

预备时要背对投掷方向，岔开双脚与肩同宽，站投掷圈后，左脚尖略离开铁圈，持饼臂自然下垂。预摆动作以旋转及使肌肉以最佳状态活动为目的。有左向上右向后的预摆及体前左右预摆两种，其最后是"制动"动作，制动点即旋转的开始点。

第一，左向上右向后的预摆。持饼臂先在体侧自然摇动，重心也随之左右摆动。重心在将铁饼摆至背后时移到右腿，紧接着用力蹬右腿重心左移。投掷臂摆向左上方至左前额处，略弯右臂。然后左手托饼，完全将重心移至左腿，上体也左转。向右后摆动投掷臂，重心移回右腿，上体随之右转，弯左臂放胸前，略弯右腿头全程随上体转，平视前方。当后摆到与右肩同高时即制动点。此方式简单易懂，受初学者青睐。

第二，体前左右预摆。此方式动作自然，幅度大，但有铁饼易滑落的风险。多受优秀运动员青睐。预备姿势到位后，先在体侧自然摆动，摆至身后时，重心靠向右腿。持饼臂随左转躯干在体前左摆，摆至体前上翻手掌，前倾右肩，重心靠向左腿。在体前后摆持饼臂，持饼手掌心朝下，重心靠回右腿。上体也随摆臂左右扭转，特别是右摆铁饼时要扭紧。

这两种方式都要适当降低并左右移动重心，同时还要注意三点：（1）放松持饼臂肩部，要大幅度做动作，靠扭转躯干及两腿蹬地来带动投掷臂摆动；（2）预摆动作节奏感要强，预摆速度要配合旋转；（3）预摆结束"制动"的同时扭紧肩、髋轴，尽可能地伸长右臂，尽力将铁饼的运动路线加长。

（三）旋转技术

以左脚为轴心蹬右腿，略微降重心并移向左腿，左侧的肩膀、膝盖转向投掷方向，屈左膝的同时转左腿，并左转身体。注意要略微收腹且适当前倾身体。转左肩移到左腿支撑点垂直线上的同时，屈左膝移向投掷方向，并带动身体左转，变成以左半身为轴的旋转姿势。此时右腿稍内扣，弯成弧线绕过左腿旋转。右腿贴地面向前迈步，变成以左半身为轴的大扇面旋转。左脚在重心通过左腿时蹬地，同时身体移向投掷圈圆心。右肩和投掷臂在旋转时被自然地放在身后，同时拉长了右半身的肌肉，变成身体超越器械。完成旋转动作后，右脚前脚掌落在圆心附近，形成极短、以右脚为轴的单腿支撑。身体继续以右脚为轴旋转，左脚内侧着地支撑，然后最后用力。

（四）最后用力技术

完成旋转后，要为最后用力做一个正确姿势，就需要右脚落地后继续转动，左脚一着地做好左脚支撑然后衔接最后用力。转右脚的同时蹬向投掷方向，并带动投掷臂大弧度运动。用左腿支撑，以左侧为轴转动，变成以胸带臂的甩臂动作。同时向上蹬左腿，保持左肩，用左侧支撑，协调配合上下肢、左右侧，将力量集中于铁饼，增加速度、工作距离等，且置高身体。最后用力是掷铁饼的决定性因素之一，其余四个为工作距离要长，出手角度要适合，用力速度要快，要有作用于铁饼的力量。

（五）维持身体平衡技术

右手小指到食指依次拨铁饼掷出，使铁饼沿顺时针转动飞出，并维持身体平衡。

第二节　田径运动投掷类项目的训练方法

一、掷标枪项目的训练方法

（一）持握标枪技术

1. 握持标枪方法

教师以讲解、示范为主，使学生明确不同标枪握持方法的要领、优劣利弊。并通过学生的实际练习，纠正其错误动作，帮助学生掌握正确的标枪握持方法。

在教学中，教师应将学生学习与掌握正确的最后用力技术作为教学重点，在学生学习掷标枪运动的初始阶段，应加强实践练习，以使其熟练掌握标枪的握持方法，并形成正确的动力定型。

2. 原地插枪技术

通过以下两种方法学习原地插枪技术：

（1）原地正面插枪练习。正对投掷方向，两脚前后站立，左脚在前，右脚在后，脚间距与肩同宽；右手持枪于肩上，身体重心略后移至微屈的右腿上，枪尖低于枪尾，指向前下方几米处；插枪时，持枪臂略后上引，右腿蹬伸，以带肩带臂，沿枪纵轴快速鞭打，向前下方插枪。教师在教学中应重点强调肩带和投掷臂的鞭打动作，重视对学生沿标枪纵轴用力能力的培养。

（2）原地侧面插枪练习。侧对投掷方向，两脚左右开立，脚间距略比肩宽，两脚尖和髋部朝向右前方，右膝弯曲，重心落于右腿，右手持枪，投掷臂向后伸开，左臂自然抬起，左肩内扣，头部略左转，目视投掷方向，枪尖位于右眉梢处，略低于枪尾；插枪时，右腿积极蹬转，并带动身体向前通过挺胸、转肩，带动投掷臂鞭打用力，将枪插向前下方。教师在教学中应重点强调侧向插枪比正面插枪肌体参与的肌群更多，动作幅度和力量更大，插枪距离更远。

（二）最后用力技术

在高校掷标枪运动项目教学中，最后用力技术教学可以按照原地掷标枪—上一步掷标枪—上两步掷标枪的学习顺序进行。

1.原地掷标枪技术

侧对投掷方向，两腿开立，右腿弯曲，身体重心落右腿上，身体略后倾，右手握枪，投掷臂向后放松伸直与肩轴基本一致，枪尖在右眉处，枪尖仰起，左臂自然抬起。投掷标枪时，右腿提踵、压膝快速蹬转，以推动髋和上体向投掷方向转动，左腿积极支撑用力配合身体运动，随后挺胸、转肩、带动投掷臂快速鞭打，将标枪沿纵轴向前上方投出。

原地掷标枪的动作结构最接近掷标枪运动的最后用力动作结构，原地掷标枪是学习和掌握最后用力技术的重要练习方法之一，也是掷标枪运动教学的重点。学生在练习时要突出身体右侧的用力方式，尤其是右腿的提踵压膝与蹬转送髋、转肩翻肘的鞭打动作，以及左侧的支撑用力配合。练习过程中注意保持动作的连贯。

2.上一步掷标枪技术

侧对投掷方向，两脚前后站立，右腿在前，左脚在后，屈膝支撑身体，右手持枪，脚尖点地于右脚跟处，左臂屈肘抬起，左肩内扣，头略转向投掷方向，上体略后倾。投掷标枪时，右腿蹬转送髋，左腿积极前伸迈出配合身体运动，脚跟着地滚动支撑，不停顿地完成后续的用力掷枪动作，出枪瞬间左腿应积极用力伸。

教师在教学中重点强调右侧正确发力的同时，左腿应积极着地制动和蹬伸用力，使学生体会动作的协调配合。

3.上两步掷标枪技术

上两步掷标枪技术学习是建立在上一步投枪练习的基础之上的，开始姿势与原地掷标枪动作基本相同，投掷标枪前，上体和投掷臂姿势保持不变，右腿向前迈出一步，带动身体前移，以右脚跟外侧首先着地，屈膝支撑向前滚动，左脚离地向前跟进到右脚跟处时，继续完成上一步投枪动作，并做好投掷后的维持身体平衡。

（三）投掷步掷标枪技术

在高校掷标枪运动项目教学中，投掷步掷标枪技术教学可以按照交叉步掷标枪—引枪—引枪接交叉步—投掷步掷标枪的学习顺序进行。

1.交叉步掷标枪技术

侧对投掷方向站立，开始姿势与原地掷标枪动作基本相同，随后，右腿向后蹬离地面，以大腿带动小腿屈膝向左腿前方摆动，身体向前移过左脚，左腿积极用力后蹬离地，使身体在空中形成两腿交叉状态。身体向前运动的同时，右脚跟外侧首先落地，顺势滚动，右腿屈膝缓冲支撑，当身体重心移过支点的瞬间，左脚积极前伸，即开始完成后续最后用力动作。

由于交叉步投掷练习是在动态中学习掌握和改进提高最后用力技术的重要练习方式之一，教师在教学中，应重点强调学生两腿摆、蹬、落、撑的动作协调与配合，对于刚刚接触掷标枪运动的初学者，教师可通过徒手或持其他器械等方式帮助学生进行诱导性的辅助练习，以降低技术学习的难度，使学生尽快掌握正确的动作技术。

2.引枪技术

（1）原地引枪练习。两脚并拢站立，右手握枪，肩上持枪，右肩后撤，投掷臂顺势向后伸展引枪，左肩右扣，左臂协调抬起，枪尖上仰引置右眉处。教师应注意强调学生左右侧动作的协调连贯。

（2）走步中引枪练习。两脚前后站立，左脚在前，右脚在后，右手持枪在肩上；右腿前迈，撤肩引枪，左脚继续前迈着地，完成引枪动作。要求学生上下肢动作协调配合。

（3）慢跑中引枪练习。在走步完成引枪的基础上进行练习，加快双脚摆动速度，练习中注意引枪前左臂的自然摆动，持枪臂和标枪随跑动协调摆动，引枪动作尽量在两步中完成。

（4）快跑中引枪练习。在慢跑完成引枪的基础上进行练习，进一步加快跑动速度，增加动作幅度，持枪臂和标枪随跑动协调摆动，正确完成引枪动作。

3.引枪接交叉步技术

（1）走步中引枪接交叉步练习。面对投掷方向，两脚前后站立，左脚在前、右脚在后，肩上持枪；右脚前迈开始引枪，在两步内完成引枪动作后，左腿积极后蹬；同时右腿屈膝用力前摆，身体略有腾空向前，下肢超越上体完成交叉步，以右脚跟外侧着地向前滚动，屈膝支撑，左腿快速着地制动，身体后倾，保持投枪前姿势。

（2）跑步中引枪接交叉步练习。面对投掷方向，在走步中引枪的基础上，两腿积极快速地摆蹬，形成下肢超越上体、上体超越标枪的超越器械动作，在跑动中完成引枪接交叉步动作。练习中，教师应注意对学生控制标枪能力的培养。

4.投掷步掷标枪技术

（1）徒手引枪、交叉步接翻肩挥臂。要求学生在走步或跑步中徒手完成引枪和交叉步动作后，在左侧有力的支撑下，以正确的用力顺序，继续完成最后用力动作。在实际教学中，学生徒手模仿和持枪练习可交替反复进行，以加强学生的本体感觉，强化正确的技术动作。

（2）走步或跑步中完成投掷步掷标枪。要求学生在走步或跑步中完成投掷步掷标枪技术。在教学中，教师应重点强调交叉步与最后用力动作的紧密衔接，同时使学生明确持标枪的位置与投掷方向的调控。教学初期，减轻学生的心理紧张感，教师尽量不要过早地安排学生在正式标枪场地上练习。

（四）掷标枪完整技术

组织学生学习短助跑掷标枪技术和全程助跑掷标枪技术，使学生正确认识掷标枪的完整技术动作顺序和技术要点，逐步掌握、改善和提高掷标枪技术。

1.短助跑掷标枪技术

（1）肩上持枪助跑练习。自然站立，肩上持枪，枪尖略低于枪尾，向前跑动20～30米。要求跑动时速度适中，富有弹性；上体放松，投掷臂前臂和持枪手伴随跑的节奏微微摆动，非投掷臂于体侧自然摆动，目视前方。

（2）徒手模仿短助跑接投掷步掷枪。自然站立，肩上持枪，枪尖略低于枪尾，助跑4～6步，接投掷步掷标枪模仿动作练习。要求助跑速度适中，练习初期，注意控制跑动速度，重点练习正确的引枪及投掷动作。

（3）短助跑接投掷步投轻器械练习。站立及持枪姿势同徒手短助跑接投掷步掷枪，助跑4～6步，接投掷步投掷轻器械（如小垒球、小沙包等）。要求助跑速度适中，节奏由慢到快，重视交叉步与最后用力动作的衔接。

（4）短助跑接投掷步掷标枪练习。在短助跑接投掷步投轻器械练习的基础上，进行掷标枪的练习。练习中注意控制助跑速度，以便为投掷步和最后用力创造有利条件。动作熟练后，可逐步提高助跑速度。

2.全程助跑掷标枪技术

（1）8～10步助跑接投掷步掷标枪模仿练习。练习过程中，确定助跑步点，重视下肢动作的配合和整个技术动作的连贯。

（2）8～10步助跑接投掷步投轻器械练习。在练习（1）的基础上，加强上下肢、左右侧的动作配合，更加连贯、快速、有力地完整掷标枪技术。

（3）8～10步助跑接投掷步掷标枪练习。在练习（2）的基础上，更加强调完整技术的连贯性，注重对助跑速度与节奏的把握，重点体会在助跑中人与标枪之间的关系，做好引枪、超越器械及最后用力掷枪环节动作，确保各技术阶段动作的正确完成。

二、推铅球项目的训练方法

"铅球运动是一项有着几百年历程的古老的运动项目，伴随着铅球技术的快速发展，铅球这项运动的魅力逐渐呈现出来，作为一项关键性的铅球运动技术手段，旋转推铅球技术成为现阶段被广泛应用的一种铅球训练手段，在国内外的普及状况良好。"[1]在课堂教学开始部分，教师应充分利用教学条件，通过讲解、示范、观看技术图片、录像等教法手段，帮助学生建立正确完整的推铅球技术概念，使学生对推铅球运动有一定的了解与认识。

（一）握持铅球技术

第一，握球教学。使学生明确正确的握球手形，将握球手的手指自然分开，把球放在食指、中指和无名指的指根上，大拇指和小指支撑球的两侧，掌心不触球。

第二，持球教学。使学生明确正确的持球位置和姿势，将球握好后，放在与持球手同侧锁骨窝处，头部稍右靠，用颈部和下颚贴紧铅球，右手顶球，肘部稍外展。

（二）最后用力技术

在高校推铅球运动教学中，学生推铅球的最后用力技术接近于原地推动作，可以按照正面原地推—侧向原地推—背向原地推的学习顺序进行教学。

---

① 王鹏．旋转推铅球技术普及情况［J］．当代体育科技，2020，10（12）：29.

1. 正面原地推铅球技术

（1）两脚平行开立，脚间距稍宽于肩，两膝微屈，右手持球于肩上，左臂自然上举；右腿蹬地、伸髋，左腿积极支撑，利用躯干和手臂的力量将球向前推出。学生在完成该练习后可将上体向右扭转，左臂和左肩稍内扣，形成肩髋扭紧的超越器械姿势。

（2）两脚前后开立，脚间距稍比肩宽，左脚在前，脚尖稍内扣，右脚在后，脚尖向前；右手持球贴于颈部，左臂斜上举，重心放在弯曲的右腿上使身体呈"反弓"状；右腿蹬地用力，将身体重心推移至左腿，躯干、上肢，依次完成用力动作。学生完成该练习后可将上体向右扭转，左臂和左肩稍内扣，形成肩髋扭紧超越器械的姿势。

2. 侧向原地推铅球技术

（1）站位。两脚左右开立，以左侧对着投掷方向，右脚与投掷方向约成90°，左脚与投掷方向约成45°，站距约一肩半；左脚尖与右脚跟几乎在一条直线上，身体向右倾斜，左脚前脚掌内侧着地；右腿弯曲，支撑身体。

（2）用力动作顺序。按规范的站位站好后，将重心放于弯曲的右腿上；右腿的足前掌内侧蹬地，重心前移并转髋；重心接近左腿时迅速转髋带动转体，挺胸，顶肩，推臂，将球推拨出手。

3. 背向原地推铅球技术

两脚左右成"外八字"开立，在侧向推铅球的基础上加大躯干向右转的幅度，推球前上体背对投掷方向，使左脚尖、右脚弓、投掷方向成一条直线，下颚、右膝、右脚趾成一条垂线，肩髋保持扭紧状态。背向原地推铅球的用力顺序与侧向原地推铅球相同。

（三）背向滑步技术

在高校推铅球运动项目教学中，背向滑步技术教学可以按照徒手背向滑步—持器材背向滑步—持铅球背向滑步的学习顺序进行。

1. 徒手背向滑步技术

（1）预摆团身。持球站稳后，上体前倾，右腿几乎伸直，重心落在右腿上，左腿向后上方抬起，左臂自然下垂；等身体平稳后，左腿回收靠近弯曲右腿，形成团身姿势。学生在学习预摆团身动作时应保持动作连贯协调。

（2）徒手背向滑步。徒手背向滑步技术的学习可以分解为三个技术动作：①左腿摆动。学生成团身姿势后，臀部稍后移，左腿以大腿带动小腿向身体后下方摆出，带动身体向投掷方向移动，重心落在两腿之间，上体仍保持团身姿势不变。②右腿拉收。学生上体适度前倾，身体重心放在两腿之间，右腿积极蹬伸，并及时拉收、内旋，随后重心落于右腿上，整个身体形成最后用力前的良好姿势。③摆蹬收配合。学生团身动作结束后，臀部后移，左腿及时后摆，随后以蹬伸右腿、回收右小腿等一系列活动完成滑步练习滑步动作结束后，左脚迅速有力撑地，完成滑步向最后用力的转换。

2.持器材背向滑步技术

持胶球、小实心球等较轻重量的辅助器材进行背向滑步技术练习，学习初期，滑步距离可短一些，动作要轻快。

3.持铅球背向滑步技术

持铅球进行背向滑步技术练习。学生在练习中要明确技术要领，强调两腿摆蹬动作的协调配合，以及左腿的摆动牵引方向。

（四）完整推铅球技术

第一，要求学生徒手模仿背向滑步推铅球完整技术，培养学生完成动作的加速节奏感。

第二，组织学生进行背向滑步推实心球或轻铅球练习，练习中注意学习和掌握两腿交换维持身体平衡动作。

第三，组织学生进行圈外的背向滑步推轻铅球或标准铅球练习，练习中重视滑步与最后用力的衔接。

三、掷链球项目的训练方法

在课堂教学的开始，教师应充分利用教学条件，通过讲解、示范、观看掷链球的技术录像、电影、图片及教师的示范，或观看优秀运动员的训练，结合直观实例讲解掷链球的技术，帮助学生建立正确完整的技术概念，同时使学生对掷链球运动有基本的了解和认识。

（一）握法与预摆技术

通过组织学生反复练习持握和进行各种形式的预摆动作使学生掌握、改善和提高掷链球的握法与预摆技术。

第一，徒手模仿和持器械体会正确的握链球手形和动作用力。

第二，双手持木棒进行原地或行进间预摆练习。

第三，双手握链球进行原地或行进间预摆练习。

第四，双手握链球做下蹲站起的预摆练习。

第五，进行多球的（用至少两个链球）预摆练习。

第六，进行左右单臂握球预摆轻球和标准球练习。

第七，进行两脚开立，与肩同宽，左右前后移动髋部的预摆练习。

第八，进行两脚开立，与肩同宽，结合双臂在肩上和头上绕躯干摆动的移动髋部的预摆练习。

（二）掷链球技术

在高校掷链球运动项目教学中，教师可先通过讲解、示范等教学方法组织学生进行原地掷链球技术的学习，待学生熟练掌握技术动作后逐渐过渡到旋转掷链球技术的学习。

1. 原地掷链球技术

（1）用实心球、哑铃或木棒进行最后用力练习。

（2）原地投带球或网袋实心球，做 1 ~ 2 次预摆后将球抛出。

（3）原地投短链或轻链球，做 1 ~ 2 次预摆后将球掷出。

（4）徒手模仿最后用力练习：两脚开立，与肩同宽，两腿弯曲，身体重心右移，上体正直，肩轴右转，两臂伸直放在身体右侧。然后蹬伸两腿，升高身体重心，转髋、转肩，挺伸躯干，左腿支撑，右脚掌转动，以双臂上挥，顺弧线向左上方模拟抛掷用力动作。

2. 旋转掷链球技术

（1）徒手旋转一圈。两脚开立，同肩宽或稍宽于肩。两腿弯曲，双手平伸于体前，以左脚跟和右脚掌向左转动，左脚左转约90°，右脚左转约60°，躯干左转约90°。身体重心随左转由双脚移至左腿，进入单支撑，以右腿靠近左腿，左脚外侧支撑转动至左脚掌。然后以左脚掌支撑转体，右脚落地，完成一圈旋转。要求右脚落地后与左脚在一水平线上。

（2）徒手旋转两圈、三圈、四圈和多圈。动作方法同（1），要求旋转速度逐渐加快，注意旋转后的身体平衡。

（3）持木棒、带球、网袋球或短链球、轻链球进行旋转一圈、两圈、三圈、四圈和多圈的练习。

（4）持标准链球进行旋转练习。

（5）徒手旋转一圈后，做最后用力的练习。

（6）持木棒、带球、网袋球或短链球、轻链球，进行预摆1 ~ 2周，旋转一圈、两圈、三圈、四圈和多圈的投掷练习。

（7）持标准链球，进行预摆1 ~ 2周，旋转一圈、两圈、三圈、四圈和多圈的投掷练习。

（三）旋转技术

下面重点研究第一圈旋转技术的教学。

第一，徒手进行第一圈旋转练习。两脚分立，两膝弯曲，上体正直，两臂平伸至身体左侧，左脚掌或左脚跟开始左转，随身体重心左移右脚以跟进形式靠近左腿进入单支撑，借惯性完成单脚支撑，右脚落地形成一个充分的超越姿势。

第二，单手持木棒或链球向侧前方引摆，跟随木棒或链球练习旋转。

第三，双手持木棒或链球向侧前方引摆，跟随木棒或链球练习旋转。

（四）最后用力技术

第一，左脚支撑，重心在左腿上，右脚在左脚后方约30厘米，髋发力，右腿向前摆动，边转边用脚前掌点地，同时左脚弯曲用前脚掌做支撑转动约90°。连续做5～10次。

第二，左脚支撑，右脚钩住脚腱后面，用左脚前掌支撑转动90°～270°，以髋发力，不要起伏太大。

第三，双脚支撑，逐渐转动到左脚单支撑，以髋发力，左脚以跟右脚以前掌转动约90°稍停，右腿在体后绕左腿向前摆动，同时左脚用前掌做单支撑转动，右脚落于体前，随后把右脚放于体后再向前摆腿转动，连续做5～10次。

第四，双手握棍，顶在自己的胸部中央，二臂平举成"等腰三角形"旋转。

第五，双手握棍的一端，两臂平举于体前，单周转5～10次。

第六，持4千克球抡摆两周转一周（或连续转），过渡到投出去。

第七，扛50千克杠铃，双脚用前掌同时转动。

第八，原地旋转直接投轻器械（如杠铃片、袋球、实心球、短链球等），过渡到转一周、二周、三周、四周投轻器械。

（五）完整掷链球技术

第一，要求学生在圈内或圈外预摆两周，练习旋转三圈或四圈后掷链球。

第二，要求学生用不同重量和不同长度的链球先预摆两周，然后进行旋转三圈或四圈的掷链球练习；计时或规定次数。

第三，对学生的练习情况进行技术评定或成绩测试，指出学生的不足和改正方法，使学生正确认识和掌握掷链球的完整技术动作。

四、掷铁饼项目的训练方法

教师可以借助详细讲解、起身示范、图片及影像等让学生直观认识掷铁饼技术。

（一）持握方法、摆饼与滚饼技术

第一，持握。大拇指与手掌自然握饼，自然分开五指，指的最末节扣住边沿，稍弯手腕握住铁饼。

第二，摆饼。左脚在前，右脚在后站立，自然垂下投掷臂，逐渐加大动作幅度，在体侧前后以肩为轴摆动。

第三，滚饼。双脚微屈，左脚在前，右脚在后站立；前倾身体，自然下垂投掷臂，铁饼摆至最远时伸直投掷臂，在体侧前后以肩为轴摆动，依次用小指到食指拨饼；最后从食指末节抛出，尽量直线滚动。

（二）原地掷铁饼技术

第一，原地正面掷铁饼。两腿面对投掷方向岔开，后摆铁饼；微屈双腿降低重心，右后扭转躯干；前送右髋，掷出铁饼。

第二，侧向原地掷铁饼。双脚自然分开，左半身对投掷方向；重心在预摆动作结束后移到右腿并降低；投掷臂与上体随右腿蹬转发力掷出铁饼。

（三）背向旋转掷铁饼技术

第一，持握铅球（以右手投掷为例）。背朝投掷方向，岔开两脚宽于肩，上体稍往前屈，持球的手肘部外展与肩齐平，右肘在体侧与肩轴成一线，这样能对抗铅球的离心力，更好地控制铅球。

第二，进入旋转。上体先大幅度右摆，结束后以左侧身体为轴左侧的脚、肩、膝开始左转。右脚晚点儿离开支撑点。

第三，腾空动作。在重心从左腿转向右腿的过程中有十分短暂的腾空，右脚要平稳落地。

第四，最后用力。除用力过程双脚间距小、向上动力较大之外大致与滑步推铅球相同。

第五，维持身体平衡。大多在抛出铅球后交换双腿，左转身体并降低重心来减缓转动动量和向前冲力。

（四）掷铁饼错误的产生原因与纠正方法

1. 旋转技术

（1）身体左侧旋转轴在旋转后未形成，倒向投掷方向。

产生原因：重心在旋转后未移到左腿；未充分外转左膝与左脚引导身体旋转。

纠正方法：前顶左膝，以大弧线向身前及左边移动。在移动中左臂与左肩一直落后于左脚尖和左膝，重复重心压在左腿上旋转一周或以上的练习。

（2）身体旋转中不前移。

产生原因：身体左侧旋转轴在开始旋转时未形成；后蹬左腿及前扣右腿无力。

纠正方法：左手在旋转时尽可能触摸左半身的标志；加强下肢力量练习；旋转后右脚落标志上并逐步前移。

（3）旋转后未扭紧身体，完成超越器械。

产生原因：左肩在旋转时未"扣住"，左转甚至后仰身体；重心在落下右脚后未压右腿上。

纠正方法：木棍扛于肩，搭上双臂模仿练习背向旋转；重心在动作结束后压于右腿。

（4）旋转后左脚落偏。

产生原因：过早或过晚落左脚；双腿配合不协调。

纠正方法：标出落脚位置，双脚反复踩标志练习；以掷铁饼技术的步法快速转5～8周，加强下肢协调性。

2. 最后用力技术

（1）只用投掷臂投饼。

产生原因：用力顺序错误；下肢、髋部和腰部无力。

纠正方法：熟悉技术概念；加强力量训练。

（2）用力时后坐臀部或前倾上体。

产生原因：右腿和右髋未积极发力；左腿及左髋过早蹬伸。

纠正方法：加强投掷臂鞭打出手动作及左腿和左髋制动支撑动作时机。

（3）出手动作中身体左倾。

产生原因：出手动作中左脚外转，左腿、左髋无力；向左后方转头。

纠正方法：徒手练习最后用力，左臂与左肩在动作结束后绕到立柱前；左脚在动作完成时蹬上高处，体重由固定的左脚支撑；抛出铁饼后暂时将视线固定在铁饼上。

第六章　高校田径运动的体能训练实践

第一节　高校田径运动的力量素质训练

一、力量素质训练的方法与内容

（一）力量素质训练的方法

"体能训练是青年运动员整体素质的核心，体能训练的质量直接影响着运动员最终的体育成绩。"[①]力量素质训练是体能训练的重要环节，对于运动员提高竞技能力，取得优异成绩具有十分重要的作用。

1. 发展最大力量

（1）巴罗加式极限强度负重训练法。巴罗加式极限强度负重训练法主要是通过极限强度负荷提高对肌体神经系统的刺激作用，适用于高水平运动员的力量训练，有利于提高相对力量。巴罗加提出了四种不同的负重训练方式，每种方式以训练课为单位进行变化。训练方式的选择，主要取决于运动员的练习效果。

（2）阶梯式极限强度负重法（保加利亚循序渐进训练法）。阶梯式极限强度负重法主要用于精英运动员的最大力量训练。超过一天的最大体重，再分两组减10千克，然后开始增重至当天最大体重，最终减量。

（3）静力性训练法。静力性力量训练法曾被广泛应用，后来逐渐减少。静力收缩对肌肉耐力作用效果不明显，但对发展最大力量有积极的作用。静力性训练有三种方式：①在某一关节角度，承受高于运动员本人潜力的重量；②针对特制的固定物用力推、顶、拉；③一侧肢体用力，另一侧肢体相抵。进行静力性最大力量的训练时，优秀运动员的训练强度为最大力量的80% ~ 100%，收缩持续最长时间为12秒。初学者和未经过专门训练的运动员应以较小的刺激强度和6 ~ 9秒的持续收缩时间进行练习。此外，停止静力性力量训练后，经训练所获得的最大肌肉力量大约在30周以内可完全消失。若每6周进行一次

[①] 李浩，周雨笛，赵光勇．跳高运动员体能结构指标研究及训练方法综述 [J]．文体用品与科技，2023，3（3）：171.

训练，肌力下降趋势缓慢，需 60 周以后才会完全消失。

（4）电刺激力量训练法。电刺激力量训练法是一种新的"非负荷"性的最大力量训练方法。用这种方法两周后，可增加肌力 20% 左右，尤其在训练后紧接着进行电刺激，效果更好。

2. 发展速度力量

速度力量的决定因素是肌肉收缩速度。许多运动项目都是在快速节奏或爆发用力的情况下完成的。

1）爆发力训练

爆发强度是在短时间内以最大加速度克服阻力的能力。打击的力量由参与活动的所有肌肉群的联合动作决定。爆发强度是决定速度力大小的因素，爆发力的增加取决于最大能量水平的发展。如果没有充分发挥最大爆发力，爆发力也不会达到很高的水平。因此，爆发力训练方法适合爆发力发展。爆发力训练的一个重要方面是训练中使用的主要冲动，这与进行的锻炼类型和力量大小密切相关。例如，在跑步时，运动员的腿部力量冲动是其体重的 3.5 倍。因此，爆发力训练的主要动机是加速。在非间歇运动（例如跳远、投掷）中，爆发力是取得好成绩的关键因素。在间歇性事件（例如快速运行）的情况下，爆发会快速重复。因此，应根据每个项目的特点制定爆发力。

大多数发展爆发力的方法都涉及快速加载和等长训练。快速加载方法由两种训练模式组成，具体如下：

第一，中等强度速度力量法。中等强度速度力量法的特点是 70% ~ 85% 强度，最大速度训练 4 ~ 6 组，每组重复 3 ~ 6 次。这种方法对提高肌肉力量的爆发效率极为有效。爆发式发展值得特别关注。在田径、体操、击剑、水肺潜水和所有分体式运动（如排球）中的投掷和跳跃中，爆发的力量直接影响运动表现。因此，这种方法可用于提高爆发力。也可以安排不那么剧烈但速度较快的运动（例如剧烈运动等）。

第二，快速低强度力量法。快速低强度力量法的特点是采用 30% ~ 60% 的强度，3 ~ 6 组练习，每组 5 ~ 10 次，使爆发力训练有针对性地发展。快速加载方法对于培养运动员的速度感知和传播快速运动反应非常有用。

等长训练法，又称超长训练法，实际上是一种将撤退训练和约束训练相结合的训练方法。在超等长运动中，肌肉会愿意先工作，肌肉会拉伸很多。这项训练的目的是将纯粹的能量转化为爆发性的能量。生理机制是当肌肉以收缩方式工作时的拉伸反射。肌肉被拉伸到超出其自然长度。这会产生伸长反射，可以产生更有限的收缩以形成有效的井喷。发展爆发力的等距练习方法和内容包括纵跳、蛙跳、连续步等各种跳跃练习，包括跳过围栏多级跳跃、全速跳跃等练习，可以根据每个运动员的具体训练要求和条件进行选择。

2）反应力训练

反应力有两种主要类型：一种是跳跃为主的弹跳反应力；另一种是以击打、鞭打、踢端为主的击打反应力，两种收缩形式的区别在于各种刺激之间的关系。在典型的深度跳跃响应模型中，伸展是因为正在减慢向下运动的身体受到重力的推动。人们通常将其称为等长运动。肌肉拉伸是由相反肌肉的力量引起的。这种拉伸的肌肉不起作用。因此，伸展和收缩的循环比深跳要慢得多。

（二）力量素质训练的内容

1. 肩部力量训练

1）胸前推举

方法：两手持杠铃将杠铃翻起至胸部，然后立刻上推过头顶，再屈臂将杠铃放下置于胸部，再上推过头顶，反复练习。

作用：主要发展三角肌侧前部肌肉，以及斜方肌、前锯肌、肱三头肌力量。

2）颈后推举

方法：站直，打开肩膀向后举起杠铃，然后将杠铃滑到脖子后面，直到手臂伸直，重复这个过程。可以在锻炼时坐着，或者使用宽握或紧握。

作用：基本同胸前推举。

3）翻铃坐推

方法：同时握住身体前方的杠铃，用双手降低胸部。用双手将杠铃稍微举过头顶。然后轻轻地降低脖子后面的杠铃，再将杠铃从脖子后面、头后面推，最后慢慢将杠铃推到身体前方的下胸。

作用：主要发展三角肌群和斜方肌力量。

2. 上臂力量训练

1）颈后臂屈伸

方法：身体直立，两臂上举反握杠铃（也可正握，但反握比正握效果好），握距同肩宽，做颈后臂屈伸动作。

作用：主要发展肱三头肌力量。

2）颈后伸臂

方法：一腿在后直立，一腿在前，两手各握拉力器一端置颈后，两肘外展，两臂用力前伸使两臂伸直。

作用：主要发展肱三头肌上部和外侧部力量。

3）弯举

方法：身体直立，反握杠铃，握距同肩宽，屈前臂将杠铃举至胸前。可坐着练习，也可用哑铃等器械练习。

作用：主要发展肱二头肌、肱肌、肱桡肌等力量。

此外，也可采用仰卧弯举、肘固定弯举、斜板哑铃弯举进行练习。

4）双臂屈伸

方法：不负重或脚上挂重物，捆上沙护腿、穿上沙衣等，在间距较窄的双杠上做双臂屈伸。

作用：主要发展肱三头肌、胸大肌、背阔肌力量。

3. 前臂力量训练

前臂力量训练主要采用少组数（3～5 组），多次数（16 次以上），组与组之间间歇很短的练习方法。

1）腕屈伸

方法：身体直立，两手反握或正握杠铃做腕屈伸，前臂固定在膝上或凳子上，腕屈伸至最高点，稍停顿，再还原。

作用：主要发展手腕和前臂屈手肌群及伸手肌群力量。

2）旋腕练习

方法：身体直立，两臂前平举，反握或正握横杠，用屈腕和伸腕力量卷起重物。

作用：主要发展前臂屈手肌群和伸手肌群力量。

4. 腹部力量训练

1）仰卧起坐

方法：仰卧凳上或斜板上，两足固定，两手抱头，然后屈上体坐起，再还原，反复进行。

作用：主要发展腹直肌、髂腰肌力量。

2）半仰卧起坐

方法：躺在地板上，双手握住哑铃放在脑后。当弯曲膝盖时，上半身向前向上滚动。练习时，请记住，上半身抬起时，下背部和臀部不能抬离地板或长凳。深吸一口气，放松并呼气，两次收缩之间暂停 2 秒。还可以将重量放在上胸部以进行更多训练。

作用：主要发展腹直肌上部力量。

3）蛙式仰卧起坐。

方法：仰卧垫上，两脚掌靠拢，两膝分开，两手置头后，向上抬头，使腹肌处于紧张收缩状态，2秒后还原重新开始。

作用：主要发展腹直肌力量。

4）仰卧举腿

方法：卧仰在斜板上，两手置于身体两侧握住斜板，然后两腿伸直或稍屈向上举至垂直。

作用：主要发展腹直肌、髂腰肌力量。

5）悬垂举腿

方法：两手同肩宽，上举握住单杠，身体悬垂，然后两腿伸直或稍屈向上举至水平位置，反复练习。

作用：同仰卧举腿。

6）仰卧侧提腿

方法：仰卧垫上，然后侧提右膝碰右肘，触肘后停1秒。然后侧提左膝碰左肘，反复练习。

作用：主要发展腹内、外斜肌力量。

7）屈膝举腿

方法：屈膝，两踝交叉，两掌心朝下放在臀侧，仰卧垫上。然后朝胸的方向举腿，直到两膝收至胸上方，还原后重新开始。

作用：主要发展腹直肌下部力量。

8）举腿绕环

方法：背靠肋木，两手上举正握肋木悬垂，两腿并拢向左右两侧轮换举腿绕环，反复进行。

作用：主要发展腹直肌、腹内外斜肌力量。

5. 全身力量训练

1）窄上拉

方法：与肩同宽站立。在单杠附近，双臂放松与肩同宽，深蹲、深蹲和提铃在杠铃抬高到大腿中部和小腿中部时保持胸部和腰部。整个人顿时显出力气，臀部、双腿伸直，脚后跟，手肘抬起。

作用：主要发展骶棘肌、斜方肌、前锯肌、臀大肌、股二头肌、半腱肌、半膜肌、大收肌、股四头肌、三角肌、肱肌、小腿三头肌、屈足肌群力量。

2）宽上拉

方法：宽握距握杠，预备姿势同窄上拉，当杠铃上拉到大腿中上部时，迅速做出蹬腿、伸髋、展体、耸肩、提肘、起踵动作。宽上拉也包括膝上拉、悬吊式上拉、直腿拉、宽硬拉等多种做法。

作用：基本同窄上拉。

3）高抓

方法：由四个部分组成：准备、提铃、力量和蹲下支撑。准备，然后举起杠铃，将它拉到与力一样宽的地方。半蹲支撑从举重开始。在这一点上用力时肘部向上杠铃将惰性移动，腿将自由移动。身体在单杠和头顶上下降时的钟声。摆动前臂，肘部形成一个"轴"，以支撑头顶上方的肩部。

作用：主要发展伸膝、伸髋、伸展躯干及肩带肌群力量，并能有效地发展爆发力。

4）箭步抓

方法：预备姿势、提铃、发力同宽上拉。在发力即将结束时，做前后箭步分腿，与此同时，将杠铃提拉过头顶，伸直两臂做锁肩支撑。

作用：基本同高抓并能有效发展爆发力。

二、不同肌肉收缩形式的力量训练方法

力量训练的方法多种多样，以肌肉收缩形式进行分类的训练方法主要有：向心性力量训练方法、离心性力量训练方法、快速伸缩复合训练方法、静力性力量训练方法等。

（一）向心性力量训练方法

向心性力量训练又称为动力性的克制收缩练习，是指肌肉从拉长的状态中缩短以克服阻力而完成动作。肌肉在收缩时起止点彼此靠近，因而动力性可制收缩练习也可以视为肌肉的向心性工作。这一方法最显著的特征是动作快速、功率较大，能有效地提高肌肉力量、速度和肌肉耐力。

开展向心性力量训练，能够满足运动员的一些专项需求，不同的目的需要不同的训练负荷、次数、完成时间及间歇时间。

1. 屈膝仰卧起坐

练习目的：锻炼腹直肌。

（1）练习起始姿势：仰卧在垫上，屈膝，脚后跟靠近臀部，双臂交叉于胸前或腹前。每次动作的开始位置相同。

（2）向上运动阶段：屈颈、下颌靠近胸部，保持双脚、臀部及腰部平稳地贴在地面上，向大腿方向弯曲躯干直到后背离开垫子。

（3）向下运动阶段：打开弯曲的躯干，颈部伸展，回到起始姿势；保持脚、臀部、腰部、

手臂姿势不变。

2. 站姿划船

练习目的：锻炼三角肌、斜方肌的上部。

（1）起始姿势：以闭锁式正握抓杠，握距略窄或等于肩宽；垂直站立，两脚与肩同宽，膝部微屈；杠铃静止处于大腿前方，杠端指向两旁，两肘关节完全伸展。

（2）向上运动阶段：沿腹部与胸部，提铃至下颌，在杠铃向上运动的过程中，肘关节始终朝向两侧，同时维持躯干和膝关节的位置不变，一定要避免发生踮脚跟或者向上摆杠的情况。当杠铃处于最高处时，肘关节和肩部、腕部保持同等的高度或者略微高于后者。

（3）向下运动阶段：让杠铃保持较慢的速度降低回归到起始姿势，保持躯干和膝部的姿势不变。

3. 水平杠铃卧推

练习目的：锻炼胸大肌、三角肌前部和肱三头肌。

（1）起始姿势：水平仰卧在长凳上，身体与凳子及地面保证"五点"接触；身体在凳子上的位置调整到眼睛正好在支架下方；双手闭锁式正握抓杠，握距略宽于肩；将杠铃由支架取下时，肘关节伸直，保持杠铃位于胸部上方；每次重复均由此位置开始。

（2)向下运动阶段：向下移动杠铃，接近胸部乳头水平，手腕要牢固，前臂与地面平行，两侧前臂平行，保持身体和器械与地面"五点"接触。

（3)向上运动阶段：向上推杠，直到肘关节完全伸直；手腕紧张、固定，两侧前臂平行，并与地面均平行，保持"五点"接触；不要拱腰或挺胸迎杠。

4.后蹲举

练习目的：锻炼臀大肌、半膜肌、半腱肌、股二头肌、股外侧肌、股中间肌、股内侧肌和股直肌。

（1）起始姿势：以闭锁式正握抓杠（握宽取决于杠的位置），双脚与肩同宽；将杠铃置于上背部和肩部。

（2）向下运动阶段：保持背部挺直、肘关节抬高，挺胸并充分打开的姿势；在保持躯干与地面角度固定的情况下，缓慢地屈腰、屈膝；保持脚跟在地面上，膝关节不要超过脚尖；持续屈髋、屈膝直到大腿与地面平行，切勿使躯干变圆或前屈，或脚后跟离开地面。

（3）向上运动阶段：保持背部平直，抬高时部，挺胸并充分打开，以相同速率伸髋、伸膝（保持躯干与地面角度固定）；保持脚后跟在地面上，膝部在脚的正上方；切勿使躯干前屈或背部变圆；继续伸镜、伸膝直到起始姿势为一组动作完成。

5. 前蹲举

练习目的：锻炼臀大肌、半膜肌、半腱肌、股二头肌、股外侧肌、股中间肌、股内侧肌和股直肌。

（1）起始姿势：运动员立于杠下，双脚平行站立；将杠铃扛在肩上；伸貌、伸膝举杠。

（2）向下运动阶段：运动员保持背部平整直立，逐渐将肘部抬起，挺胸并充分扩胸；以较慢的速度屈髋、屈膝，同时使躯干和地面始终保持着一个不变的角度；保持脚跟在地面上，膝部位于脚正上方，继续屈髋、屈膝直到大腿与地面平行，切勿使躯干变圆或前屈，或脚后跟离地。

（3）向上运动阶段：运动员保持背部平整直立，将肘部逐渐抬高，挺胸并充分扩胸，保持相同的速度伸髋、伸膝（保持躯干与地面的角度固定），保持脚跟在地面上，膝部在脚的正上方，躯干不要前屈或背变圆，继续伸展颈部与膝部回到起始姿势，完成一组动作。

6. "早上好"练习

练习目的：锻炼臀大肌、半膜肌、半腱肌、股外侧肌、股中间肌、股内侧肌和股直肌等。

（1）起始姿势：采用闭锁式正握抓杠法；运动员站立在杠铃下方；将杠铃平衡置于上背部和肩部，在三角肌后部的上方，即颈部底端（握宽略大于肩宽）；利用上背与肩部肌群，抬高肘部来支持杠铃；挺胸，并充分打开，头部微往上倾斜；两脚分立与肩同宽（或稍宽）、脚尖稍微向外，所有持续反复动作皆由此开始。

（2）向下运动阶段：练习始于迟缓地屈髋，在下降过程中，臀部沿着水平方向不断向后方移动；保持背部平整直立并将肘部抬高，在下降过程中要避免背部弯曲；杠铃略微位于脚尖的后侧。脚后跟要避免脱离地面，在下降过程中，膝关节略微弯曲；继续向下直至躯干基本上和地面保持平行。

（3）向上运动阶段：通过伸展髋关节，抬起杠铃；在上升过程中保持背部平直和膝关节微屈；继续伸髋慢慢回到起始位置。

7. 直腿硬拉

练习目的：锻炼臀大肌、半膜肌、半腱肌、股二头肌、股外侧肌、股中间肌、股内侧肌和股直肌。

（1）起始姿势：当从地面上拉起杠铃做完硬拉练习之后，膝关节处于轻度或中度弯曲，在整个练习中将此姿势作为起始姿势，所有重复动作均由此姿势开始。

（2）向下运动阶段：开始练习要保持躯干平直，然后躯干髋部向前弯曲，把杠铃轻轻地放至地面，整个过程是能够控制的；在下降过程中，膝关节应当保持轻度或者中度的弯曲，背部平直或轻度拱起，肘关节完全伸直，降低杠铃直到杠铃片触地。此时，背部无法保持平直状态，膝关节彻底伸直或者脚后跟脱离地面。

（3）向上运动阶段：躯干在髋部后伸，回到起始位置，保持膝部微屈，背部平直。不要靠躯干向后借力或屈肘。

8. 坐姿肩上推举

练习目的：锻炼三角肌的前部和中部、肱三头肌。

（1）起始姿势；坐下且背部倾斜保持"五点"身体接触，采用闭锁式正握把手；把手与肩部顶端成一直线，必要的话调整座椅高度，以便与把手位置相吻合。

（2）向上移动阶段：往上推把手直到手肘完全伸展；保持"五点"身体接触；切勿弓起后背或用力锁肘。

（3）向下移动阶段：肘关节缓慢弯曲降低把手到起始姿势。

9. 侧向提肩

练习目的：锻炼三角肌。

（1）起始姿势：以闭锁式中间位握住哑铃；双脚和肩部或者髋部保持同等宽度，膝部略微弯曲，垂直站立，双眼目视前方；把哑铃置于大腿两侧，掌心相对，保持肘关节微屈。

（2）向上移动阶段：向两侧上方将哑铃逐渐举起，肘部和上臂同时向上移动，上身保持直挺，膝关节略微弯曲，双脚平稳站立，一定要避免随意晃动身体，或向上摆动哑铃，将哑铃上举到上臂与地面平行或与肩同高。

（3）向下移动阶段：使哑铃缓慢下降回到起始姿势，保持躯干直立，膝部微屈。

10. 站位下拉

练习目的：锻炼肱三头肌。

（1）开始姿势：以闭锁式正握抓杠，抓握距离为 15 ~ 30 厘米，两脚开立与肩同宽，膝部微屈垂直站立，将器械缆绳直线下拉，稳定抓住；往下拉杠至上臂与躯干旁，弯曲手肘至前臂平行于地面或略高；所有持续反复的动作皆由此开始。

（2）向下移动阶段：下拉横杠至手肘完全伸展；保持躯干垂直，上臂固定，切勿用力锁肘。

（3）向上移动阶段：让手肘慢慢地弯曲回归至起始状态；保持躯干手臂和膝部的姿势不变，当完成一组动作以后，将横杠缓慢移回休息状态。

（二）离心性力量训练方法

离心性力量是指在退让工作中表现出来的力量。同一肌群的最大离心收缩力量是向心收缩的 1.4 ~ 2 倍，平均为 1.5 倍。每块肌肉力量训练的方式具有差异，此处主要探讨几种较为常见的肌肉离心性力量训练方式。

1. 慢速训练法

慢速训练法是一种较为特别的外部负荷方法。这种方法通过慢速放下或者在离心时期重点刺激进行训练。当加大训练刺激时，拉伸会造成肌肉出现变化，从而强化肌肉的力量、作用。

示例：坐姿肩上推举，训练步骤如下：

（1）双手紧握哑铃，接着将哑铃举过双肩；上臂位于躯干两侧；用 1 秒的时间将哑铃往上推，直到双臂完全伸直。

（2）利用 3 ~ 4 秒慢速平稳地将双臂慢慢下放到身体的两侧，在离心阶段重点刺激肌肉。继续使用这个慢速离心训练技术重复练习。

2. 超负荷离心训练法

超负荷训练法对应于验证的渐进超负荷理论概念，为了充分发展力量，一定要合理地刺激人体自然适应过程，从而让骨骼可以有效应对全新的挑战。

示例：水平杠铃卧推（动作要点可查向心力量训练），训练步骤如下：

（1）选择运动员通常用的力量负荷。假设该运动员能以 100 千克完成 10 次卧推，但是无法完成 11 次。刚开始可以选择运动员经常训练重量的 105%，即 105 千克。

（2）进行慢速离心训练的方法，先以 1 秒完成向心动作，将杠铃推起，然后再以 3 ~ 4 秒完成离心动作。

（3）随着运动员能力的提升，可以逐渐增加最大负重（如增加到 107%、110% 等，甚至达到 125%）。

注意事项：由于超负荷离心训练法需求承受的负荷量较大，所以运动员在训练时一定要做好完备的保护举措，特别是在施展向心动作阶段。

3. 双起 / 单下离心训练法

（1）双侧交替技术训练法。运动员一般使用常用重量的 40% ~ 50% 进行特定肌肉的练习，随着运动员对这一训练方法越发熟练，可使用任何重量完成训练。运动员在练习双侧交替技术时，可以通过双脚施展向心蹬腿动作，之后再通过单腿收回动作。运动员能够重复训练双腿向心蹬腿，之后再运用另一侧腿重复练习收回动作。整个过程称为双起 / 单下双侧交替方法。

注意：在训练过程中，需要让运动员在 1 秒完成向心蹬腿动作，并在 3 ~ 4 秒的时间里完成单腿收回动作。

（2）同侧技术训练法。运动员选择重量同第一种训练法（训练动作同上）。在练习双侧交替技术时，运动员可以用双脚完成向心蹬腿动作，接着再使用单腿收回动作。运动员可以重复练习双腿向心蹬腿，接着使用同侧腿重复收回动作。在达到要求次数后，换成另外一侧腿重复训练，整个过程称为双起 / 单下同侧交替方法。

注意：在训练过程中，需要让运动员 1 秒完成向心蹬腿动作，并在 3 ～ 4 秒的时间里完成单腿收回动作。

（三）快速伸缩复合训练方法

快速伸缩复合训练法的英文名称为"Plyometric"，其核心意思是一种增强肌肉爆发力的训练方法。在早期，我国将它翻译为"超等长训练"，后来也有地区将其翻译成"增强式训练"。近年来，又将它赋予了新的名词——"快速伸缩复合训练"。"Plyometric"这一词在国外早期的时候很多生理学家还给它赋予了其他名字，如"拉长—缩短周期（SSC）"。之后，学者们又赋予了快速伸缩复合训练新的定义：在最短的时间范围内让肌肉表现出最大的力量，它是速度与力量的结合体，这种速度力量能力即爆发力。从动作模式的角度去定义快速伸缩复合训练就是肌肉在快速的伸展后快速收缩这一动作，训练动作模式的意义就是让肌肉和肌腱的弹性能量和牵张反射的能量在接下来的快速收缩中得到释放，提高动作的输出功率。

1. 高台俯卧撑击掌

练习目的：发展上肢肌群力量。

动作要点：脚搭放于高台上，做出俯卧撑的姿势，在伸肘时迅速投入力量，推起身体，在瞬间击掌以后立即重新做回屈肘的姿势，并重复施展之前的动作。

注意事项：初级运动员可以不加高台或膝关节着地做俯卧撑速推。

2. 药球弹床卷腹

练习目的：发展腹部肌群爆发力、动力传导能力、上肢传导能力、上肢离心收缩能力和神经肌肉的协调能力。

动作要点：双手拿着药球，仰卧于弹床对面；直臂卷腹爆发用力将药球砸向弹床，克制弹床回弹能力回到屈肘持球姿势，循环进行。卷腹抛球—回弹制动—卷腹抛球阶段转换迅速，形成拉长—缩短循环周期。

注意事项：保持屈膝姿势，臂部、双脚不能离地。

3. 跪姿药球弹床侧抛

练习目的：提高旋转爆发力、动力传导能力、腹外斜肌离心收缩能力和核心区稳定能力。

动作要点：双手持药球，侧跪于弹床；躯干旋转爆发用力将药球砸向弹床；克服弹床回弹能力，回到初始动作，循环进行。旋转—制动—旋转阶段转换迅速，形成拉长—缩短循环周期。

注意事项：保持屈肘姿势，避免上肢使用力气。

4.跳深后跳向第二跳箱

练习目的：提高下肢爆发力与神经肌肉控制能力。

动作要点：站立于跳箱上，形成舒展、灵活的站立姿势，两脚分开和肩部保持同等宽度，面对另外一个跳箱，脚尖临近跳箱前端；双臂摆动，两脚跨出箱面，双脚落地；落地之后立即跳上另一跳箱。

注意事项：当跨出箱面时，避免向下走或向上跳，不然便会导致练习高度出现变化，在最大限度上缩减接触地面的时间，提升跳箱的高度，能够有效增大强度。

5.多边形跳跃

练习目的：提高下肢快速伸缩复合能力与神经肌肉控制能力。

动作要点：正向站立在由栏架摆放的规则图形里，身体保持直立状态；沿着既定路线不断跳进或跳出，身体一直面向一个方向；膝关节略微弯曲缓冲落地。

注意事项：以侧向或者背向的方式进行跳跃时，应当注意保持与把控身体姿势。

（四）静力性力量训练方法

静力性力量训练，是肌肉的等长收缩形式，作为发展力量的一种方法，静力练习又被称为等长练习。运动员在开展静力性力量训练时，其肢体必须维持着一种固定不变的姿势，为了抵御外界的阻力，工作肌在不缩短或者无法缩短的状况下形成了最大张力或者相关张力，然而肌肉的长度却不出现任何的变化。

静力性力量训练的方法有很多种，此处主要从四种情况来讨论静力性力量训练的方法：（1）通过增减支撑点的数量来增减静力性力量训练的难度；（2）通过改变力矩来增减静力性力量训练的难度；（3）通过改变支撑面来增减静力性力量训练的难度；（4）通过增减外加阻力来增减静力性力量训练的难度。

1.腹桥

练习目的：发展核心肌群的力量与稳定性。

动作要点：起始状态，运动员俯卧于垫子上，双肘垂直支撑于胸部正下方，双脚彼此分开和肩部保持同等宽度，前脚掌支撑，眼睛目视地面，头部、肩部、髋部与踝部控制在一个平面内，身体始终保持静止。

注意事项：运动员一定要在规定的时间范围内把控自身，调整身体姿势，确保动作的品质，有意识地调节呼吸。

2. 侧桥

练习目的：发展核心肌群的力量与稳定性（脊柱的抗侧屈）。

动作要点：身体呈直线侧卧于地板上，左手放于躯干正下方，双脚并拢，左肘屈肘成 90°撑起躯干，双腿伸直。完成动作至规定时间，回到起始姿势，对侧相同。

注意事项：撑起躯干时，腹肌收紧，收下颌，伸髋，使躯干保持直线姿势，身体躯干、支撑手臂与双腿几者成直线，并未表现出丝毫的弯曲状。

3. 臀桥

练习目的：发展核心肌群的力量与稳定性。

动作要点：仰卧于垫上，双腿屈膝，双脚撑于地面上，双臂自然垂放于体侧。向上顶髋，肩部、躯干、膝部处于同一平面上。

注意事项：在规定的时间范围内调整身体姿势，并调整呼吸。在规定的时间内控制身体姿势，注意调整呼吸。

第二节　高校田径运动的速度素质训练

速度素质是指人体或人体的某些部位快速运动的能力。在人体与器械整体运动中，速度是指人体—器械整体快速运动的能力。速度能力包括快速移动能力、快速完成动作的能力和快速反应能力，即所谓的移动速度、动作速度和反应速度。

速度素质是个体神经—肌肉支配系统反应的灵活性、反应时、肌肉收缩速度等综合能力的体现。速度素质是指以最短时间通过一定距离的能力、以最短时间完成一定幅度动作的能力、神经冲动以最短时间通过反射弧的能力。

速度是运动员的基本素质之一，在他们的体能训练中起着重要的作用。一些运动（例如 100 米短跑）是比运动员的速度。虽然有些体育赛事并不是比速度，但速度也对运动表现有直接影响。

一、速度素质训练的主要方法

（一）重复法

（1）规定最大速度指数的重复方法。在移动速度训练中显示最大速度指数，并且一些运动练习是强制性的重复，例如快速重复的轻杠铃推举，用哑铃重量重复跳跃，同时保持正确的运动，一次又一次地快速跳跃，重复短距离跑步，使用各种沉重的金器进行最后的快速重掷。

（2）变化训练程序的重复法。变化训练的程序是指在横移速度训练中适当改变速度和加速度，并以适当的比例与程序相结合。虽然在一定的最大速度下进行训练是提高运动速度的重要因素，但重复如此，它创造了一个动态的固定模式。因此，在最高速度指标和重复练习时，训练计划按一定的方式变化，使运动员对练习的速度变得陌生，以培养更好的移动速度。

（二）游戏法

游戏法，是指采用游戏的形式进行速度训练的一种方法。这种多次重复的训练形成动作的动力定型，使动作的各种指标比较稳定，使之在动作的空间特征和时间特征上，如动作的幅度、方向，动作的速度和频率都相对稳定，形成所谓的"速度障碍"。为防止"速度障碍"的形成，要突出速度力量的训练，采用多种训练手段，如游戏、球类等活动。例如，100 米跑要达到预定的成绩，既可以通过专门短跑训练来达到，也可以通过全面身体练习并把重点放在速度力量的训练上来达到。

（三）比赛训练法

比赛训练法，是指在竞争条件和要求下，营造竞争氛围和环境的开放式训练方式。显然，在使用比赛训练法来训练动作速度时，练习者的心理和情感不同于其他训练方法。大多数训练者都表现出高度的情绪和兴奋。研究表明，使用竞技训练方法会显著增加运动前的人体血糖和乳酸水平，这有助于身体更好地运作。兴奋也会对交感神经系统产生影响，延迟疲劳的发生，这使人体能够成功地以高强度速度进行训练。在比赛训练法中，神经系统处于非常温和的兴奋状态，这有助于发挥交换兴奋和抑制神经过程的能力。

二、速度素质训练的具体内容

（一）反应速度训练

1. 反应速度训练的运动原理

反应速度，是指个体运动员的听觉、视觉、触觉、动觉对各种信号刺激的反应时间，即反应时。这种能力取决于神经传递反射弧的灵敏性。肌体的感受器感受到刺激时，信号由感觉神经元传入神经中枢，由中枢神经发出指令，经运动神经元传出至效应器，肌肉收缩产生动作，这一神经—肌肉反射过程的快慢决定了反应速度的快慢。短跑运动员起跑时蹬离起跑器的时间长短，取决于运动员听到发令枪声后"推手"和"蹬腿"的反应时长短。优秀短跑运动员的起跑时间为 0.15 秒左右，0.18 ~ 0.20 秒的反应时是优秀水平的反应时。球类项目的运动员的反应时取决于视觉反应时和动觉反应时。如乒乓球运动员能在 0.15 ~ 0.18 秒时间内"看"到对手的发球并迅速做出回球的动作反应。在特殊情况下，如既盲又聋的运动员，反应时取决于触觉等感觉的反应。反应速度的遗传力达 0.75。反应速度的训练主要是充分挖掘遗传潜力，熟练掌握技术动作，集中注意力及改善专项反应时。

2. 反应速度训练的具体内容

（1）听信号起动加速跑。在慢跑中听到信号后突然起动加速跑 10 ~ 15 米，重复 8 ~ 10 次。

（2）小步跑、高抬腿跑，听信号后加速跑。原地小步跑、高抬腿跑，听到信号后突然加速跑 15 ~ 20 米，重复进行。

（3）俯卧撑听信号跑。俯卧撑听信号后突然起跑 10 ~ 15 米，重复进行。

（4）听信号转身起跑。背对前进方向，听到信号后迅速转身 180°，起动加速跑 10 ~ 15 米，重复进行。

（5）听枪声起跑。站立式或蹲踞式，听枪声后起跑 20 ~ 30 米，3 ~ 5 组，3 ~ 6 次，强度为 90% ~ 95%。

（6）反复突变练习。练习者听各种信号后分别做上步、退步、滑步、交叉步、转身、急停等动作。

（7）利用电子反应器。依据不同的信号，用手或脚压电扣，计反应时。

（8）两人对拍。两人面向站立，听到信号后用手拍击对方的背部，在规定时间内，拍击次数多者为胜。

（9）反应起跳。练习者围圈站立，圈内 1 ~ 2 人，站在圆心手持小树枝或小竹竿，持竿人持竿画圆，竿经谁脚下谁起跳，被竿打上者进圈换人，可突然改变方向。

（10）"猎人"与"野鸭"。"猎人"围圈而立，站在画好的圈内，1 ~ 2 人手持皮球击打圈内的"野鸭"，"野鸭"为"猎人"的 1/3。"野鸭""猎人"互换角色。

（11）找伙伴。练习者绕圈慢跑，听到"三人"或"五人"口令后，练习者立即组成规定人数的"伙伴"，不符合规定人数的为失败组，失败组罚做俯卧撑、高抬腿等练习。

（12）追逐游戏。两队相距 2 米，分为单数队和双数队，听到"单数"口令，单数队跑，双数队追，反之亦然。在 20 米内追上为胜。

（13）起动追拍。两人一组前后距离为 2 ~ 3 米慢跑，听到信号后开始加速跑，后者追上前者用手拍对方的背部，20 米内追上为胜。

（14）多余的第三者。练习者若干，呈两人前后面向圈内围一圆圈而立，左右间隔2米，两人沿圈外跑动追逐，被追者可跑至某两人前面站立，则后面的第三者立即逃跑，追者追该第三者，被追上者为失败，罚做各种身体练习。

（二）移动速度训练

1.移动速度训练的运动原理

移动速度即位移速度，通常以通过一定距离的时间或单位时间内通过的距离来表示。跑速和游速＝步（划）长×步（划）频。决定步长的因素有肢体长度、关节柔韧性和肌肉力量。腿长及髋关节柔韧性好的运动员其蹬摆的动作幅度较大，但是如果缺乏足够的肌肉力量和动作速率也不能获得较大的移动速度。决定动作频率的因素有神经支配的灵敏性、神经冲动的强度和兴奋性、肌肉收缩速度、肢体交替运动的协调性及技术动作的熟练程度。

对于移动速度而言，步长与步频的最佳搭配是获得最大速度的有效途径。移动速度包括平均速度、瞬时速度、加速度、角速度、角加速度、初速度、末速度。100米跑10秒，是指平均速度；起跑蹬离起跑器的时间约0.15秒是指瞬时速度；100米跑的前30米跑时间为2.58秒是指加速度；跳远的助跑最后一步速度是末速度；跳远起跳腾起速度是初速度；自由泳运动员手臂的划水动作可以视为肘关节和肩关节的角位移运动，产生角速度和角加速度。

在一个项目中或在一个项目的某一动作环节中，可能同时包括反应速度、动作速度和移动速度，如起跑动作；也可能包括动作速度和移动速度，如途中跑。各种速度之间存在着互为相关的关系。

2.移动速度训练的具体内容

（1）小步跑转加速跑。行进间快频小步跑，听信号后转为加速跑。20～30米，2～3组，2～3次，组间歇5分钟。

（2）高抬腿跑转加速跑。行进间高频高抬腿跑，听信号后转为加速跑。10～15米，2～3组，2～3次，组间歇5分钟。

（3）后蹬跑转加速跑。快速后蹬跑，听信号后转为加速跑。20米+20米，2～3组，2～3次，组间歇5分钟。

（4）高抬腿车轮跑转加速跑。行进间高抬腿车轮跑，听信号后转为加速跑。15米+20米，2～3组，2～3次，组间歇5～7分钟。

（5）单足跳转加速跑。单足跳10～15米，听信号后转为加速跑20米，2～3组×2～3次，组间歇5分钟。

（6）交叉步转加速跑。交叉步跑 5 ~ 10 米，听信号后转体加速跑 20 米，2 ~ 3 组，2 ~ 3 次，组间歇 5 分钟。

（7）倒退跑转加速跑。倒退跑 10 米，听信号后转体加速跑 20 米，2 ~ 3 组，2 ~ 3 次，组间歇 5 分钟。

（8）加速跑。加速跑 60 米、80 米、100 米、120 米，3 ~ 5 组，3 ~ 5 次，组间歇 5 分钟。

（9）变加速跑。20 米加速跑达到最高速度时减速跑 10 米再加速跑 20 米，以此类推跑完一定的距离，组间歇 5 分钟。

（10）站立式起跑。听信号或枪声站立式起跑 30 米，3 ~ 5 组，3 ~ 5 次，组间歇 5 ~ 8 分钟，强度为 90% 左右。

（11）蹲踞式起跑。听信号或枪声蹲踞式起跑 30 米，3 ~ 5 组，3 ~ 5 次，组间歇 5 ~ 8 分钟。

（12）行进间跑。加速跑 20 ~ 30 米，到达指定的标记后行进间跑 20 ~ 30 米，行进间跑的距离可长可短，20 ~ 80 米，2 ~ 3 组，2 ~ 3 次，组间歇 5 ~ 8 分钟。

（13）重复跑。强度为 90% ~ 100%，距离短于比赛距离的 1/3，4 ~ 6 组，4 ~ 6 次，组间歇 5 ~ 10 分钟，如 100 米，5 组，5 次，组间歇 10 分钟，次间歇 5 分钟。

（14）上坡跑。上坡跑坡度为 7° ~ 10°，30 米、60 米、80 米，2 ~ 3 组，3 ~ 5 次，组间歇 5 ~ 8 分钟。

（15）下坡跑。下坡跑坡度为 7° ~ 10°，30 米、60 米、80 米，2 ~ 3 组，3 ~ 5 次，组间歇 5 ~ 8 分钟。

（16）上、下坡跑。在 7° ~ 10° 的坡道上往返跑，30 米上坡跑，30 米下坡跑，重复 2 ~ 3 组。

（17）顺风跑。风速 3 ~ 5 级，顺风跑 30 米、60 米、80 米，2 ~ 3 组，2 ~ 3 次，组间歇 5 ~ 7 分钟。

（18）牵引跑。在牵引机的牵引下按照一定的速度跑 20 ~ 60 米，2 ~ 3 组，2 ~ 3 次，组间歇 5 ~ 7 分钟。

（19）让距离追赶跑。2 ~ 3 人一组，根据个体的速度水平前后相隔 2 ~ 5 米的距离，听信号后起跑，后者在规定距离内追上前者，2 ~ 3 组，2 ~ 3 次，组间歇 5 ~ 7 分钟。

（20）接力跑。8×50 米、4×100 米、4×200 米、4×400 米接力跑。

（21）固定距离或固定步数反复跑。在需要起跳准确性高的项目中，如跳远、撑竿跳高、跳马，运动员要经常练习固定节奏的助跑速度。30 ~ 45 米，4 ~ 6 组，3 ~ 6 次。

（22）各种方式的跨栏跑。改变栏高，改变栏间距，改变栏间跑的步数和节奏，改变栏架的数量等。

（23）摸乒乓球台角移动。听信号后30秒左右移动摸乒乓球台两角，重复2～3次，间歇2～3分钟。

（24）变向带球跑。6人站成一排，间隔5米，每人一球，根据教练的手势做前后、左右的带球、变向、急停、转身带球跑，重复2～3次。

（25）各种球类的移动速度练习。根据各种球类项目移动速度的特点，设计具有项目技术、战术特点的移动速度练习手段，如足球的进攻和防守的移动速度，乒乓球、羽毛球、网球运动员的脚步移动速度。

（三）动作速度训练

1. 动作速度训练的运动原理

动作速度是指在单位时间内完成动作的多少。动作速度包括整套动作的速度、单个动作的动作速度和动作速率。在体育运动中，整套动作是指一次完成的完整动作，如掷标枪的"最后用力"动作，自投掷臂一侧的脚着地的"转蹬"开始，经另侧脚着地完成"满弓"形，至"转髋"—"转肩"—"鞭打"—"出手"为止，为一个整套的完整动作。"最后用力"过程的动作速度是指整套动作的平均速度。实际上整套动作的速度是加速度，尤其是"鞭打"动作，自躯干至手腕的"鞭打"动作是连贯的动量传递和逐渐加速过程。单个动作的动作速度是指在整套动作中完成某一动作或完成某一动作环节的动作速度，如"鞭打"动作速度、"出手"速度。动作速率是指动作的频率及单位时间内完成动作的多少。动作速度的大小取决于神经—肌肉系统的调节，取决于肌肉收缩的速度和相对力量、速度力量的大小，取决于肌肉工作的协调性和技术动作的熟练程度。力学上，动作速度包括动作的平均速度、瞬时速度、加速度及角速度、角加速度。

跳远的起跳速度是平均速度，腾起初速是瞬时速度，也是加速度。平均速度与瞬时速度是相对的，瞬时速度是单位较小的平均速度，它取决于动作时相的选择。在有支撑和无支撑旋转运动中，动作速度是角速度和角加速度。掷铁饼是有支撑旋转运动，在运动员的持饼三周旋转中，角速度是逐周增加的，至铁饼出手瞬间，由于旋转运动的突然停止使器械沿切线方向运动，角加速度变为线加速度，铁饼沿斜直线飞出。例如自由式滑雪空中技巧是有支撑和无支撑的旋转运动。虽然规则规定在跳台上转动要扣分，但是运动员的空中无支撑转动的动力却来源于台面的支撑转动，首先是不对称的摆臂引起的转动，其次是通过改变沿身体横轴和纵轴转动的转动半径使纵轴转动角速度增加，从而准确地完成空中的多周转体运动。

2.动作速度训练的具体内容

（1）听口令或节拍器摆臂。两脚前后开立或呈弓箭步，听口令或节拍器快速前后摆臂 15 ~ 30 秒，2 ~ 3 组。

（2）原地快速高抬腿或支撑高抬腿。站立或身体前倾支撑肋木快速高抬腿 10 ~ 30 秒，4 ~ 6 组。

（3）仰卧高抬腿。仰卧快速高抬腿 10 ~ 30 秒，也可以拉橡皮条。

（4）悬垂高抬腿。手握单杠悬垂，两腿快速交替做高抬腿动作，20 ~ 50 次，2 ~ 4 组。

（5）快速小步跑。15 ~ 30 米，3 ~ 5 组，最高频率，强调踝关节屈伸当中的连贯性和协调性。

（6）快速小步跑转高抬腿跑。快速小步跑 5 ~ 10 米，身体前倾转快速高抬腿跑 20 ~ 30 米，4 ~ 6 组。

（7）快速小步跑转高抬腿转加速跑。小步跑 10 米转高抬腿跑 10 米转加速跑 10 ~ 20 米。

（8）高抬腿跑转加速跑。快速高抬腿跑 10 ~ 15 米转加速跑 20 米。

（9）高抬腿跑转车轮跑。高抬腿跑 10 米转车轮跑 15 米，2 ~ 4 组，4 ~ 10 次。

（10）快节奏高抬腿跑。高抬腿慢跑，听信号后加快节奏以最快频率跑 10 ~ 15 米。

（11）踏步长标记高频跑。在跑道上画好步长标记，在行进间听信号踏标记高频快跑 15 ~ 20 米，2 ~ 4 组，4 ~ 6 次。

（12）跨跳接跑台阶。跨步跳，听信号后快速跑台阶，要求逐个台阶跑，步频最高，如台阶固定可以计时跑，4 ~ 6 组，6 ~ 8 次。

（13）连续建立跨栏跑。5 ~ 6 副栏架，栏间距短于标准栏间距 1 ~ 2 米，要求栏间跑加快频率，讲究动作节奏和加速跑，2 ~ 4 组，4 ~ 6 次。

（14）听节拍器或击掌助跑起跳。短程助跑，听信号加快最后三步助跑和快速放脚起跳，2 ~ 4 组，8 ~ 12 次。

（15）侧跳台阶。练习者侧对台阶站立，侧跳台阶，两腿交替进行，2 ~ 3 组，6 ~ 8 次。

（16）左右腿交叉跳。在一条线上站立，沿着线两腿向左右两侧方向交叉跳，交叉跳时大腿高抬，快速转髋，动作速度加快，20 ~ 30 米，4 ~ 6 次。

（17）上步、交叉步、滑步或旋转投掷轻重量的器械。铅球、铁饼、标枪等投掷运动员在发展专项动作速度时往往"最后用力"投掷较轻重量的器械。

（18）纵跳转体。原地纵跳转体 180° 或 360°，连续跳 10 ~ 20 次。

（19）跳抓吊绳转体。助跑跳起双手抓住吊绳，后仰收腹举腿，转体 180° 跳下，10 ~ 15 次。

（20）快速挥臂拍击沙袋。原地或跳起快速挥臂拍击高悬沙袋，30 次，3 ~ 5 组。

（21）转身起跳击球。吊球距地面 3 米左右，原地起跳用手击吊球后在空中转体 180°落地，接着转身起跳击球，连续 5 ~ 10 次，重复 3 ~ 5 组。

（22）快速挥臂击球。原地或跳起挥臂击高吊的排球，连续击打，动作速度要快，有鞭打动作，20 ~ 30 次，重复 2 ~ 4 组。

（23）起跳侧倒垫球。在排球网前站立，听信号后双脚起跳摸网上高物，落地后迅速垫起教练抛来的排球，连续 10 ~ 15 次，重复 3 ~ 4 组。

（24）两侧移动。两物体高 120 厘米相距 3 米，练习者站在中间左右移动，用右手摸左侧物体、左手摸右侧物体，计 30 秒内触摸物体的次数，重复 3 ~ 4 次。

（25）对墙踢球。距墙 4 ~ 6 米站立，以脚内侧或正足背连续接踢从墙上反弹回来的球，20 ~ 30 次，重复 3 ~ 5 组。

（26）移动打球。6 人站成相距 2 米的等边六角形，其中 5 人体前各持一球，听信号后徒手运动员快速移动循环拍打持球者手中的球，每次移动拍打 20 次，每人完成 2 次循环为一组，重复 2 ~ 4 组。

（27）快速移动起跳。在篮板左下角听信号后起跳摸篮板，落地后迅速移动到右侧跳摸篮板，8 ~ 10 次，重复 2 ~ 3 组。

（28）上步后撤步移动。根据教练的手势或信号在乒乓球台端线做上步后撤步移动练习，移动速度快，持续 30 秒，重复 2 ~ 3 次。

（29）交叉步移动。在乒乓球台端站立，听信号后左右做前交叉步移动练习，结合挥拍击球动作，动作速度加快，移动 20 秒，重复 2 ~ 3 组。

（30）技巧、体操、弹网运动员的转体练习。组合动作接转体动作尤其是接多周转体动作，要求运动员不仅要具有速度力量等素质，而且还要有快速的动作速率及熟练而协调的技术能力。

（31）高山滑雪中的"小回转"练习。在雪道上设置若干小回转旗门，练习快速、准确回转过旗门。

第三节　高校田径运动的耐力素质训练

耐力是指生物体长时间工作以克服工作时的疲劳的能力。它是运动员身体素质的关键指标之一，任何运动都需要恒定的耐力水平。对于一些运动，如中长跑和竞走等田径技术水平和比赛成绩的提高通常取决于耐力水平的提高。

一、耐力素质的类别及其评价

耐力素质，是指人体肌肉在长时间工作或运动中对抗疲劳的能力，它是反映人体健康水平或体质强弱的重要标志之一，在人体体能素质中发挥着极为重要的作用。在各项体能素质中，各个素质之间并不是独立存在的，耐力素质可以与其他素质，如力量、速度、柔韧等素质相结合，形成肌体的力量耐力和速度耐力。

通常将疲劳分为智力上的疲劳、感觉方面的疲劳、感情上的疲劳及体力上的疲劳等。而在运动训练的过程中，大部分是由运动带来的肌肉活动而产生体力上的疲劳。这是训练所得到的必然结果，没有疲劳的训练，就不是真正意义上的训练。当产生运动疲劳后，肌体的运动能力会随之下降，运动的时间长短也会受到影响，所以疲劳又阻碍了运动训练的发展，因此，必须在运动训练过程中克服自身的疲劳。这种克服疲劳的过程，也恰好反映出了耐力水平的高低。

（一）耐力素质的类别

不同的运动项目对肌体体能的要求都不同，而耐力素质作为体能素质中重要的身体素质之一，在各种运动项目中，同样有着自己不同的特征和标准。肌体耐力素质可以按照以下标准进行分类：

1. 按运动时间进行划分

（1）短时间耐力。通常将运动持续时间在 45 秒至 2 分钟的项目所需的耐力称为短时间耐力。完成这类运动项目所需的能量大多是通过肌体的无氧代谢过程来提供的，在这些运动过程中，短时间产生较高的氧债。而这类运动的运动成绩受肌体力量与速度耐力素质的影响较大。

（2）中等时间耐力。通常将运动持续时间在 2 ~ 8 分钟的运动项目所需的耐力称为中等时间耐力。完成这类运动项目的负荷强度一般要比长时间的耐力项目的负荷强度要大。通常肌体在运动过程中，氧不能完全满足肌体的运动需要，会在运动过程中产生一定的氧债。造成这种情况主要是因为无氧系统与运动速度成正比的关系。在 1500 米跑的过程中无氧系统的供能几乎可以达到总供能的 50%，而在 3000 米跑的运动过程中无氧系统的供能只能占到总供能的 20% 左右。这就说明了在运动中肌体对氧的吸收和利用的能力，可以对肌体的运动能力产生直接的影响。

（3）长时间耐力。通常将运动持续时间超过 8 分钟的运动项目所需要的耐力称为长时间耐力。这类运动项目的整个过程都是由氧系统进行供能的，对肌体的心血管和呼吸系统进行高度动员。通常在此类运动过程中，运动员的心率可达到 170 ~ 180 次 / 分，心排血量为 30 ~ 40 升 / 分，脉通气量可达到 120 ~ 140 升 / 分。

2. 按肌肉工作方式进行划分

（1）静力性耐力。通常将肌体在长时间的静力性肌肉工作中克服疲劳的能力称为静力性耐力，它在射击、射箭、举重的支撑、吊环的十字支撑等项目中都有所体现。

（2）动力性耐力。通常将肌体在长时间的动力性肌肉工作中克服疲劳的能力称为动力性耐力，它在长跑、滑雪、游泳等运动项目中都有所体现。

3. 按身体活动进行划分

（1）身体部位的耐力。身体部位的耐力主要是指肌体的某一身体部位在进行长时间运动时，对抗疲劳的能力。例如，肌体在对上肢或下肢进行较长时间的反复力量训练，练习部位的肌肉出现酸胀、疼痛的感觉，如果继续训练，该部位就会出现肌肉活动困难的现象，这种对抗肌肉疲劳的能力表现，就是身体部位耐力水平的表现。在体能练习中，这种局部耐力水平的提高取决于一般耐力的发展水平。

（2）全身的耐力。全身的耐力主要是指整个身体机能在运动训练中，肌体对抗疲劳的综合能力，可以反映出肌体的综合耐力水平。

4. 按氧代谢方式进行划分

（1）有氧耐力。有氧耐力是肌体在氧气供应充分的情况下，坚持长时间运动的能力。肌体的有氧代谢能力是肌体对氧气的吸收、运输和利用能力的综合表现。肌体想要提高自身输送氧气的能力，就必须进行一定的有氧耐力训练，只有这样才能提高肌体的新陈代谢能力，增强承受运动负荷的能力。例如，大多数的球类运动项目和田径运动中的马拉松、越野跑、长跑、长距离竞走等长时间运动项目都需要有较高的有氧耐力水平。

（2）无氧耐力。无氧耐力是肌体在氧供应不足的情况下，坚持长时间运动的能力。一般情况下，无氧耐力运动项目的氧供应很难满足肌体的运动需要，肌体会在无氧条件下进行运动，产生较大的氧债，而这类运动所产生的氧债，一般都需要在运动结束后才能得到偿还。因此，肌体进行无氧耐力训练的主要目的是提高自身抗氧债运动的能力。在无氧耐力中，还可以将其分为非乳酸供能的无氧代谢和乳酸供能的无氧代谢两种形式。

（3）有氧与无氧混合耐力。有氧与无氧混合耐力是一种介于有氧耐力和无氧耐力之间的特殊耐力，进行此类运动时，肌体的有氧和无氧代谢同时参与供能。通常运动的持续时间长于无氧耐力而短于有氧耐力。例如，拳击、摔跤、柔道、跆拳道等对抗性项目，以及田径运动中 400 米、400 米栏和 800 米等项目都是需要有氧和无氧混合耐力的。

5. 按运动项目耐力进行划分

（1）一般耐力。一般耐力是指肌体多肌群、多系统长时间工作的能力。不管运动项目的特点，如何拥有良好的一般耐力，是达到各种训练要求的基础。但是，由于一般耐力是不同形式耐力的综合表现，对不同的运动项目来说，项目特点对它也有不同的要求。因此，在进行一般耐力训练时，应充分考虑一般耐力与专项耐力之间的关系。

（2）专项耐力。专项耐力是指肌体为了获取专项成绩，最大限度地动员机能能力，克服专项负荷所产生的对抗疲劳的能力。专项耐力会根据运动项目的不同，而表现出不同的特点。例如，短距离跑、蹬自行车等项目的专项耐力需要有保持较长时间高速度的速度能力；举重、摔跤、拳击、体操等项目的专项耐力需要有力量性的力量耐力和静力性耐力；球类项目的专项耐力需要有在较长时间内保持带有大量极限强度动作（快速移动、进攻、防守、打击）的抗疲劳的能力。通常专项耐力的训练，肌体会承载较大的训练量和负荷强度，并且会随着不同训练阶段的变化，而使身体训练、技术训练的负荷总量有规律地增长。在专项耐力的训练过程中，肌体还会建立一定的专项耐力储备，促使肌体更好地完成专项训练任务。

（二）耐力素质的评价

肌体的耐力素质在众多体育运动项目中占据重要的地位，对这些项目的运动成绩具有极为重要的影响。而对耐力素质的评价，可以通过一定的评价指标来进行评定。例如，一般耐力通常是以肌体持续完成运动的时间或距离来进行评定的，常用的方法是耐力跑的时间或 12 分钟跑的距离；而有氧耐力通常以个人的最大吸氧量和无氧阈为评定指标；无氧耐力一般则以无氧性运动的成绩结合血乳酸浓度的变化为评价指标来加以评定；肌肉耐力是依据肌肉完成规定强度的练习次数、平均做功能力或者表面肌电信号平均功率频率变化斜率等物理和生理指标进行检测与评价。需要指出的是，这些评价指标也会随着耐力的不同分类，而发生一些变化。

二、耐力素质训练的影响因素

（一）生理学影响因素

1. 有氧耐力的生理学影响因素

1）氧运输系统的功能水平

肌体的呼吸、血液和循环组成了整个氧运输系统，这一系统起到了为肌体运输氧气、营养物质和代谢产物的作用，这也是有氧耐力水平的决定性因素。其中肌体血液的载氧能力和心脏的泵血功能，是决定肌体氧运输系统的功能水平的重要因素。肌体中血液的载氧能力受血液中血红蛋白含量高低的影响，通常情况下，肌体中 1 克血红蛋白可以结合 1.34 毫升氧气，血液中的血红蛋白含量越高，血液结合的氧气就越多，其载氧量就越高。一般成年男性每 100 毫升血液中血红蛋白含量约为 15 克，每 100 毫升血液中血氧容量约为 20 毫升，而女性和少年儿童血液中的血红蛋白和血氧容量都要略少于成年男性。在一些耐力项目优秀运动员中，其血液中的血红蛋白含量可以达到每 100 毫升血液中含 16 克血红蛋白。比一般成人和其他项目的运动员都要高，因此，其血液的载氧量也会超出一般人。

肌体的最大心排血量（心脏每搏输出量与心率的乘积）是心脏泵血功能水平高低的重要表现。肌体的最大心排血量越大，外周肌肉组织单位时间内获得的血流量越多，氧气的运输量也越大。运动生理学研究发现，一般优秀的耐力项目运动员的心室腔容积和心室壁厚度都要比非耐力性项目运动员和一般人要大，并且他们心脏每搏的输出量可以达到 150 ~ 170 毫升，而普通成人则大多只能达到 100 ~ 120 毫升。

此外，优秀耐力选手的心肌收缩力也会比非耐力性项目运动员和一般人要大，射血的速度也较快，运动时心率即使高达 200 次 / 分，每搏输出量仍不减少，这些都是其具有较高的氧运输功能的生理学基础。

2）骨骼肌利用氧的能力

人体的肌肉组织可以从流经毛细血管的血液中摄取和利用氧气。肌肉中的肌纤维类型和它的有氧代谢能力，会对肌肉组织摄取和利用氧气的能力产生直接的影响。肌肉中的 I 型肌纤维比例越高，有氧代谢酶活性就越高，肌肉组织摄取和利用氧气的能力也就越强。一些优秀的耐力项目运动员都具有这些特点，他们通常具有较高的慢肌纤维百分比，线粒体数量多，有氧氧化酶活性高，毛细血管分布密度大，这些都使得他们的肌肉具有很强的氧气摄取和利用能力。肌体的心排血量是决定其有氧耐力水平的中心机制，而肌纤维类型的百分构成及其有氧代谢能力则是决定有氧耐力水平的外周机制。

同时，能够对人体骨骼肌运动时的氧利用能力进行整体反映的还有无氧阈。以无氧阈的最大吸氧量相对值表示法为例，其比值越高，反映肌肉的氧利用能力就越强。通常情况下普通成年人的无氧阈最大吸氧量在65%左右，而一些优秀的耐力项目运动员的无氧阈最大吸氧量可以达到80%以上。

3）神经系统的调节能力

在进行耐力素质训练时，对练习者神经系统提出了较高要求。它需要练习者的神经系统能够保持长时间的兴奋状态和抑制节律性转换，并且能够使肌体的运动中枢和内脏中枢之间进行协调活动，以保持肌肉收缩和舒张的良好节律以及运动器官和内脏器官活动之间的协调和配合。肌体神经系统的调节功能可以通过耐力素质训练进行有效的改善，使肌体更能适应耐力素质训练的需要，这一点也是耐力项目运动员能够坚持长时间运动的生理学原因之一。

4）能量供应及其利用效率

肌糖原和脂肪的有氧氧化为肌体进行耐力性运动训练提供了主要的能量。肌体中肌糖原含量不足，其耐力性运动训练成绩会受到明显的影响；反之，肌体拥有充足的肌糖原储备，并且有效利用有氧氧化产生的能量、节约肌糖原利用及提高肌体中脂肪的利用比例等，都能使肌体的耐力水平得到有效的提高。

肌体的能量利用效率是肌体在单位耗氧量条件下的做功能力。通过对耐力项目运动员运动训练的研究，发现多数的耐力项目运动员的运动成绩差异，有65%是由肌体能量利用效率的不同而造成的。

5）年龄与性别

人体在发育过程中，其自身的最大吸氧量绝对值表示的肌体最大摄氧能力会随着人们年龄的增长而逐渐增加，其中男生发育到16岁、女生发育到14岁时最大摄氧能力达到顶峰。14岁时，男女最大吸氧量的绝对值差异约为25%，16岁时高达50%。但如果以相对值"毫升/（千克·分）"表示，在6～16岁，男生的最大吸氧量会稳定在53毫升/（千克·分）的水平，而女生则从52毫升/（千克·分）慢慢下降到40.5毫升/（千克·分），而造成这一差异的主要原因，可能是女性体内脂肪会随年龄的增长而快于男生。在25岁以后，肌体的最大吸氧量会以约每年1%的速度递减；到55岁时，肌体的最大吸氧量相比于20岁时平均减少了27%。

2.无氧耐力的生理学影响因素

（1）骨骼肌的糖无氧酵解供能能力。肌糖原的无氧酵解为肌体的无氧耐力提供主要的能量，而肌体中肌纤维百分构成和糖酵解酶催化活性会直接对肌糖原的无氧酵解供能产生影响。经过不同运动项目的专项训练后，运动员之间的肌纤维百分构成和糖酵解酶活性会出现较为明显的差异，其各个项目的特征表现得非常明显，这也表明了这两项因素对无氧耐力发展方面起到了决定性的作用。

（2）对酸性物质的缓冲能力。由于肌肉糖酵解过程中会产生大量的 H_+，它们会大量积累在肌细胞内，并且会向血液中扩散，造成肌体肌肉和血液中酸性物质增加，对肌体细胞内和内环境的理化性质造成一定干扰。在人体肌肉和血液中，会存在一些中和酸性物质的缓冲物质，它们是一种由弱酸及弱酸与强碱生成的盐按一定比例组成的混合液，其主要作用就是缓冲酸、碱物质，保持体内 pH 值的相对恒定。一些耐力型运动员的耐酸能力要比其他类型运动员强很多，可以通过无氧耐力训练提高自身的耐酸能力，进而提高自己的无氧耐力水平。但是，目前并没有确切的研究能够证明无氧耐力训练能够提高肌体的酸碱缓冲能力。许多人认为，肌体在运动训练过程中之所以耐酸能力增加，是由于"酸性物质引起的心理不适感"得到了强化。

（3）神经系统对酸性物质的耐受能力。虽然肌体内酸性物质的快速积累，会通过肌肉和血液中的缓冲物质得到缓冲，但对于肌肉和血液的 pH 值向酸性方向发展却是无能为力。通常情况，人体在安静状态下，其血液的平均 pH 值为 7.4，骨骼肌细胞液的 pH 值为 7.0 左右。但是，当肌体进行相对剧烈或长时间的运动时，其血液和骨骼肌细胞液的 pH 值均可能出现明显的降低。血液的 pH 值可能会降至 7.0 左右，骨骼肌细胞液的 pH 值则可能会降至 6.3。神经系统对运动肌的驱动和对不同肌群活动的协调作用是影响无氧耐力的一个重要因素，而神经系统的这类功能会受到大量酸性物质的影响，从而对运动过程中运动单位的激活和中枢控制的协调性产生一定影响。如果经常参加无氧耐力的训练，则可以使神经系统对酸性物质的耐受能力得到有效的提高。

（二）运动技能水平

耐力素质是一名运动员参加训练和比赛非常重要的一项基本素质，其耐力素质的高低对能否取得优异的运动成绩有着极为重要的影响。因此，在任何一个运动项目中都应把耐力素质作为基础素质来发展。需要说明的是，耐力素质要想得到很好的发展还必须具备一定的运动技能水平，运动员运动技能水平的高低对耐力素质的发展起到重要的促进作用，运动技能水平高有利于耐力素质的提高；反之，则阻碍耐力素质的发展。

（三）个性心理特征

运动员的运动动机和兴趣及面临运动活动的心理稳定性、努力程度、自持力和意志品质都直接影响到耐力水平的发展，特别是意志品质在耐力训练中起着非常重要的作用。在长时间运动出现疲劳的情况下及在以强度为主的训练中，意志品质的重要作用体现得尤为明显。如果运动员的意志力不能强迫神经中枢继续工作，甚至提高工作强度（如终点冲刺），便不能保持运动所要求的强度水平。人类具有极大的耐力潜力，这种潜力只有通过充分动员起来的意志力去战胜由于疲劳而出现的软弱，才能得到最大限度的发挥。

三、耐力素质训练的主要方法

（一）间歇训练法

间歇训练法对速度耐力和短跑耐力水平影响较大。周期性的方法包括所有的休息方法，如慢跑或步行。但放松练习也是其中的一部分。当心率恢复到 120 ~ 130 次 / 分时，开始下一个锻炼。

这是因为间歇训练法是运动员身体无法完全恢复时的下一个练习。它对身体有以下影响：

第一，有效提高人体每分钟的生产力，增加心肌收缩力和心排血量。

第二，有效改善人体的呼吸功能，尤其是最高的摄氧量。

第三，适用于压力时间相对较长、压力强度相对较低的长跑或中长距离跑。间歇性运动方法可以有效提高有氧消化能力和糖原的有氧耐力水平。

第四，适用于负重时间相对较短、强度相对较高的中距离跑步，有时也适用于较长时间的跑步。

（二）循环训练法

循环训练法是基于特定训练任务建立多个或多个练习"站"的目标，每个"站"包含一个或多个与一般耐力发展相关的链接。为使运动员能够遵循给定的顺序和路线，为每个站设置练习次数、方法和要求，每个站进行一个训练，可以进行一周或数周。这是因为循环训练中下一站的锻炼是在上一站的锻炼对身体的刺激上留下了"痕迹"的基础上进行的。从第二次练习到站立，每个站的锻炼量几乎超过了前一站的负荷。因此，心血管训练对循环系统和全身功能的改善和发展有很大的影响。同时可以充分攻击运动员不同部位的肌肉，局部肌肉拉伤和恢复可以交替进行。运动员对训练的兴趣正在增长，因此心血管训练对整体耐力的发展产生了有益的影响。

此外，许多其他综合速度游戏、轻重练习等也是提高综合耐力的有效途径。

（三）持续负荷法

许多耐力运动（例如划船、游泳、骑自行车、中长跑等）经常采用连续负重的方式进行越野训练，并产生很好的效果（例如使用短跑）。通过变速训练，可以在运动中逐渐提高速度，例如：以较慢的速度覆盖前 1/3 的距离，然后可以将速度提高到略低于中等强度的水平，并且可以以中等强度速度覆盖最后 1/3 的距离。

此外，强度可以从中间到第二高水平连续变化。例如：每 1 ~ 10 分钟最大运动强度后，可以交替进行中级运动，以确保在下一次增加负荷前身体稍有调整。最高心率可达到约 180 次 / 分，恢复时间减少至约 140 次 / 分。脉动波状强度的交替排列对于负重训练很有用，能有效改善心脏和中枢神经系统的机能。

（四）重复训练法

重复训练法是指以给定的距离、持续时间和重量强度重复锻炼的方法。在不改变动作结构和有效载荷体积的情况下，这种训练方法的主要作用是提高无氧代谢的短跑运动员的耐力水平和混合代谢的中级跑者的耐力水平。

200 米、400 米等短距离长跑，可以有效地发展和提高乳酸动力供应系统的水平。由于项目对高速耐久的要求，即使在长距离（300 ~ 500m）反复跑一段时，身体也会产生负氧量。

中距离比赛中的短距离比赛，如 800 米比赛，无氧代谢的比例较高。跑步时需要更多的氧量。因此，在 500 ~ 150 米内重复，不仅可以提高身体对缺氧的耐受性，还可以增加大量乳酸的积累。

长跑训练负荷高。每分钟的氧气含量和循环系统必须充分调动。因为长时间的循环和呼吸系统有时间克服惯性，逐渐提高工作水平，所以通过反复长跑，可以提高循环和呼吸系统的机能水平。

重复训练法是比赛期间训练的主要方法，并且主要在比赛开始时使用。根据运动员的实际情况，刺激的量和刺激的强度可以在一定范围内变化。但一般情况下，刺激量和刺激强度是相对恒定的。

重复训练法的一个特点是在运动时间内心率恢复到 100 ~ 120 次 / 分时进行下一个运动。

（五）高原训练法

高原训练法是指在海拔较高、空气中含氧量较低的高原地区进行训练，比如我国在青海多巴、云南昆明等地都有高原培训基地。2000 米左右的海拔高度可以培养运动员的有氧代谢能力，提高运动员到达高原后刻苦训练和参加激烈比赛的能力。

高原训练期间，因为高原空气中的含氧量比平原少，这增加了对身体心血管和呼吸系统的需求，提高了运动员在训练和适应过程中的通气和呼吸效率。这种改善促进了呼吸和循环的功能。

高原训练后运动员血液中的红细胞和血红蛋白会增加。这增加了身体向血液输送氧气的能力，同时扩张和增厚肌肉的毛细血管。因此，它大大改善了肌肉细胞的能量代谢和有氧能量供应。

四、耐力素质训练的基本内容

（一）间歇跑训练

方法：练习者采用快跑一段距离后，再慢跑或走一段距离的中途有间歇的跑法。跑的速度、距离与间歇时采用慢跑或走及练习的次数，应根据练习目的而定。

作用：发展专项耐力水平。

要求：快跑的速度应使脉搏达到 170 ~ 180 次 / 分。有中间间歇；慢跑或走时，使脉搏应控制在 120 次 / 分左右时再重复下一次练习。

（二）持续慢跑训练

方法：练习者采用较慢速度持续跑较长的距离，发展有氧耐力。跑的速度、距离、重复次数等应根据练习目的确定。

作用：发展一般耐力，提高有氧供能能力。

要求：在持续慢跑时，心率应达到 150 次 / 分左右为宜，以发展练习者的一般耐力。

（三）追逐跑训练

方法：在田径场或自然环境中，多人相互追逐跑。可选择一定的距离追逐，然后再慢跑或走，反复追逐。追逐跑的距离、速度根据练习的目的而定。

作用：发展速度耐力、无氧与有氧代谢水平。

要求：同伴之间相互保持 5 ~ 10m 的距离，用中等或较快的速度追逐对方，慢跑时应使脉搏不低于 100 次 / 分左右。

（四）重复跑训练

方法：固定跑的距离，多次重复，进行该段距离的跑。重复跑时的速度、距离、重复次数等应根据练习目的和练习者的具体情况而定。

作用：发展专项耐力和一般耐力，提高无氧代谢能力水平。

要求：每次练习之间的间歇时间以心率恢复到 100 ~ 120 次 / 分为限，再进行下一次练习。

（五）变速跑训练

方法：按一定距离变换速度地跑。在跑的过程中，用中等速度跑一段距离后，再以较慢速度跑一段距离。

作用：发展有氧和无氧代谢能力，提高一般耐力和专项耐力水平。

要求：中速跑与慢速跑交替进行相同的距离或中速跑的距离较慢速跑稍短一些，变速的交替次数依练习目的而定。

（六）越野跑训练

方法：可采用个人或结伴的形式，进行距离较长、强度较小的在野外自然环境中的跑步。在跑步中应保持正确的跑的姿势，充分利用野外的上坡、下坡等地，以发展一般耐力水平。

作用：发展一般耐力水平，提高有氧代谢能力。

要求：越野跑时应穿软底鞋，跑的距离及时间根据个人特点和练习目的确定，跑的过程中脉搏应保持在 150 次 / 分左右。

（七）匀速持续跑训练

方法：采用中等速度持续跑较长或一定的距离，在跑的整个过程中，保持一定的速度，用匀速跑完练习规定的距离。

作用：发展专项耐力水平，提高混合代谢能力。

要求：速度达到中等速度，心率保持在 150 次 / 分左右，以匀速持续跑一定距离。

第四节　高校田径运动的柔韧素质训练

一、柔韧素质训练的概念界定

（一）柔韧性

柔韧性是指不同关节的运动范围，人体的弹性和肌肉、肌腱、韧带等软组织的弹性。弹性有两层含义：（1）关节活动范围的大小；（2）软组织的柔韧性，如肌肉、肌腱和韧带，使关节扩张。关节的运动范围很大程度上取决于关节本身的装置结构。跨越关节的肌肉、肌腱和韧带等软组织的柔韧性在很大程度上是通过适当的训练实现的。

柔韧性在运动中非常重要。它是有效技术改进的必要基础，也是保证体育技术水平提高的根本因素之一。当柔韧性不好时，学习运动技能的过程会立即减慢并变得更加复杂。并且通常不可能学习一些非常重要的技术来完成比赛。关节灵活性差会限制力量、速度和协调性的发挥，降低肌肉协调性、出汗并影响其他运动素质的发展，并且通常是肌肉和韧带损伤的原因。人体柔韧性主要具有以下特点：

第一，年龄的阶段性。不同年龄阶段的运动员对柔韧素质的要求是不一样的，各个年龄阶段有各自不同的要求。例如，对体操运动员来说，10岁左右的柔韧要求可能是快速提高关节活动的空间与幅度，而16岁时的柔韧要求是保持现有良好的柔韧性。

第二，相对性。适当的柔韧素质训练有助于运动素质的保持和发展，柔韧练习少则达不到提高一般或专项素质的要求，柔韧练习太多则容易造成韧带松弛、关节不稳或肌肉受伤，因此说柔韧训练是相对的，一般柔韧性的要求是为力量、速度等素质训练要求服务的，只要能满足运动竞技的需求，无须练得太多。

第三，差异性。（1）项目差异性，在众多的运动项目中，显然各项目对运动员的柔韧素质要求是不一样的，例如，体操运动员由于要完成大量的翻、转体、团身等屈伸动作，对关节韧带活动要求显然高于球类运动项目；（2）个体差异性，人的发展阶段存在个体差异性，同样在运动项目中也存在这种差异性，不但不同的个体存在差异，而且同一个体的不同身体部位（关节）的运动幅度也不一样，男女运动员由于生理学上存在差异，女性的肌纤维细长，横断面积小于男性，对关节活动限制小，因此女性关节灵活性好于男性。

第四，可逆性。柔韧素质发展快，易见效，但消失也快，停训时间稍长，就会消失，该过程是可逆的，因此在实际训练中必须注意柔韧素质的保持。

（二）柔韧素质

柔韧素质通常指关节活动的范围，其中包含关节在不同方向活动的幅度，也可理解为髋关节肌肉、肌腱、韧带的伸展性。

在运动中，柔韧素质表现为完成大幅度或极限幅度动作的能力或人体关节在不同方向上的运动能力及肌肉、韧带的伸展能力。柔韧素质取决于关节的灵活性、结构及韧带、肌肉的弹性和神经系统对肌肉的调节能力等。

运动员的柔韧素质是和项目具有关系的肌肉、关节活动幅度的能力。人体中各个关节的运动幅度都表现出自身的特异性，不同关节之间的柔韧素质并不具有任何相关性。柔韧素质与身体比例、体表面积、皮肤维度、体重之间存在一定的相关性。

（三）柔韧素质训练

柔韧素质训练不仅能够提升人体的运动能力，而且也能够降低运动损伤发生的可能。柔韧素质训练的主要意图在于扩大运动关节的活动范围。柔韧素质对于运动员而言是非常重要的能力，肌肉活动范围的大小影响着运动员的表现情况与能力发挥。

柔韧素质的提升能够推动运动员力量的增进与速度的加快，而且也有利于缩短肌肉训练后的恢复时间与僵硬感。赛前热身阶段的柔韧素质训练能够帮助运动员在生理与心理方面做好充足的准备；另外，柔韧素质训练能够在一定程度上避免出现肌肉拉伤、韧带损伤及过度使用带来的伤痛，同时还可以减轻或缓解肌肉运动后的酸痛、后背疼痛和痉挛等现象。为了预防伤痛，运动员在柔韧能力上的付出是值得和必要的。无论是训练前后，还是比赛前后，柔韧素质训练都有助于获得高水平的运动表现。其具体作用表现在以下方面：

第一，活动深层肌纤维，减少肌肉紧张感。

第二，刺激关节润滑液的分泌、热身滑囊及滑液的生成。

第三，提高呼吸频率，增加心率和血流量。

第四，减少运动损伤出现的概率。

第五，提高心理的准备适应性和放松程度。

第六，提高动作学习、练习的效率，提高运动成绩。

第七，缓解肌肉训练后的酸痛，减轻女运动员的痛经症状。

第八，避免运动员退役后关节的活动性幅度降低及疼痛现象。

第九，与其他类型的训练相结合时，柔韧性练习就是一种很好的热身或放松运动，柔韧练习还可提高神经系统与肌肉组织的协调性。

第十，通过增加动作幅度促进力量和速度的发挥。

二、柔韧素质训练的方法

"在田径运动项目中，柔韧素质对运动成绩有着至关重要的作用。科学合理的发展运动员的柔韧素质，可加大运动员运动时的动作幅度，提高关节的灵活性，使得动作更显灵活、协调。"[①]从柔韧素质训练的主、客体出发，柔韧素质训练可分为主动牵拉和被动牵拉。前者又包含静力牵拉和动力牵拉，后者又有单纯被动牵拉和 PNF 法牵拉。下边主要介绍这四种有效的柔韧素质训练方法。

（一）静力法

静力法，是指在身体部位固定静止的状态下对肌肉等组织进行适时牵拉的柔韧素质训练方法。肌肉预先被拉长后静止状态保持一段时间的牵拉练习或操作称为静力性柔韧素质训练。这种训练方法由运动员个体进行，因此静力法也称作"个体柔韧素质训练法"。静力法是在缓慢动力拉伸的基础上，在达到一定程度后保持静止、进行拉伸训练的方法。

静力法要求在平缓的动作里渐渐达到训练的幅度要求。静力法所达到的训练要求为个体感觉到被牵拉目标出现适度的不适为宜（例如，感觉肌肉被拉紧，有一点儿难受）、但不能出现剧烈的疼痛。保持某一牵拉姿势 15 ~ 20 秒或 10 ~ 30 秒，每个动作重复两遍。每周训练 5 ~ 7 次，每次尽量做全身性柔韧练习。

在静力训练里也表现出一些变化，如在放松的同时拉长肌肉。静力法的优势包括：（1）不启动牵张反射；（2）可以有效缓解肌肉训练以后的酸胀疼痛；（3）受伤的可能性较低；（4）不会消耗过多的力量；（5）各个项目都能使用，然而错误的、长时间的静力牵张也会造成肌肉损伤。

采用静力法的训练阶段，主要包括：（1）轻松牵拉，肌肉小幅度牵拉；（2）逐渐增加强度，或称为"感觉牵拉"；（3）极限牵拉，有较为强烈的疼痛感。具体程序为：在静力训练中，身体始终保持放松，自然呼吸。缓慢进行目标肌的动作，牵拉，逐渐感受到肌肉被牵拉，在此基础上，增加强度保持 10 ~ 15 秒，在牵拉过程中避免振摆，若是必要的话，可以继续加大强度，直到出现一定的疼痛感，并渐渐加剧。当疼痛感加剧时，可逐渐降低强度。

---

① 陈娟，赵玲玲，陈丹 . 柔韧素质训练对田径运动员运动成绩影响的研究［J］. 剑南文学，2013（8）：374.

（二）动力法

动力法，是指身体在大幅度条件下进行的摆动式柔韧素质训练法。相比之下，动力法较静力法更具活动性。动力法通常安排在静力练习后，主要针对专项训练和比赛。动力性的柔韧素质训练法是对肌肉、关节动态的强化刺激，是专项性热身的重要组成部分。相较于静力法，动力法显得更加自由，启动和结束都呈现动态的样式。在增加关节柔韧度上，静力法与动力法取得的效果并无显著的区别，但是动力法在实施过程中身体更易受伤，特别是存在旧伤时，危险指数快速增长。并且，使用动力法并希望超过自身关节活动幅度开展训练时，最容易受伤。此外，动力法主要适用于下肢和躯干部，上肢较少使用。

动力法的训练程序：振摆10次，重复3组，逐渐增加幅度和强度。对于有腰伤和其他伤病的运动员而言，动力法并不适用。

动力性柔韧素质训练为专项化训练与比赛创造相应的活动空间，发挥着静力与专项活动之间的纽带作用。可见，动力法是更贴近专项运动的柔韧素质训练法，它通常有站立式动力活动和专项运动状态下的柔韧素质训练方式。例如，短跑运动员经常做的行进间直臂上摆高抬腿。

（三）被动法

被动法，是指由教练或队友对运动员进行柔韧素质训练的方法或运动员由教练或队友辅助进行柔韧素质训练的方法。相较于个人柔韧素质训练，被动法的优势表现在可以提升关节活动的范围，超出主动静力牵引的范围。尽管被动法能够充分挖掘个体的柔韧潜能，然而安全性是被动法的重点。

在实践的磨合中，教练或队友与运动员之间会形成训练默契，逐渐掌握牵拉和持续的尺度，相互之间能够进行练习。这在一定意义上强化了队员之间的交流并形成更加良好的团队氛围。主动牵拉的一方应当掌握着准确的牵拉技术：①牵拉过程应当平缓并且具有可控性；②在被动训练过程中，避免出现丝毫的疼痛感；③在训练过程中应当合理把控时间的尺度，彼此维持着流畅的语言交流。

（四）PNF法

PNF法即本体感觉神经肌肉促进疗法，是指利用人体本体感受性神经—肌肉互动特性而进行的柔韧素质训练方法。PNF法通过主动肌和被动肌的交替收缩与放松，利用牵张反射原理抑制肌肉收缩从而达到牵拉的目的。PNF法实施过程中，被牵拉目标（主动肌）收缩力减小，柔韧性增加。PNF法还有一个优势因为肌肉等长与向心收缩，能够推动力量增长。

相较于静力法，PNF 法会使主动肌放松、等长收缩和向心收缩，被动肌放松和向心收缩。

PNF 是被动法的特殊形式。在保证安全的前提下，正确的要领非常重要。在 PNF 法中，也有收缩—保持—放松—运动和收缩—运动—放松两种形式。

以股二头肌为例，收缩—保持—放松—运动的程序为：在队友或教练对股二头肌施力时，运动员大腿后群肌等长收缩，保持 5 ~ 10 秒，然后放松 10 秒，随后进一步施力，重复上述程序，连续做 3 次。队友在做股二头肌 PNF 时，用语言指导运动员完成柔韧练习，如在施力时说"收缩对抗"。在牵拉后说"现在开始放松"。收缩—运动—放松形式的练习是运动员主动收缩股二头肌，在预定的范围内，不断地在牵拉中收缩和放松。

能够进行 PNF 法训练的部位，包括小腿三头肌、踝关节、胸肌、缝匠肌、股二头肌、伸髋肌群、股四头肌和屈髋肌群。

三、不同部位的柔韧素质训练

（一）颈部

颈部类似圆柱体，肌肉分布在其四周，包裹着颈椎和气管、食管。颈部肌肉牵引着头部保持平稳，其牵拉方式与其分布具有十分紧密的联系。依据圆柱体特征，可将颈部肌肉分为颈后部、颈前部、颈侧部肌肉。

颈部在受到伤害或者伤后恢复阶段，应当规避开展柔韧素质训练。颈部的柔韧素质训练能够在一定程度上平复由于长久坐立或者慢性静力性肌肉劳损引发的颈部肌肉疼痛。颈部肌肉的构造是开展合适的柔韧方法设计的基础。

1."左右看齐"

牵拉目标：胸锁乳头肌。

练习方法：站姿或坐姿，头颈部保持竖直，以次最大用力程度向右转头，保持 15 ~ 30 秒，向左重复 15 ~ 30 秒，各重复 2 ~ 3 组。

动作要点：增加强度，可尽力向左右侧转头至最大用力幅度。

2.头前探

牵拉目标：胸锁乳头肌、枕骨下肌、颈夹肌。

练习方法：站姿或坐姿，头颈部竖直，头颈部向下背屈，下颌靠近胸部，保持 10 秒，如果下颌接触胸部，那么再向下移动。头颈部向后，靠近斜方肌，保持 15 ~ 30 秒，重复 2 ~ 3 组。

动作要点：双手交叉放于头顶部，向下施力，使下颌部靠近胸部，保持 15 ~ 30 秒，重复 2 ~ 3 组。

3. 头后仰

牵拉目标：胸锁乳头肌、枕骨下肌、颈夹肌。

练习方法：站姿，头后仰至最大或次最大幅度，保持 15 ~ 30 秒，重复 2 ~ 3 组。

动作要点：平躺在宽凳上，头部在外悬空，头部尽量向下沉，保持 15 ~ 30 秒，重复 2 ~ 3 组。

4. 屈腿仰卧起

牵拉目标：斜方肌。

练习方法：仰卧，屈腿，小腿靠近大腿后部，双脚撑地，脚尖向前，双手交叉，扶在头后，双臂内扣，靠在头部两侧，呼气，双手施力向上（胸部）拉头部和颈部。保持 15 ~ 30 秒，重复 2 ~ 3 组。

5. 俯身前顶

牵拉目标：斜方肌、颈部肌群。

练习方法：跪姿，双膝触地，双臂屈，前臂及手掌撑于地面，头顶部触地，上体团身，臀部向上，呼气，头部不动，肩部向前顶，下颌靠近胸部，保持 30 秒，重复 2 ~ 3 遍。

（二）肩部

肩关节是最灵活的关节，活动方向和幅度也最多、最大，因此，针对肩关节部位的柔韧素质训练手段也很多。

肩部肌肉柔韧素质训练涉及三角肌前束、中束、后束或分为肩带、肩肘、肩侧等部位。以下柔韧素质训练手段按照从前到后的顺序进行介绍：

1. 体后直臂上抬

牵拉目标：三角肌、胸大肌。

练习方法：站姿，双手后背并交叉握拳，伸直手臂，缓慢上抬手臂，保持 15 ~ 30 秒，头部保持竖直，肩部放松，重复 2 ~ 3 组。

2. 坐姿后倾

牵拉目标：三角肌、胸大肌。

练习方法：坐姿，双腿并拢放于地面上，双手背后支撑，手掌距臀部 30 厘米，手指指向身体后方，双手逐渐向后移动，同时后倾。保持 15 ~ 30 秒，重复 2 ~ 3 组。

3. 坐姿直臂后展

牵拉目标：三角肌。

练习方法：先坐在地上，双手放于臀后 30 厘米处，手指向外，手掌触地，双腿直膝、并拢、前伸，脚跟触地，呼气，臀部向前缓慢滑动，上体后仰，躺在地上，保持 15 ～ 30 秒，重复 2 ～ 3 组。

动作要点：头部略微上翘。

4. 悬空坐姿沉臂

牵拉目标：三角肌。

练习方法：双手撑于低椅或长凳（50 厘米）边沿，前臂与上臂呈 90°，上体距椅边 40 厘米左右，双腿屈膝或直膝，双脚掌或脚跟触地，呼气，沉臂至最低或感觉三角肌被适度牵拉时，保持 15 ～ 30 秒，重复 2 ～ 3 组。

动作要点：增加强度时可抬高脚尖放于高凳上，增加下沉距离。

5. 仰卧直臂挺胸

牵拉目标：三角肌。

练习方法：坐于地面上，双手体后支撑，距离臀部 30 ～ 50 厘米，手指指向外，呼气，双腿并拢前伸，脚跟撑地，双臂伸直，向上挺胸，抬臂，头后仰，保持 15 ～ 30 秒，重复 2 ～ 3 组。

（三）胸部

胸部是上肢发力的关键肌肉群所在，上肢各种动作的完成都离不开胸肌的参与，胸肌分为上部、中部和下部，牵拉的部位也根据牵拉手段的不同而有所侧重。

1. 跪姿沉肩

牵拉目标：三角肌、胸大肌。

练习方法：跪姿，大腿与地面垂直，双手放于椅子上，头部及上体向下移动，保持 15 ～ 30 秒，重复 2 ～ 3 组。

2. 仰卧沉肩

牵拉目标：三角肌、胸大肌。

练习方法：仰卧于宽凳上，双腿屈膝，双脚触凳，背后垫一条折叠的毯子或柔软的支持物，肩胛骨以上部位悬空，双手交叉放于头后，肘关节向外展开，位于头部两侧，呼气，头部及双肩下沉，保持 15 ～ 30 秒，重复 2 ～ 3 组。

动作要点：牵拉时，颈部挺直，可由队友或教练固定双脚。

3. 仰卧飞鸟

牵拉目标：胸肌、肩带肌。

练习方法：仰卧躺在宽凳上，双手各持一只重量适中的哑铃，双手持铃先上举，呼气，微屈臂，逐渐向两侧下放至最低点，保持 15～30 秒，重复 2～3 组。

动作要点：哑铃不应当过于沉重，下放时速度要保持平缓，可以有效控制。

4. 坐姿倒肩

牵拉目标：三角肌、胸大肌。

练习方法：坐在椅子上，双手交叉，放于头后，椅背与坐时肩胛骨一样高，呼气，向后倒肩，肘部向外尽量展开，保持 15～30 秒，重复 2～3 组。

5. 屈肘助力后拉

牵拉目标：三角肌、胸大肌。

练习方法：坐于椅子上，上体挺直，双手交叉，放于头后，肘部向外展开，同伴站立于身后，双手分别握住其肘关节内部，施加力量向后拉动，保持 15～30 秒，重复 2～3 组。

动作要点：两人随时保持交流。

（四）手臂肌群

1. 颈后屈臂牵拉

牵拉目标：肱三头肌、背阔肌。

练习方法：站姿或坐姿，屈臂，上抬肘关节，超过头部。右手尽量向左侧肩胛骨移动，左手握住右侧肘关节，左手向后下方用力牵拉，保持 10 秒，交换部位重复进行。

2. 站姿哑铃头后拉

牵拉目标：肱三头肌。

练习方法：站姿或坐姿，手中握着一只重量合适的哑铃向上举，掌心保持向前，左手将右肘关节扶住，速度平缓地向后弯曲肘部，吸气还原，呼气下放，做 10～15 次，重复 2～3 组。

动作要点：以肘关节为支点，前臂屈、伸展应至最大。

3. 屈肘体前屈

牵拉目标：肱三头肌。

练习方法：跪姿，双臂屈肘，外侧放于齐腰高桌子上，手掌向上，呼气，体前屈，肩部向腕关节靠近，保持 15～30 秒，重复 2～3 组。

动作要点：牵拉肱三头肌，背部平整。

4. 屈肘离心弯举

牵拉目标：肱二头肌。

练习方法：站姿或坐姿，单臂屈肘90°放于桌子上，手持一只重量适中哑铃，呼气，伸臂时，肱二头肌离心收缩，动作缓慢，吸气时还原，做10~15次，交换，重复2~3组。

5. 跪姿反手撑地后坐

牵拉目标：屈腕肌。

练习方法：跪姿，双臂伸直，反手撑于地面，手指指向膝关节，呼气，上体逐渐后坐至适宜位置，保持15~30秒，重复2~3组。

动作要点：后坐时，掌跟不离开垫子。

（五）上背部

1. 单臂体前侧拉

牵拉目标：背阔肌、大圆肌。

练习方法：站姿或坐姿，左前臂微屈15°~30°，大臂直臂，右手握住左臂肘部，用力向右侧牵拉，保持15~30秒，换臂，各重复2~3组。

2. 俯身肋木沉肩

牵拉目标：背阔肌、大圆肌。

练习方法：站姿，双腿直膝，双脚开立，与肩同宽，距肋木1米，向前俯身双手握住肋木，背部保持平整，呼气，向下沉肩，保持15~30秒，重复2~3组。

动作要点：背部平，双腿直，可同时牵拉下背部肌肉和大腿后群肌。

3. 直臂上顶

牵拉目标：背阔肌、屈腕肌。

练习方法：站姿，腹前直臂，十指交叉，逐渐直臂上顶至头部正上方，保持此姿势后，稍微向后移动，保持15~30秒，重复2~3组。可同时牵拉肩、胸、背。

4. 俯卧抬臀

牵拉目标：背阔肌、大圆肌。

练习方法：俯卧，双膝及脚尖触地支撑，双臂向前伸展，胸部触地，呼气，上抬臀部，双臂按压在地面，身体成背弓，保持15~30秒，重复2~3组。

5. 跪姿助力肩后推

牵拉目标：背阔肌、大圆肌。

练习方法：面向墙，保持 1 米距离，呈跪姿，双臂扶墙或肋木向上伸展，上体前探，同伴在后，双手按住其肩胛骨上部向前下方施力，保持 15～30 秒，重复 2～3 组。

（六）下背部

1. 躯干反扭

牵拉目标：腹内斜肌、腹外斜肌、竖脊肌。

练习方法：直腿坐姿，上体正直，右脚交叉放于左腿左侧，脚掌触地，将左肘放于右膝右侧固定，右手放于臀部后侧方 30～40 厘米处，左肘向左侧用力牵拉，肩、头向右侧扭转，尽量远。向后看，保持 15～30 秒，换腿，各重复 2～3 组。

2. 坐姿体前屈

牵拉目标：竖脊肌。

练习方法：坐姿，屈膝 30°～50°，双腿放松，双侧膝关节指向外侧，腿外侧可触地或不触地，向前屈体（以腰部为轴），直臂前伸，最大幅度保持 15～30 秒，重复 2～3 组。

动作要点：减少股后肌群参与，腿部尽量放松，主要由下腰部参与牵拉。

3. 站姿（负重）体转

牵拉目标：竖棘肌、腹外斜肌。

练习方法：站姿，双脚开立，与肩同宽，双手扶杠铃放置头后部，直腰缓慢匀速转体至最大或次最大幅度，为减少损伤，可微屈膝或采用坐姿。

4. 跪姿背桥

牵拉目标：腹外斜肌、背阔肌、前锯肌、肱三头肌。

练习方法：跪姿，双手直臂，肩下放撑地，小腿及脚背放于地面；吸气，收腹、弓腰、团背，保持 15～30 秒，呼气，腹肌放松还原，重复 2～3 组。

动作要点：平背姿势开始到最大限度弓腰。

5. 仰卧团身

牵拉目标：竖背肌。

练习方法：仰卧团身，双手握住大腿后部（靠近膝关节），向身体方向用力牵拉，保持 15～30 秒，重复 2～3 组。

动作要点：同伴跪在其体侧，右手按住其大腿后部，左手扶住其双脚脚跟，施力下压。

（七）腹部

躯干部肌肉群包括腹直肌、腹外斜肌、腹内斜肌等。这些肌肉群发挥稳定躯干、连接上下肢的纽带作用，以不同起点进行牵拉，可以达到深度开发柔韧性的目的，同时也可促进躯干部灵活、协调性的提高。

1. 直臂体侧牵拉

牵拉目标：腹外斜肌、背阔肌、前锯肌。

练习方法：站姿，双腿间距离 35 ~ 40 厘米，十指交叉，掌心向外，直臂向右侧振，尽量达到最大幅度，膝关节不能弯曲，保持 15 ~ 30 秒，交换，各重复 2 ~ 3 组。

2. 站姿体侧屈

牵拉目标：腹外斜肌、背阔肌、前锯肌、肱三头肌。

练习方法：站姿，右脚侧平放于肋木上（或凳子上），左腿直膝，左脚支撑，距肋木（或凳）1 米，双臂上举，双手交叉，上体向右侧屈，保持 15 ~ 30 秒，换腿，重复 2 ~ 3 组。

动作要点：保持双腿直膝，也可牵拉右腿内收肌。

3. 屈臂体侧拉

牵拉目标：腹外斜肌、背阔肌、前锯肌、肱三头肌。

练习方法：站姿，双腿间距离 35 ~ 40 厘米，屈臂，双手握异侧肘关节于头后，右手靠近左肩，向左屈，尽量达到最大幅度，膝关节不能弯曲，保持 15 ~ 30 秒，交换，重复 2 ~ 3 组。

4. 仰卧沉臀

牵拉目标：腹外斜肌、背阔肌、前锯肌、肱三头肌。

练习方法：背部仰卧于宽凳或床上，腰下垫毛巾或软垫，臀部在凳边或床边。双手交叉，垫在头后，双腿微屈，双脚脚跟触地，向下沉臀，保持 10 ~ 15 秒，重复 2 ~ 3 遍。

动作要点：左侧肘部向上、向右侧抬起，上体向右侧扭转，保持 10 ~ 15 秒，重复 2 ~ 3 次，换方向。

5. 握杠后屈体（背弓）

牵拉目标：腹外斜肌、背阔肌、前锯肌、肱三头肌。

练习方法：站姿，距肋木或单杠 30 厘米，双臂伸直、上举，双手并拢或叠加在一起，握住肋木杆或单杠，上体完全伸展，双脚尖向后移动，腹部向前顶，保持 15 ~ 30 秒，重复 2 ~ 3 组。

第五节　高校田径运动的灵敏素质训练

灵敏是指快速变速、变向的能力。灵敏被认为是"肌体的智商"，它是速度、爆发力、平衡、协调等素质的综合反映。平衡能够保持身体在静止或运动时身体重心的稳定。协调是保证身体运动与感受器协调配合的能力。爆发力是保障肌肉或肌肉群快速克服阻力的能力。速度体现在快速移动或跑动通过一定距离的时间。灵敏在竞技体育运动中具体表现为加速、急停、变向再加速的能力。在对抗性运动中，运动员的灵敏素质显得非常重要，特别是球类对抗项目。

一、灵敏素质训练的基础动作

第一，平衡和底部支撑。平衡是发展运动技能很重要的一方面，是所有运动技能特别是灵敏素质的基本组成部分。平衡包括静态平衡和动态平衡两种类型。运动的本质是动态平衡，是身体在支撑基础上保持身体重心的能力。平衡性对于运动员的灵敏素质和整体运动表现是很重要的。不论运动员的身体重心位置在哪里，它都有利于运动员在底部支撑时恢复身体姿势，保持重心位置。通过对身体重心的控制，运动员就可以向有效成功的运动迈出第一步。一个牢固的底部支撑，可以在身体重心和地面之间形成一种很好的杠杆调节作用，便于运动员加速、减速、变向。

第二，身体姿势。良好的身体姿势对运动成绩的影响是很大的，通常由好的重心稳定性产生，而好的重心稳定性是由能够稳定臀部和胸部的腹直肌、腹横肌和其他许多肌肉之间的协调而形成的。

第三，脚掌与地面的相互作用。灵敏素质训练一定要注重脚掌与地面的相互作用，也就是注重小腿肌肉的力量。在运动链内部，小腿力量占全身力量的14%，但就是这一小部分力量，对于激活和协调大肌肉群如大腿部、臀部、躯干和手臂的力量，具有重要作用。在做变向运动时，脚抬起的高度要相对低一些，背屈的脚强有力地接触地面的声音应该是有节奏的、猛烈的和快速的，这样才能在最短时间内使身体对地面产生最大的作用力，以获得起动、制动、变向的最佳效果。

第四，反应能力。反应能力的提高是灵敏素质提高的一个重要决定因素。

第五，加速和减速。加速和减速能力主要依靠良好的身体姿势、小腿与地面接触的合理角度，同时要求腿部和手臂的强大爆发力。

第六，快速起动能力。快速起动与快速地迈出第一步、身体姿势、反应能力和向哪个方向移动有很大的关系。快速的起始步要求距离短，力量大，离地快，脚尖与移动方向一致。

第七，变向能力。变向要求在做各种移动时，具有快速地加速和减速能力。变向能力能把相同的移动在不同的方向上联系起来，也可以把不同类型的移动联系起来。

第八，下落脚步动作。下落脚步动作是一种转换脚步，出现在移动中的变速和变向动作中，如突然起动和加速时，需要重心向前，前脚掌有冲击力地用力向后落在地面上，同时用力蹬地；反之，制动和减速时，需要重心移向后方，脚掌由后向前用力地向前落在地面上，同时用力蹬地。

第九，后退。后退是在一种比较初级的运动，一般情况下在注视或防守进攻者做切入或线性运动转变时，要用到后退动作。

二、灵敏素质训练的重要意义

第一，灵敏素质训练可以改善神经肌肉调节。灵敏素质训练是满足专项运动神经肌肉需求最为有效的训练形式。灵敏素质训练的要素包括运动强度、持续时间、间歇时间与技术等，运动员可以依据专项比赛的规则和特点展开相应的设计。所以，灵敏素质训练非常接近于比赛时的要求，运动员可以获得专门性的神经肌肉适应。与此同时，它还能够有效地整合其他体能要素，从而更能满足专项的要求。

第二，提高运动感知觉。灵敏素质训练可以通过提高运动感知能力，进而提高身体控制能力。换言之，灵敏素质训练注重细微动作的细致把握与控制，包括颈部、肩部、背部、臀部、膝部和踝部，以期获得较佳的中立位姿态。运动知觉的改善有助于获得更快速的运动及更高的运动效率。

第三，提高运动效益。优良的灵敏素质能够保证运动员更好、更快地掌握准确的进攻技巧与防守技巧，减少没有任何价值的动作，从而提升运动的效益。

第四，避免伤害。良好的灵敏素质能够使肌纤维被合理地激活，有效地控制踝关节、膝关节、髋关节、背部、肩关节和颈部的细微运动。所以，在遭遇突发性的外在冲击时，肌肉可以有效地协调运动，防止出现身体损伤。

三、灵敏素质训练的方法

（一）徒手练习法

1.单人练习

（1）屈体跳。原地双脚跳起，腾空后收腹举腿，双手由上向前摆动，接触双脚，落地还原，也可做向后屈体跳和空中抱腿跳练习。

（2）跳起转体。双脚起跳，腾空后身体保持挺身姿势，转体180°或360°落下。

（3）前后跨跳。双脚前后站立，屈膝，上体前倾，两臂置于体侧。后脚蹬地，前脚向前跨出，身体随之向前移动。前脚落地瞬间向后蹬地，后脚向后跳，身体随之向后移动。练习时应当保持身体朝水平方向移动，或者开展左右跨跳练习，避免身体重心上下变化。

（4）转体跑。听到信号后迅速转体180°，然后快速起跑、冲刺。

（5）转体立卧撑。施展完一次立卧撑动作以后，快速地原地挺身跳动，转体180°，练习时要保证动作精准，快速、自然地实现衔接。

（6）障碍跑。在跑道上设置多种障碍，要求运动员迅速、敏捷地跳过、绕过完成跑动。

2. 双人练习

（1）模仿追逐跑。两人一组，前后站立，间隔5米。前者在快速跑动过程中做出变向、急停、转身、后退等不同动作，要求后者在观看了前者的动作演示后，立刻予以准确模仿并用尽全力追赶上前者。后者拍到前者身体任一部位后，两者追逐的身份立刻发生变化。

（2）障碍追逐跑。两人一组，前后站立，间隔5米。在跑道上设置各种障碍物，跑动过程中，前者能够充分借助障碍物施展躲闪、转身等动作。当后者拍到前者身体的任一部位以后，两者立刻变更追逐的身份。

（3）躲闪摸肩。两人一组，在规定区域（如直径3米的圆圈）内，做一对一触摸对方左肩练习，并计算30秒摸中次数。

（4）闪躲跑。两人一组，在规定区域（如直径3米的圆圈）内，两人相对站立，各占一半区域，一人防守，一人想办法通过晃动、躲闪等方式摆脱防守者的防守，走进对方防守的区域。整个过程要避免出现拉人、撞人等不良现象。

（二）器械练习法

1. 单人练习

（1）利用绳梯、标志筒、小栏架等进行的练习，如在绳梯上进行各种步法的快速跑动、跨跳等练习；设置不同的跑动距离和路线，完成变向跑、跨跳等练习。

（2）各种形式的运球、传球、顶球、颠球、托球、追球、接球、多球练习等球类练习。

（3）单杠悬垂摆动、双杠转体下杠、挂撑前滚翻、翻越肋木、钻栏架、跳山羊等体操动作练习。

（4）快速跳、交叉跳绳、前后双摇、三摇跳等利用跳绳进行的练习。

（5）利用蹦床训练提高运动员的身体协调性和空中平衡能力。在蹦床上腾起，空中模仿挺身式跳远、分腿腾跃、足球守门员救球、排球扣球、拦网、篮球扣篮、跳水的起跳或腾空等动作。

2. 双人练习

双人练习包括各种形式的传球、接球、抢球及跳障碍球、踢过球接翻滚等练习，如扑球、俯卧传球、接球翻滚等，以及双杠杠端支撑跳下换位追逐、肋木穿越追逐等练习。

（三）游戏练习法

灵敏素质是人体的一项综合能力，所以旨在提升灵敏素质的游戏也需要表现出综合性特征，同时还应当表现出强烈的趣味性与高度的竞争性。只有如此，才可以充分激发起运动员的参与热情，充分投入活动中，汇聚自身的注意力，灵活、自如地应对各种活动场面，通过游戏充分提升神经系统的灵活度与反应速度。训练人们灵敏素质的游戏类型非常丰富，主要包括各种应答性游戏、追逐性游戏和集体游戏等，下面介绍常见的方法：

第一，听号接球。运动员围圈报数后向着规定的方向跑动，教练员持球站在圈中心，将球向空中抛起并喊号，被喊号者应声前去接球。要求运动员根据时间和空间非常快地去接球。

第二，双脚离地。运动员分散到指定的区域中开展随意的活动，指定其中数人作为抓人者，在聆听到教练吹起的哨音以后，谁的双脚离地就不抓他，抓人者勿缠住一个人不放，要求快速悬垂、倒立、举腿等。

第三，贴人。把运动员划分成不同的小组，每组两个人呈环形站立，另外安排两个一个追逐一个逃跑，逃者若背贴于某组内环某一名前面，则该组后一名便为逃者，被抓后，两人互换角色。

第四，传球抓人。运动员分散站立于篮球场中，两个引导人通过传球不断转移，追逐场上队员并以球触及场内闪躲逃跑的队员，凡被球触及者参加传球，直到场上队员全部被触及为止。要求传球者不得运球或者走步违例，闪躲者不得踩线或者跑出界外。

第五，形影不离。两人一组，并肩站立。右侧的人自由、随意地改变位置与方向，站立于左侧的人一定要及时跟进，依旧站立于其右侧的位置。要求灵活应对，迅速移动。

（四）组合练习法

组合练习法，指的是在训练时，科学、合理地组合运动员在比赛过程中可能施展的各项动作，让运动员情形连贯、顺畅地完成相应的动作，主要包括两个动作组合、三个动作组合以及多个动作组合练习。

第一，两个动作组合练习。两个动作组合练习主要有交叉步—后退跑、后踢腿跑—圆圈跑、侧手翻—前滚翻、转体俯卧—膝触胸、立卧撑—高抬腿跑等。

第二，三个动作组合练习。三个动作组合练习主要有交叉步侧跨步—滑步—障碍跑、滑跳—交叉步跑—转身滑步跑、鱼跃前滚翻—滑跳交叉步跑—转身滑步跑、障碍跑—转髋接着过肋木—前滚翻等。

第三，多个动作组合练习。多个动作组合练习主要有倒立前滚翻接单肩翻滚—侧滚—跪跳起、悬垂摆动接双杠跳下—钻山羊—走平衡木、跨栏接钻栏—跳栏—滚翻、摆腿—后退跑—鱼跃前滚翻—立卧撑等练习。

第七章　高校田径运动训练的创新发展

第一节　高校田径运动的可持续发展探索

"田径项目属于竞技性非常强的运动项目，在各项体育运动中处于基础地位，是培养学生意志力与提高身体素质的重要手段。"[①]因此，用可持续发展理论研究高校田径运动的发展有很强的现实意义。

一、高校田径运动的资源管理与利用

（一）提高经费和设备支持

第一，寻求赞助和捐款。为了增加高校田径运动的经费和设备支持，可以积极寻求外部赞助和捐款。这可以通过与企业、校友以及社会组织建立合作关系来实现。校方可以制定一套明晰的赞助策略，包括开展募捐活动、与潜在赞助商洽谈合作等方式，以吸引资金和资源的注入。此外，还可以与相关利益相关者合作，如体育用品生产商和体育器材供应商，寻求优惠采购和设备赞助。

第二，制定有效的经费分配策略。高校田径运动部门需要制定明晰的经费分配策略，确保经费得到合理利用。这包括制订预算计划、明确经费流向和优先级，以及建立财务监督机制。将资金分配给各个方面，如训练费用、比赛费用、设备购置和维护等，以确保资源合理配置，满足运动员的需求和训练要求。

（二）优化场地和器材使用

第一，进行设备更新和维护。定期进行设备更新和维护是保持高校田径运动可持续发展的关键。确保器材的正常运行和安全性，定期检查和维修设备，并及时更新老化或损坏的器材。此外，根据实际需求，考虑引进先进的训练设备和技术，提高训练效果和运动员的竞技水平。

第二，提高场地利用效率。合理规划和管理田径运动场地的使用可以有效提高场地利

---

① 周小西 . 高校田径运动可持续发展对策探讨 [J]. 长江大学学报（自然版），2012，9（4）：140.

用效率。这可以通过制订场地使用计划、合理安排训练时间和赛事安排来实现。同时，通过与其他校内体育项目的协调安排，充分利用校园内的运动场地资源，确保场地的多功能性和最大利用率。此外，可以探索场地共享机制，与周边社区和其他学校合作，实现资源的共享与互惠。

通过提高经费和设备支持及优化场地和器材使用，高校田径运动可以更好地满足运动员的需求，提升训练质量和竞技水平，推动可持续发展的实现。这些措施有助于建立良好的资源管理机制，确保经费和设备的有效利用，为高校田径运动的长期发展奠定坚实的基础。

二、高校田径运动的竞技与学业平衡

（一）制订灵活的训练计划

第一，考虑学生的学业负担和时间安排。高校田径运动部门应充分理解学生的学业负担，并根据个体差异和不同阶段的需求，制订灵活的训练计划。这意味着要与学生充分沟通，了解他们的课程安排、学习时间和考试期等因素，以便合理安排训练时间，避免压力过大。

第二，设计个性化的训练方案。每位学生运动员的能力、目标和需求各不相同，因此个性化的训练方案是实现竞技与学业平衡的关键。运动教练和专业人员可以根据学生的特点和发展阶段，制订适合其学业进度的训练计划。这可能包括灵活的训练时间表、个别辅导和特定的强化训练，以确保学生在学术和竞技方面都能取得良好的成绩。

（二）支持学生运动员的学业发展

第一，提供学术支持和辅导。高校田径运动部门可以建立学术支持系统，为学生运动员提供学业上的帮助和指导。这可以包括安排导师或学业指导员，协助他们制订学习计划、解决学术问题及提供学术资源和指导。同时，也可以提供学习技巧和时间管理的培训，帮助他们更好地平衡学业与竞技训练。

第二，与教师和教务部门合作，调整课程安排。高校田径运动部门应与教师和教务部门建立紧密的合作关系，共同关注学生运动员的学业发展。通过及时沟通和协商，可以协调课程安排，尽量避免学术和竞技之间的冲突。此外，可以探索灵活的学业安排方式，如选修课程、在线学习或延长学制，以满足学生运动员的学业需求。

通过制订灵活的训练计划和支持学生运动员的学业发展，高校田径运动部门可以帮助学生在竞技和学业之间找到平衡，促进他们的综合发展。这有助于学生充分发挥自己的潜力，同时保证他们在学术上取得成功。这种综合的支持和关注有助于提高学生运动员的整体学习体验和成就感，促进他们的可持续发展。

三、高校田径运动的环境保护与健康促进

（一）推行可持续的运动场馆建设

第一，采用环保材料和节能设备。在建设或改造运动场馆时，应优先选择环保材料和采用节能设备。使用可再生材料、低碳排放的建筑材料，以减少对环境的影响；同时，引入高效节能的照明、供暖、通风和空调系统，以降低能源消耗。这样的可持续建设实践有助于减少碳足迹，为田径运动提供更可持续的场地。

第二，设计合理的废物管理系统。建立合理的废物管理系统对于环境保护至关重要。在运动场馆中设置垃圾分类垃圾桶，并提供明确的分类指导，鼓励运动员和观众积极参与废物分类。此外，可以考虑引入可回收物料的再利用和废弃物的妥善处理，如回收再利用、循环利用等方式，以减少对自然资源的消耗和环境的负担。

（二）提供健康指导和服务

第一，提供营养指导和饮食计划。为了促进运动员的健康发展，高校田径运动部门应提供专业的营养指导和饮食计划。与专业营养师合作，为运动员制订适宜的饮食方案，包括合理的能量摄入、均衡的营养组合和补充剂的正确使用。此外，定期组织营养教育讲座和烹饪培训，帮助运动员树立健康饮食的意识和习惯。

第二，设立健康咨询中心，提供健康监测和咨询服务。为了关注运动员的身心健康，高校田径运动部门可以设立健康咨询中心，提供健康监测和咨询服务。该中心可以配备医生、心理学家和康复师等专业人员，为运动员提供身体健康评估、心理咨询和康复训练等服务。此外，组织健康活动和讲座，提高运动员和教练的健康意识和健康管理能力。

通过推行可持续的运动场馆建设和提供健康指导和服务，高校田径运动部门能够积极保护环境、关注运动员的身心健康。这种综合的环境保护和健康促进措施有助于营造良好的运动环境，提升运动员的整体表现和福祉，推动可持续发展的实现。

四、高校田径运动的社会参与与支持

（一）加强校际交流与合作

第一，举办高校田径运动比赛和交流活动。为促进高校田径运动的可持续发展，应积极组织和参与校际田径比赛和交流活动。这些活动不仅可以为学生运动员提供展示自我的

机会，还能够促进不同高校之间的合作与交流。通过比赛和交流，学生运动员能够互相学习、切磋技艺，并从中获取更广阔的发展机遇。

第二，建立合作伙伴关系，共享资源和经验。高校田径运动部门应积极寻求与其他高校、田径协会和专业机构的合作伙伴关系。建立合作框架，可以实现资源共享、经验交流和人才培养等方面的合作。通过合作，不仅可以扩大运动员和教练员的发展机会，还能够共同研究和解决可持续发展中的挑战，推动整个高校田径运动的发展。

（二）扩大公众宣传和支持

第一，开展宣传活动，提高田径运动的知名度。高校田径运动部门可以积极开展宣传活动，提高田径运动的知名度和影响力。通过校园内外的宣传活动及社交媒体平台、校报校刊等渠道，向广大师生和公众宣传田径运动的重要性和价值，吸引更多人参与和支持。

第二，鼓励社会各界参与，如校友捐赠、志愿者支持。高校田径运动部门应积极鼓励校友、校友会及其他社会各界人士参与支持田径运动的可持续发展。可以设立捐赠基金，鼓励校友捐赠资金和资源，用于提供奖学金、改善设施和培训教练员。此外，组织志愿者团队，提供志愿者支持，如组织比赛、协助训练和提供后勤支持等，进一步推动田径运动的发展。

通过加强校际交流与合作，以及扩大公众宣传和支持，高校田径运动部门能够获得更广泛的资源和支持，推动田径运动在社会中的可持续发展。这种社会参与和支持不仅有助于提升田径运动的影响力和竞技水平，也能够培养更多对田径运动感兴趣的人，并为其提供良好的发展平台。

第二节　高校田径运动教学的创新思路

一、多元智能理论下的高校田径运动教学创新思路

（一）多元智能理论的解读

多元智能理论的内涵主要表现在以下两方面。

首先，人脑至少有 9 个不同的"智力中心"：言语——语言智能、逻辑——数学智能、视觉——空间智能、身体——运动智能、音乐——节奏智能、人际关系智能、自我认识智

能、自然观察者智能、存在智能。每个人与生俱来都在某种程度上拥有上述几种智能，环境和教育对于能否使这些智能得到开发和培育有着重要作用，每一种智能通过恰当的教育和训练可以发展到更高的水平。个体间智力的差异在于智能的不同组合，一个人有很高的某一种智能，却不一定有同样程度的其他智能。教育的起点不在于一个人有多么聪明，而在于怎样变得聪明，在哪些方面变得聪明。

多元智能理论在教育界受到关注的原因是它从心理学的角度阐述了学生与生俱来的差异性，他们没有相同的心理倾向，也没有完全相同的智力，但具有自己的智力强项，有自己的学习风格。所以多元智能理论，不仅对整个教育领域有着深刻的影响，同样对高校田径教学改革也有着诸多的启示。

其次，人的智力是相互联系的，而且通常有一个主要或次要的智力。人的智力基本上在每个人身上都是存在的，只是基于遗传或环境等方面的原因，各种智力在每个人身上的表现程度不同。

（二）多元智能理论下高校田径运动教学改革思路

1. 数学逻辑智能

田径教学鼓励学生使用不同的提问策略，培养学生使用归纳法和演绎法的能力。这有利于学生推理能力的发展，并促进其改善数学逻辑智能。

2. 空间智能

直观教学是培养学生空间智能的最直接的手段。在田径教学中，采用直观教学方法可以给学生留下深刻、清晰的印象。积极的肢体语言，教师和学生、学生和学生之间的对话，可以使学生强烈地感受到学习的氛围，激发他们对田径的学习兴趣。教师可以利用电影、电视、投影、多媒体、图片等影像辅助教学工具，尝试处理简单的文本教学内容。

3. 自我内省智能

在教学过程中，教师应激发学生的自我意识，引导他们理解学习任务和策略。让学生主动理解自己的智能活动，规划、监控和调整自身的习惯。教师也可以分配作业。让学生知道自己的长处和弱点，并努力不断完善自己。

4. 身体运动智能

教师可以安排一些特定的田径项目的基本知识和基本技能的教学过程，如在跨栏教学中，让学生扮演老师的角色，模拟课堂教学场景，使学生有着更高的热情去学习技术动作，达到更彻底地了解在学习跨栏跑理论知识的基础上学习技术动作的目的。

5. 人际交往智能

大多数体育师范生未来想做一名中、小学体育教师，对他们来说语言解释能力是一项基本技能，积极开展合作性学习是培养人际智能的最佳途径。合作学习活动的有效方式，不仅可以促进教师与学生及学生与学生之间的情感交流，还能增强学生的合作意识，开发学生学习田径基本知识和基本技能的新思维，并使上课成为一个快乐的学习过程。

6. 自然环境智能

自然环境智能培训的任务是要求学生在田径教学中以自然环境和生态作为主题，指导学生学习自然环境的基本知识，将关于田径的体育报道与学生分享并展开讨论。这将充分发挥学生在生活中实际应用在田径课堂中学到的理论知识的能力。

二、趣味田径引领下的高校田径运动教学创新思路

（一）制订课程改革方案，改造项目

高校田径课程教学改革的第一步，是制订课程改革方案，改革原有的田径项目；第二步才是丰富田径课程内容和方式，使田径课程朝着实用有趣的方向发展。

随着社会发展，整个社会包括用人单位对人才的要求越来越高，这也给高校的人才培养模式和教学质量提出了更高的要求。增强高校体育项目教学的趣味性，改革传统田径教学内容和模式，增强田径教学的吸引力，就成为田径教学努力的方向。而要想实现这个目标，高校必须本着人文理念，制订科学完善的田径课程教学改革方案，出台田径教学改革计划，为田径教学改革打好基础。

在田径课程教学改革方案中，高校要就田径教学投入、基础设施建设、课程优化、课程体系构建等事宜进行合理安排，并大胆预测高校田径教学发展方向，将趣味田径教学列入田径教学大纲，丰富田径课程教学内容。然后，要求高校体育教师在田径教学中，根据学生的身心特点，一方面突出田径运动的健身功能，另一方面改革传统的体育项目，降低田径教学的技术难度，在单调、枯燥的周期性田径动作中增添一些趣味元素，使教学变得更加新颖有趣，并将体育素养、人文意识培养等融入趣味田径教学中去，进行趣味田径教学，以发掘、维护学生的学习兴趣。

（二）丰富高校田径运动教学的方法

当代大学生的思维相对灵活，高校在田径教学中，要根据大学生求异、求变的心理，了解体育、文化、娱乐领域发生的一些趣事，并根据社会潮流和大学生的兴趣爱好创新田径教学手法，使田径教学变得更加时尚灵活。如在田径 1000 米和 2000 米长跑教学中，教师在相关的运动要点讲解结束后，可以采用让学生以个体形式来练习的教学方式，利用平地接力跑的形式，将学生分组，让学生按照顺序位于出发点，然后手持接力棒进行比赛，

待到学生比赛结束计时，总结经验，提出建议，这样的教学显然更能激发学生的学习兴趣。

　　根据素质教育要求，体育教师在教学中还要充分考虑每个学生的差异性，在田径知识和技能教学中，插入许多充满趣味的田径游戏和活动，让学生在田径学习过程中有认识自己、提高自己、评价自己的机会，促进学生全面发展。为了强化教学效果，教师在田径教学中，还要将篮球、健美操等其他体育项目融入田径游戏、活动中，增加教学的生动性，营造良好的教学氛围，切实使学生感受到学习的乐趣。

（三）完善教学评价体系与教学引导

　　构建科学完善的教学评价体系，是高校体育教学改革的重点之一。在趣味田径引导下，高校田径课程教学评价要摒弃那种以运动成绩为主的考评方式，丰富田径教学考评方法，完善多元评价机制，选择科学的评价指标，将田径教学的趣味性、实用性拔高到与技能等高的地步，并将学生在田径学习中的情感、进步情况和态度等都纳入评价范畴，以形成性评价取代终结性评价，促使田径教学朝着趣味性方向发展。在此基础上，高校还要重视教学评价反馈和公示，同时做好田径运动宣传工作，利用各种媒体、渠道宣传田径文化，并将田径文化宣传与校园文化建设、民族文化宣传结合起来，开展各种田径运动，营造积极向上的校园体育文化氛围，使更多的学生了解田径运动及趣味田径的魅力。

　　综上所述，随着教学改革的不断深入，我们要从全新的视角去认识田径运动，并深入挖掘田径运动的有趣之处，认真研究趣味田径运动的规律和教法。随后，开设趣味田径课程，并围绕趣味田径创新高校田径教学内容和方法，利用趣味田径拓展高校田径课程教学改革方向，以促使大学生健康成长。

第三节　高校田径运动教学与科学化训练发展

一、高校田径运动教学的科学化训练分析

　　"当前，田径运动训练已经与科学技术之间形成了紧密的结合。由于运动训练与比赛研究的实际投入不断增大，从而有效地促进了与体育有关的项目的研究以及新技术的快速发展，进一步加大了体育比赛的竞争力度，运动成绩不断提高，运动训练较之前也逐渐趋于科学化。"[1]

①　宋娟，段瑞寒．关于田径科学化训练的若干思考与研究［J］．体育时空，2012（9）：120.

（一）现代体育运动科学化训练原理

1.科学化训练的原则

（1）制订加强基础体能建设训练计划。在对运动项目的体能需求及体能状况进行客观评价后，就要制订合理的训练计划。训练计划虽然因每个人的个体状况而有很大的差异，但大多数情况下，首先要解决妨碍个人运动能力长期发展的薄弱环节，即现代体育训练强调对运动薄弱环节的训练。尤其是对于体育专业学生而言，他们总是面临对更高、更快、更远的纪录的挑战，在这一挑战过程中，需要不断地对自身的体能极限进行冲击。而妨碍其发展的一个重要因素就是伤病，伤病往往是由局部力量不足或力量发展不平衡造成的，其中最容易受伤的部位是肩关节、肘关节、膝关节及腰部，对这些部位进行合理的体育训练，是防止伤病、保障训练计划顺利进行的前提。

（2）设计合理的阶段性训练计划。在大部分运动项目中，竞技能力的表现都是多种运动要素的综合表现。如何根据训练的不同阶段、不同身体组织结构的恢复速度合理地制订阶段性训练计划，是最大限度地利用有限时间培养优秀学生的重要条件。因此，在制订复合型训练计划时，只有根据不同训练项目对能量物质、内分泌系统、肌肉组织、心肺机能、神经递质的消耗程度及所需恢复时间，才能制订合理的周期训练计划。

（3）进行高质量的提高体能要素的实用训练。竞技体能体现在速度、爆发力、灵敏性、快速反应能力、耐力等方面，这些要素对于每个学生来说都是重要的，只是依赖度会因竞技项目的不同而有所差异。要提高学生某一方面的能力，就要制定针对这一方面能力的训练方法。运动器官生理结构的改善，需要有适宜的刺激和重复次数。这种适宜的刺激和重复次数，在体育训练中通常以训练强度、训练量和训练频度来体现。其中，训练刺激即我们常说的训练质量，要比训练数量更重要，因为一切训练刺激都是为了打破目前学生已形成的生理平衡，而打破生理平衡需要的训练刺激一定要超过学生可承受范围的阈值。低于这个阈值，训练量再大，平衡也不会打破；而超出这个阈值，则可能形成伤病和损伤。另外，训练频度应以恢复程度作为下一次训练开始的依据，因为学生只有在完全恢复的前提下，才能完成高质量的体育训练，而高质量的体育训练又是提高运动能力的前提条件。

（4）根据项目特点进行体能测试与评估。为了进行科学的体育训练，应根据项目特点进行体能测试和评估。如在长跑项目中，耐力是决定比赛成绩的主要因素，而决定耐力水平的主要因素包括最大有氧功能能力、动作经济合理性、乳酸分解能力和耐乳酸能力。再如在足球项目中，反复进行冲刺的能力是学生重要的体能要素之一，而反复进行冲刺的能力建立在快速反应能力、爆发力、乳酸分解能力和耐乳酸能力的基础上。因此，只有对这些能力进行准确的测试，并科学地评价其中存在的优势与不足，才能进行有针对性的训练。

2. 科学化训练的方法

（1）模式训练法。模式训练法是一种具有高度代表性的规范式目标模式的要求组织和把握运动训练过程的控制性方法。模式训练方法操作程序为：①解析影响运动竞技水平的各种因素；②获取各影响因素的指标参数；③建立影响学生竞技水平的因素结构模型；④以因素结构模型的评价标准数值为评定标准，对学生竞技水平变化的结构状态进行阶段性评定；⑤将检查评定的结果反馈于运动训练过程的各个环节，以找出产生偏离状态的原因；⑥对运动过程相应环节的组织实施发出调节指令；⑦改进训练工作，使训练的阶段结果不断逼近模式目标。

第一，模式训练法的结构

模式训练法由训练的目标模型、检查手段、评定标准、训练方法四种构件组成。训练的目标模型提出了未来运动训练过程目标发展的指标体系；检查手段是采集运动训练现实状态的信息工具；评定标准是甄别现实状态与训练模式间差异性质的体系；训练手段是根据训练模式所提出的发展目标及评定结果的反馈信息所提出的练习方法。建立目标模型首先必须明确训练目标，即期望训练达到何等水平、具有什么特征的学生。进而，比须确定训练目标竞技能力结构的影响因素，并对反映这些影响因素状况的指标参数进行数学处理，建立起尽可能量化的目标模型。

检查手段由检查项目、检查工具、检查方式三个要素组成。检查项目按训练内容分类，可分为机能、技能、素质、技术、战术、心理、智力等项目；检查工具按物理性质分类，可分为电测、机测、光测、磁测、化测等工具；检查方式则涉及群体、个体、环境等诸多因素。三者合成了检查评定的信息采集手段，为教师提供运动训练现实状态的具体信息。评定标准为教师提供识别运动训练过程状态的依据。训练方法则根据评定结果选用相应的实施模式训练以解决具体训练问题。

第二，模式训练法的特点

①信息化特点。在模式训练法实施的过程当中依据的是训练模型的指标体系，并且会把评定标准的指标体系当作监督和检查的工具。在信息控制之下，训练过程会有序展开，信息控制也可以让训练过程当中出现的一些偏差及时地纠正过来。②定量化特点。定量化特点的显现是因为训练模型具有定量化特点，评价标准具有定量化特点，实际的训练过程中可以通过训练模型指标体系反馈出来的信息确定接下来的训练过程。

所以，可以发现整个训练过程都是在数字化控制之下展开的，这样的控制可以让运动训练始终是定量的。

第三，模式训练法的过程

模式训练法的应用过程实际上是一种闭环式的过程。教师可以利用正向控制通道，借助训练手段和模式对学生的竞技能力发展方向进行控制；教师也可以利用反馈调控通道，借助通道给出的评定结果获取学生的实际训练情况，并且根据结果修正接下来的训练计划，调整自己的教导方案。在这样的闭环控制过程当中，学生的训练结果会慢慢地向训练模型当中设置的目标靠近，最终无限地接近目标。

（2）程序训练法

程序训练法指的是根据训练内容本身的系统性特征或者是训练过程具有的时序性特点对内容进行编制，让内容变成有顺序的一种训练方法。这种训练方法需要根据预先设置的程序展开活动，还需要对整个训练过程展开科学控制，控制的过程需要遵循训练程序当中确定的顺序，训练程序的确定会综合考虑训练内容的系统性特点及整个训练先后的时序性特点。通过训练程序可以发现训练内容和训练时期先后之间的逻辑关联。通常情况下，如果训练内容的逻辑性比较强，训练过程、训练步骤的时序性非常细致，那么训练程序的实施就会比较顺利。想要程序训练法得到有效的实施，那么必须对训练程序进行科学合理的编制。

第一，程序训练法的结构

程序训练法由训练程序、检查手段、评定标准、训练方法四种构建组成。其中，每一构件又由不同的要素组成。从结构角度上看，程序训练法与模式训练法最大的不同之处是控制运动训练过程的依据，模式训练法以训练模型为控制依据，程序训练法则以训练程序为控制依据。至于程序训练法中的检查手段、评定标准、训练手段等构件的组成特点及具体功能可参见模式训练法中相应的内容。这里集中讨论的是程序训练法结构中的训练程序。训练程序由训练内容、时间序列和联系形式三个要素组成。

编制训练程序要求将庞大、繁杂的训练内容按照系统分解成小训练内容单元（步子），并将其编制出具有相关性、逻辑性特点的训练内容体系。例如，田径运动中跳高项目的技术训练是该项目整体训练的内容中的一项内容，从动作结构角度来看，跳高技术训练内容可分解为若干基本环节，即准备、助跑、踏地、起跳、腾空、过杆、落地的训练内容，其中任何基本环节的训练内容都可视为一个小训练内容单元（步子）。而且，各基本环节的训练内容又可进一步分解，例如助跑环节，可分解为助跑距离、助跑弧线、助跑节奏、助跑速度、助跑重心等子因素的训练。

时间序列通常是指训练过程中训练单位时间的有机排序与衔接，要求将整个训练过程分解成有机相连的时间段落，以便将特定的小训练内容单元（步子）置于特定的时空之中，使不同的训练内容通过时间序列有机相连。

联系形式是指在特定的时间范畴内不同训练内容衔接的方式，或者不同时间范畴内不同训练内容的衔接方式。一般来讲，训练内容的联系方式主要有"直线"和"网络"两类。由这两类联系方式编制的训练程序，分别称为直线训练程序和网络训练程序。前者，训练程序的结构简单，较易操作，但训练内容的容量较小；后者，训练程序的结构复杂，较难操作，但是训练内容的容量较大。

第二，程序训练法的特点

①系统化特点。程序训练法遵循的控制依据是训练程序当中规定的内容，按照训练程序当中确定的内容可以对整个训练过程进行系统性控制。②定性化特点。定性化特点的显现是因为训练程序定性化特征明显，教师可以根据定性化特点找出训练过程中存在矛盾，确定之后的训练方向。③程序化特点。训练程序包括训练内容，所以，训练内容的改变其实是遵照训练程序的检查、训练程序的评定及训练程序的监督之后，按照内容存在的联系稳定有序地变更的。

第三，程序训练法的过程

程序训练法的过程是一种闭环式的过程。程序训练法在现代运动训练当中的精髓之处在于：教师可以利用正向控制通道，然后借助训练程序手段对学生未来的竞技能力的发展做出有效控制；教师也可以利用反馈调控通道，然后借助评定标准及检测方式来获取学生的实际信息，并且借助这些信息来调整自己的指导方案。如果实际信息和程序训练当中的内容是吻合的，那么可以不做调整，继续按照程序实施训练。在这样的闭环控制过程当中，学生实际的训练结果会慢慢地接近之前设定的目标。

（二）科学化训练对高校田径运动的益处

1.提高运动员的竞技水平

科学化训练方法可以有效地提高高校田径运动员的竞技水平。通过系统性的训练计划、科学合理的训练载荷和周期化的训练安排，运动员的体能、技术和战术能力得到全面提升。科学化训练强调个性化和针对性，根据运动员的特点和需求进行定制化的训练，帮助他们发挥潜力、提高表现水平。

2.预防运动损伤和提升康复效果

科学化训练注重运动员的身体素质和运动技能的平衡发展，从而降低运动损伤的风险。合理的训练方法和技术指导有助于提高运动员的身体稳定性、柔韧性和关节稳定性，减少运动损伤的发生。此外，科学化训练还能够提升康复效果，通过有针对性的康复训练和恢复策略，加快运动员的康复过程，减少因损伤而导致的训练中断时间。

3. 促进运动员的全面发展

科学化训练注重运动员的全面发展，不仅关注其竞技能力，还注重身体素质、认知能力和心理素质的培养。运动员通过科学化训练，可以提高身体素质（如力量、速度、耐力和柔韧性），提升技术和战术水平，同时培养专注力、决策能力、抗压能力等心理素质。全面发展有助于提高运动员的整体表现，并为他们在田径运动中的长期发展打下坚实的基础。

通过科学化训练的实施，高校田径运动部门能够培养更具竞争力和潜力的运动员，提高整体团队的实力，同时为运动员的个人发展和未来职业发展奠定基础。科学化训练的益处不仅体现在比赛成绩的提高，还在于培养运动员的终身运动意识和健康生活方式，为其未来的个人和社会生活带来积极影响。

二、高校田径运动科学化训练的发展趋势

（一）运动传感技术

运动传感技术是指利用传感器技术对运动过程中的各种数据进行采集、分析和解读的技术。传感器可以测量和记录运动员的身体运动、力量输出、姿势和各种生物力学参数等信息。它们包含加速度计、陀螺仪、心率传感器、压力传感器、位移传感器等。

在田径项目中，运动传感技术的应用范围广泛。它可以用于跑步、跳远、投掷、接力等项目的技术分析和改进。通过运动传感器，可以收集到运动员的运动速度、步频、步幅、起跳力量、着地质量、运动轨迹等数据。

1. 运动传感器在田径项目中的应用范围

（1）跑步项目中的步频和步幅监测与分析。通过将传感器附着在运动员的鞋子或身体上，可以实时监测步频和步幅的数据。这些数据可以帮助教练和运动员分析和改进跑姿、提高跑步效率。

（2）跳远项目中的起跳力量和着地质量评估。通过在起跳板和着地区域安装传感器，可以测量运动员的起跳力量和着地质量。这些数据有助于教练评估运动员的技术水平，并

有针对性地进行训练改进。

（3）投掷项目中的运动轨迹和姿势分析。通过运动传感器，可以记录投掷动作的运动轨迹和身体姿势。教练可以根据这些数据来分析运动员的投掷技术，并提出相应的改进建议。

（4）推铅球项目中的力量传递和动作技术优化。运动传感器可以用于监测运动员在推铅球过程中的力量传递和身体动作。这些数据可以帮助教练和运动员改善推铅球的技术细节，提高推铅球的效果。

（5）接力项目中的传棒时间和传递效率分析。在接力赛跑过程中使用运动传感器，可以测量接力传棒的时间和传递效率。教练可以利用这些数据来分析接力队伍的传棒技术，提供针对性的训练指导。

2.运动传感技术在田径技术分析与改进中的作用

（1）实时数据采集和分析能力的提升。运动传感技术能够实时采集和分析运动员的数据，提供即时的反馈和评估，帮助教练和运动员更好地了解技术细节和改进方向。

（2）运动技术和动作细节的客观评估。运动传感技术可以提供客观、准确的数据，帮助教练和运动员评估运动技术的准确性和优劣，找出改进的空间和方向。

（3）强化训练效果的监控和调整。运动传感技术可以监控运动员的训练效果，帮助教练判断训练的有效性并及时调整训练计划，使训练更加科学和高效。

（4）个体化训练计划的制订和优化。运动传感技术可以为每个运动员提供个性化的训练数据，帮助教练制订有针对性的训练计划，根据每个运动员的特点和需求进行精细化的指导。

（5）错误纠正和技术改进的辅助工具。运动传感技术可以帮助教练发现和纠正运动员的技术错误，提供具体的数据支持，促进技术的改进和进步。

（二）数据分析与田径运动员个性化训练的结合

1.数据分析在田径教学训练中的重要性和作用

数据分析在田径教学训练中扮演着至关重要的角色。通过收集和分析运动员的数据，教练可以深入了解每位运动员的优势、弱点和潜力，为其设计个性化的训练计划，以实现最佳的训练效果。数据分析在田径教学训练中的重要作用如下：

（1）发现运动员的优势和弱点。通过数据分析，教练可以了解每位运动员的技术水平、身体素质、竞技表现等方面的数据。这有助于教练发现运动员的优势和弱点，有针对性地进行训练和技术改进。

（2）量化训练进展和成果。数据分析可以帮助教练和运动员量化训练进展和成果，通过对数据的跟踪和比对，评估训练计划的有效性，并进行相应的调整。这有助于运动员更好地了解自己的训练进展，增强信心和动力。

（3）制订个性化训练计划。基于数据分析的结果，教练可以为每位运动员制订个性化的训练计划。通过有针对性的训练，根据运动员的特点和需求进行技术和体能的提升，使训练更具针对性。

2. 田径训练中数据采集和处理方法与工具

在田径教学训练中，数据采集和处理的方法与工具起着至关重要的作用。以下是常见的数据采集和处理方法与工具：

（1）运动传感器和监测设备。运动传感器和监测设备可以用于收集和记录运动员的各项数据，如步频、步幅、加速度、力量输出等。这些设备可以佩戴在身体的特定部位或安装在训练场地上，来实时监测运动员的动作和身体状态。

（2）视频分析系统。视频分析系统可以通过摄像机记录运动员的训练和比赛过程，并通过视频回放和分析软件来观察和评估运动员的技术动作。教练可以使用视频分析系统来定位问题、发现改进空间，并给出相应的指导。

（3）电子计时器和计分系统。电子计时器和计分系统用于记录运动员的成绩和比赛数据。通过这些系统，教练可以获得准确的时间、距离和得分数据，用于分析和评估运动员的竞技水平和进展。

3. 数据分析在个性化训练计划设计中的应用

（1）数据分析和评估。通过对运动员的数据进行分析和评估，教练可以了解运动员的技术水平、体能状况及强项和弱项。这有助于教练为每位运动员设计具体、个性化的训练计划，以充分发挥其潜力和优势。

（2）设定目标和指标。基于数据分析的结果，教练可以与运动员一起设定具体的训练目标和指标。这些目标和指标可以是时间、距离、力量等方面的具体数据，也可以是技术和战术方面的要求。设定明确的目标和指标有助于运动员的训练动力和专注度。

（3）监测和调整训练计划。通过数据分析，教练可以监测运动员的训练进展和成果，并根据数据的反馈进行相应的调整。如果数据显示训练效果不佳或存在潜在问题，教练可以及时调整训练计划，以达到更好的训练效果。

4. 数据分析与田径训练效果评估的关系辨析

数据分析与训练效果评估密切相关。通过对运动员的数据进行分析，教练可以更准确地评估训练效果，并做出相应的调整和改进。

（1）定量评估训练效果。通过对数据的分析，教练可以定量评估训练的效果。例如，比较不同训练周期或训练方法下运动员的成绩和技术数据的变化，以判断训练的有效性和改进方向。

（2）发现问题和改进空间。数据分析可以帮助教练发现运动员训练中存在的问题和改进空间。通过分析数据，教练可以确定技术上的不足、体能状况的改进需求等，从而采取相应的训练策略和方法。

（3）反馈和调整训练计划。基于数据分析的结果，教练可以向运动员提供准确的训练反馈，指导其在训练中的调整和改进。同时，教练也可以根据数据的反馈对训练计划进行调整，以进一步提升训练效果。

数据分析与运动员个性化训练的结合可以提供更准确、科学和个性化的训练指导。通过数据分析，教练可以深入了解运动员的优势和弱点，并为其设计具体的训练计划。数据分析还可以帮助评估训练效果、发现问题和改进空间，并为训练计划的调整提供依据。随着技术的不断发展和数据分析方法的完善，数据分析在田径教学训练中的应用前景将更加广阔。

（三）虚拟现实技术

1.虚拟现实技术在田径训练中的潜力和优势

虚拟现实技术通过模拟真实的场景和环境，为田径运动员提供了一种高度沉浸式的训练体验。

虚拟现实技术能够精确模拟不同的田径比赛场地和环境，使运动员能够在虚拟场景中进行训练，获得更真实的体验。这有助于提高运动员的适应能力和技术水平。同时，虚拟现实技术可以根据运动员的个体特点和训练需求进行定制，为每位运动员提供个性化的训练计划和反馈。通过调整虚拟环境的参数和设置，运动员可以针对自身的弱点和技术要求进行有针对性的训练。

虚拟现实技术能够实时捕捉和分析运动员的动作和技能表现，并提供即时反馈。运动员可以通过虚拟现实系统中的视觉和声音提示来纠正错误、调整动作，并及时获得改进建议，从而快速提高技能水平。

2.虚拟现实技术在田径教学训练中的实际应用

虚拟现实技术已经在田径教学中得到了广泛的应用，以下是一些实际的应用案例：

（1）跑道训练。虚拟现实技术可以模拟不同类型的跑道，并根据运动员的需求进行调整。运动员可以在虚拟现实环境中进行跑步训练，通过视觉和听觉的反馈来改进步频、步幅和姿势等关键技术要素。

（2）跳远和跳高训练。虚拟现实技术可以模拟不同高度和距离的跳远和跳高场景。运动员可以在虚拟环境中进行跳远和跳高训练，通过视觉和听觉的反馈来改善起跳、飞行和落地等技术动作。

（3）投掷项目训练。虚拟现实技术可以模拟不同投掷项目的场地和目标区域。运动员可以在虚拟环境中进行投掷训练，通过视觉和听觉的反馈来改进投掷动作和准确度。

3. 虚拟现实技术对田径技能学习和反馈的影响

（1）增强学习效果。虚拟现实技术提供了高度沉浸式的学习体验，使学习过程更加生动和真实。运动员可以通过亲身体验和实践来加深对技能的理解和掌握，从而增强学习效果。

（2）提供多重感官反馈。虚拟现实技术通过视觉、听觉和触觉等多重感官反馈，使学习者能够全面感知和理解技能的要领和要素。这种综合的感知有助于运动员更全面地掌握技能，并加速技能的习得和提高。

（3）个性化学习和训练。虚拟现实技术可以根据个体特点和训练需求进行定制化设置，为每位运动员提供个性化的学习和训练体验。这有助于针对运动员的弱点和需求进行有针对性的指导和改进。

4. 虚拟现实技术在田径训练中的挑战和限制

虽然虚拟现实技术在田径技能训练中具有许多优势，但也存在一些挑战和限制：虚拟现实技术的应用需要高昂的设备和软件支持，这可能限制了一些学校和机构的采用。技术设备的维护和更新也需要投入大量资源。同时，虚拟现实技术的感知和反馈系统需要精确地捕捉和分析运动员的动作和姿势。目前的技术在精确性方面仍然存在一定的局限性，可能无法完全准确地反映运动员的真实表现。

5. 虚拟现实技术在田径训练中的未来发展和应用前景

虚拟现实技术在田径技能训练中的应用前景非常广阔。随着技术的不断进步，虚拟现实技术的感知和反馈系统将变得更加精确和细致。更高分辨率的头戴式显示器、更精准的运动捕捉设备及更逼真的虚拟场景将提供更加真实和逼真的训练体验。未来的虚拟现实技术将更加注重个体化和定制化，根据运动员的特点和需求进行定制化的训练和反馈。这将进一步提高训练的效果和效率。

与此同时，虚拟现实技术的未来发展还将注重增强用户的交互性和社交性。运动员可以通过虚拟现实系统与教练、其他运动员甚至全球范围内的专业运动员进行互动和竞争，提升训练的乐趣和动力。

　　总体而言，虚拟现实技术在田径技能训练中具有巨大的应用潜力。通过模拟真实场景、个性化训练和即时反馈等优势，虚拟现实技术可以提高运动员的技能水平和训练效果。随着技术的不断发展，虚拟现实技术将在田径教学中发挥越来越重要的作用，并对田径运动的发展产生积极影响。

参考文献

[1]陈娟，赵玲玲，陈丹.柔韧素质训练对田径运动员运动成绩影响的研究[J].剑南文学，2013（8）：374-374.

[2] 付彦.高校田径队业余化训练可持续化发展研究[J].灌篮，2019（30）：23.

[3] 高鹏.浅析柔韧素质与田径运动的关系[J].青春岁月，2013（23）：456-457.

[4] 何鸣.提高高校田径科学化训练水平的对策分析[J].体育时空，2017（15）：135.

[5] 贺智裕，彭习涛，汪一鸣.高校体育教学中田径运动健身属性的开发[J].田径，2020(3)：5-6.

[6] 华林.浅谈普通高校田径运动的教学现状[J].纳税，2017，174(30)：107-108.

[7] 华勇.跳高运动员训练的疲劳号恢复[J].科技信息，2008（26）：564-565.

[8] 贾吉山，裴菊梅.青少年竞走技术与训练要点研究[J].青少年体育，2020，88(8)：84-85.

[9] 姜鑫，姜立嘉.高校田径队业余化训练可持续化发展研究[J].广州体育学院学报，2019，39（3）：122-124，121.

[10] 姜雨.田径运动中柔韧素质的训练[J].科技资讯，2011（5）：230.

[11] 杰恩斯·赛提汗.高校田径运动科学化训练的策略分析[J].灌篮，2022（19）：28-30.

[12] 李楚冰，张超.我国优秀女子撑竿跳高运动员助跑起跳技术的运动学分析[J].当代体育科技，2022，12（28）：21-27.

[13] 李德隆.高校田径队业余化训练可持续化发展研究[J].体育画报，2023（7）：159-161，165.

[14] 李浩，周雨笛，赵光勇.跳高运动员体能结构指标研究及训练方法综述[J].文体用品与科技，2023，3（3）：171-173.

[15] 李双军.从可持续发展角度分析田径运动的发展[J].沈阳体育学院学报，2005，24（3）：101-102.

[16] 李炜烽，董广新.浅析跳高运动员的专项体能训练[J].运动精品，2020，39（5）：79-80，82.

[17] 李艳富，梁兆凤 . 竞走技术教学动作分析 [J]. 民营科技，2014，176(11)：258.

[18] 刘建国，秦长胜 . 如何确定掷铁饼场地的中线的方向 [J]. 武汉体育学院学报，2001，35（4）：106–109.

[19] 刘鹏，王卫国 . 跳高运动员的赛前训练 [J]. 中国体育教练员，2006（2）：50–51.

[20] 路明 . 原地推铅球错误动作类型分析 [J]. 教育实践与研究，2022（2）：49–52.

[21] 马屹 . 掷标枪中的一些技术特性与力学特性 [J]. 西安体育学院学报，2002，19（4）：87，99.

[22] 丘广星 . 高校田径训练的科学化初探 [J]. 环球首映，2019（4）：117.

[23] 宋娟，段瑞寒 . 关于田径科学化训练的若干思考与研究 [J]. 体育时空，2012（9）：120.

[24] 苏泽海 . 高校田径教学面临的困境与改善策略探析 [J]. 当代体育科技，2019，9(6)：64–65.

[25] 孙兵戈 . 体校田径科学化训练的实施路径探究 [J]. 体育画报，2020（17）：35，38.

[26] 王鹏 . 旋转推铅球技术普及情况 [J]. 当代体育科技，2020，10（12）：29–30.

[27] 王铁生 . 青少年田径运动员柔韧素质训练特征 [J]. 西安体育学院学报，2005，22(5)：70–72.

[28] 王勇 . 撑竿跳运动员助跑速度训练策略 [J]. 文体用品与科技，2021，3（3）：60–61.

[29] 魏永刚 . 青少年跳高运动员选材探讨 [J]. 才智，2015（21）：151–151.

[30] 魏佐涛 . 高校田径运动的训练方法与改革方向研究 [J]. 当代体育科技，2020，10(25)：40–42.

[31] 闻扬，杜力萍 . 掷铁饼项目技术与力学特性的研究 [J]. 武汉体育学院学报，2003，37（3）：51–52，58.

[32] 吴刚 . 基于高校体育竞技中田径训练的可持续发展 [J]. 当代体育科技，2022，12（19）：55–57.

[33] 向武军 . 掷标枪超越器械和支撑用力技术的教学 [J]. 灌篮，2021（8）：68–69.

[34] 谢菲，万德伟 . 对高校田径运动科学化训练的探讨 [J]. 文体用品与科技，2020(21)：33–34.

[35] 徐滔 .S–E–T 悬吊干预对跳高运动员专项素质的影响 [J]. 唐山师范学院学报，2022，44（3）：79–84.

高校田径运动训练方法与实践探索

[36] 杨雁盛 . 男子撑竿跳高专项速度训练研究 [J]. 青少年体育，2021（6）：76–78.

[37] 张存彪 . 对掷铁饼技术的再认识 [J]. 少年体育训练，2004（6）：48–48.

[38] 张思恭 . 推铅球"可逆教学法"的应用 [J]. 当代体育科技，2020，10（4）：58–59.

[39] 赵新世 . 对高校田径运动科学化训练的探讨 [J]. 文体用品与科技，2021，12（12）：35–36.

[40] 赵雨婷 . 跳高运动员助跑与起跳衔接技术训练的研究 [J]. 灌篮，2021（17）：28–29.

[41] 周卫新 . 解析体校田径科学化训练及实施策略 [J]. 文体用品与科技，2020，20（20）：57–58.

[42] 周小酉 . 高校田径运动可持续发展对策探讨 [J]. 长江大学学报（自然版），2012，9（4）：140–141.

186